GESTÃO DE RECURSOS HUMANOS:
TEORIAS E REFLEXÕES

O selo DIALÓGICA da Editora InterSaberes faz referência às publicações que privilegiam uma linguagem na qual o autor dialoga com o leitor por meio de recursos textuais e visuais, o que torna o conteúdo muito mais dinâmico. São livros que criam um ambiente de interação com o leitor – seu universo cultural, social e de elaboração de conhecimentos –, possibilitando um real processo de interlocução para que a comunicação se efetive.

GESTÃO DE RECURSOS HUMANOS:
TEORIAS E REFLEXÕES

Kely César Martins de Paiva

Editora intersaberes

Rua Clara Vendramin, 58 . Mossunguê . CEP 81200-170 . Curitiba . PR . Brasil
Fone: (41) 2106-4170 . www.intersaberes.com . editora@editoraintersaberes.com.br

Conselho editorial
Dr. Ivo José Both (presidente)
Drª Elena Godoy
Dr. Neri dos Santos
Dr. Ulf Gregor Baranow

Editora-chefe
Lindsay Azambuja

Supervisora editorial
Ariadne Nunes Wenger

Analista editorial
Ariel Martins

Preparação de originais
Caroline Rabelo Gomes

Edição de texto
Fábia Mariela De Biasi

Capa e Projeto gráfico
Bruno Palma e Silva

Diagramação
Renata Silveira

Equipe de *design*
Luana Machado Amaro
Charles L. da Silva

Dados Internacionais de Catalogação na Publicação (CIP)
(Câmara Brasileira do Livro, SP, Brasil)

Paiva, Kely César Martins de
    Gestão de recursos humanos: teorias e reflexões/Kely César Martins de Paiva. Curitiba: InterSaberes, 2019. (Série Tudo Sobre Administração).

    Bibliografia.
    ISBN 978-85-227-0152-0
    1. Administração de pessoal 2. Recursos humanos I. Título. II. Série.

19-29734   CDD-658.3

Índices para catálogo sistemático:
1. Gestão de recursos humanos: Administração de empresas 658.3
Cibele Maria Dias – Bibliotecária – CRB-8/9427

1ª edição, 2019.
Foi feito o depósito legal.
Informamos que é de inteira responsabilidade da autora a emissão de conceitos.
Nenhuma parte desta publicação poderá ser reproduzida por qualquer meio ou forma sem a prévia autorização da Editora InterSaberes.
A violação dos direitos autorais é crime estabelecido na Lei n. 9.610/1998 e punido pelo art. 184 do Código Penal.

SUMÁRIO

Prefácio, **7**
Apresentação, **11**
Como aproveitar ao máximo este livro, **15**

1 ASPECTOS INTRODUTÓRIOS DA GESTÃO DE RECURSOS HUMANOS (GRH), 19

1.1 Pessoas, gestão e estratégia nas organizações, **21**
1.2 Evolução histórica da GRH no Brasil, **28**
1.3 Estrutura do mercado global de trabalho (MGT), **40**
1.4 O gestor e sua atuação no mercado de trabalho brasileiro, **47**
1.5 Gestão de competências profissionais e gerenciais, **54**

2 PROCESSOS DE GESTÃO DE RECURSOS HUMANOS (GRH), 69

2.1 Cargos e carreiras, **71**
2.2 Recrutamento e seleção, **79**
2.3 Recompensas e remuneração, **85**
2.4 Treinamento e desenvolvimento, **95**
2.5 Saúde e segurança, **101**
2.6 Avaliação funcional, **104**
2.7 Sistemas de informações de RH, **111**

3 COMPORTAMENTO HUMANO NAS ORGANIZAÇÕES (CHO), 117

3.1 Aspectos introdutórios do CHO, **119**
3.2 Comportamentos em nível individual, **123**
    3.2.1 Motivação, **126**
    3.2.2 Tomada de decisão, **133**
3.3 Comportamentos em nível coletivo, **138**
    3.3.1 Comunicação, **140**
    3.3.2 Liderança, **143**
    3.3.3 Conflito, **147**

3.4 Comportamentos em nível organizacional, **153**
    3.4.1   Mudança organizacional, **154**
    3.4.2   Cultura organizacional, **158**
3.5 Temas emergentes do CHO, **163**
    3.5.1   Valores nas organizações, **163**
    3.5.2   Justiça nas organizações, **170**
    3.5.3   Atitudes retaliatórias e retaliação no trabalho, **173**
    3.5.4   Dimensões temporais nas organizações, **175**
    3.5.5   Prazer e sofrimento no trabalho, **177**
    3.5.6   Estresse ocupacional e síndrome de burnout, **179**
    3.5.7   Vínculos organizacionais, **186**

4   RELAÇÕES DE TRABALHO, 199
    4.1 Relações de trabalho: conceitos e abordagens, **201**
    4.2 Poder, interesses e conflito nas organizações, **208**
    4.3 Estratégias nas relações de trabalho, **214**
    4.4 Temas emergentes nas relações de trabalho, **220**
        4.4.1   Assédio nas organizações, **220**
        4.4.2   Terceirização nas organizações, **227**

Estudo de caso, **235**
Para concluir..., **245**
Referências, **247**

PREFÁCIO

A administração de recursos humanos, a gestão de pessoas, o setor de recursos humanos e de pessoal atravessam o cotidiano de todas as organizações e abarcam todas as relações de trabalho.

A divisão do trabalho e os objetivos da gerência conduzem a diversos estados de diferenciação e de integração em toda organização. A diferenciação exprime diferentes objetivos, ações e atitudes para o campo funcional. A integração consiste na busca por procedimentos e estratégias adequadas para resolver conflitos de interesses e manter o controle sobre a força de trabalho. Nessa direção, as políticas de pessoal visam controlar e tornar previsíveis as relações de trabalho.

Os suportes teóricos e ideológicos que sustentam a construção do conhecimento nessa área assentam-se na concepção da relação de emprego, seja na perspectiva funcionalista de colaboradores, seja na configuração de centros de poder na estruturação organizacional: a direção e o pessoal, que defendem sistemas de valores e interesses quase sempre divergentes. De acordo com a relação de força e as circunstâncias de momento – econômicas, políticas, sociais e culturais –, o compromisso decorrente passa a ser bastante variável e, consequentemente, a política de pessoal também.

Se as políticas de pessoal – explícitas ou não – buscam orientar a gerência nas relações de trabalho, a movimentação do empregado no espaço organizacional tem um desenho funcional muito semelhante. Recrutamento e seleção, recompensa e remuneração, treinamento e desenvolvimento de pessoas, saúde e segurança no trabalho, avaliação, planos de cargos e carreiras, sistemas de informações de recursos humanos e processos de desligamentos são comuns a todas as organizações, mesmo que divergentes nos procedimentos, que podem ser realizados com mais ou menos aprimoramento técnico, ou mesmo de maneira informal. Entretanto, são relações funcionais intrínsecas à relação entre empregador e empregado.

O livro *Gestão de recursos humanos: teorias e reflexões*, de autoria de Kely César Martins de Paiva, transita com muita propriedade nesses temas. O estudante, o profissional da área de recursos humanos das organizações, os gestores, bem como os demais interessados no tema encontrarão um confiável suporte para estudos.

Nesta obra, Kely apresenta três grandes diferenciais, que resultam de sua destacada trajetória profissional e de pesquisadora. Primeiramente, percebemos a linguagem fluida e de leitura fácil, sem, no entanto, abrir mão da abordagem ampla da temática gestão de pessoas nas organizações ou, como enfatiza a autora, gestão de recursos humanos.

O segundo destaque é a estrutura metodológica do livro. Não temos em mãos um simples livro-texto. A autora oferece-nos leituras complementares, diretamente ligadas a objetos específicos tratados nos capítulos, reflexões sobre competências a serem adquiridas, estudos de caso e sínteses dos temas abordados. Dessa forma, o leitor é conduzido para os pilares mais complexos do saber e do saber conhecer.

A terceira diferença é a atualidade dos temas, que representa um avanço em relação aos processos clássicos de gestão de recursos humanos. São temas que emergem de cada abordagem, proporcionando novos olhares sobre o campo dos recursos humanos ou sobre as pessoas nas organizações. Apoiando-se nas preocupações filosóficas de afastar o conhecimento de seu próprio limite, a autora foi capaz de articular os conhecimentos existentes a perspectivas complementares, produzindo novos conhecimentos e questões.

Isso significa que recursos humanos, pessoas nas organizações, gestão de recursos humanos ou de pessoas são mais do que temáticas interdisciplinares, pois se tratam de áreas transdisciplinares por excelência. O conhecimento de todos os temas relacionados à ação humana nas organizações, como o comportamento humano nas organizações, a mudança, a cultura organizacional, os vínculos organizacionais, o prazer e o sofrimento no trabalho, o estresse, o assédio e tantos outros tratados por Kely Paiva são formas de fazer avançar o conhecimento. Portanto, rompe-se radicalmente com a tradição do pensamento clássico funcionalista.

Os recursos humanos e sua gestão nas organizações precisam ser compreendidos e analisados em forma de rede, o que significa pensar o conhecimento em um contexto integrado, sistêmico, diante de uma realidade complexa e conectada, ou seja, transdisciplinar.

Boa leitura!

Prof.ª Dra. Marlene Catarina de Oliveira Lopes Melo
Doutora em Ciências das Organizações pela Université Paris IX – Dauphine-França.
Pesquisadora Sênior do CNPq
Reitora do Centro Universitário Unihorizontes

APRESENTAÇÃO

Refletir, escrever e conversar sobre gestão de recursos humanos (GRH) não é fácil, e o motivo é simples: o objeto focado é complexo. Nesta obra, vamos nos deter no recurso mais complicado que uma organização pode ter: as pessoas, pois, em um dia, estamos animados, cheios de energia e conseguimos produzir muito, realizar nossas entregas e estabelecer diálogos fecundos, tanto do ponto de vista pessoal quanto do coletivo e organizacional; em outro, podemos nos abalar com uma notícia ruim ou viver outras situações desagradáveis e, com isso, nossa energia produtiva cai, reduzindo nossa capacidade de entregar produtos ou serviços de qualidade.

Então, trabalhar com esse recurso significa lidar com certo nível de incerteza, o qual pode ser mais bem administrado a partir de determinados processos, que incluam tanto as demandas técnicas da organização quanto as pessoais do indivíduo/trabalhador. Nessa segunda faceta, precisamos considerar elementos comportamentais, pois eles estruturam e são estruturados no cotidiano das pessoas, ou seja, aspectos individuais e sociais têm impacto no comportamento visível dos trabalhadores, o que, nas organizações, denominamos de *desempenho*.

Assim, no Capítulo 1, iniciaremos nossa reflexão sobre os aspectos introdutórios da GRH. Depois, no Capítulo 2, passaremos à apresentação de processos clássicos de GRH e, em seguida, no Capítulo 3, trataremos de temáticas relacionadas ao comportamento humano na organização (CHO), visto que ambos os temas precisam ser contempladas nas ações gerenciais para chegar à efetividade organizacional. Por outro lado, também devemos refletir sobre o trabalhador, tanto em sua faceta individual quanto coletiva, por isso, no Capítulo 4, abordaremos as relações de trabalho.

Mas, antes de iniciarmos essa empreitada, gostaríamos de ressaltar a você, leitor, três aspectos muito importantes que vão permear todo este livro. O primeiro e mais importante é que nada acontece em uma organização sem seu elemento ativador: o trabalhador; pode ser uma empresa privada, uma organização pública, uma instituição beneficente, uma organização não governamental (ONG), enfim, em qualquer organização, tudo se faz pela ação humana, direta ou indiretamente.

Nesse sentido, precisamos compreender o ser humano – indivíduo e indivisível – para transitarmos em sua gestão, o que talvez gere os maiores desafios da GRH: entender as pessoas em sua singularidade e saber lidar com as necessidades de padronização necessárias à condução e à realização das atividades de uma organização. Afinal, planejar, organizar, realizar e controlar compõem o processo administrativo de qualquer empreendimento, seja privado, seja público.

O segundo aspecto que precisamos destacar é a diferenciação entre *GRH* e *gestão de pessoas*. Com o passar dos anos, as organizações enfrentaram diversas mudanças, e essas e outras tantas expressões foram interpondo-se no mundo do trabalho, causando algumas confusões. Neste livro, vamos considerá-las quase similares, mas atenção: quando usarmos o termo *GRH*, estaremos destacando a atuação técnico-produtiva dos membros da organização e, quando falarmos de *gestão de pessoas*, destacaremos as características individuais dos sujeitos, na qual, usualmente, encontraremos mais dificuldades, já que cada ser humano é único e, dentro de uma organização, isso traz implicações... Mas por quê? Ora, quando uma pessoa faz algo em um padrão de qualidade superior, ela espera algum reconhecimento, alguma diferenciação das demais; porém, quando o padrão é inferior, normalmente o que ela quer é passar despercebida, não ser punida, questionada ou minorizada... Coisas do ser humano!

Por fim, o terceiro aspecto que levaremos em consideração durante toda a leitura deste livro é que estamos ligados a um tempo e a um espaço. E, embora tenhamos acesso a informações sobre o mundo inteiro, sobre qualquer assunto, por variados meios, se formos pensar em uma gestão estratégica, precisamos ter clareza a respeito da importância do tempo, pois aprendemos com o passado, compreendemos o presente e direcionamos pessoas e organizações para o futuro. Além disso, vivemos em um país, em uma região, em uma cidade, nascemos em uma família e convivemos com certas pessoas, e tudo isso nos localiza em uma cultura. Sim, somos brasileiros vivendo no século XXI! E não podemos esquecer disso em nosso dia a dia de trabalho, pois pensar e agir estrategicamente é promover a conexão da nossa realidade com o tempo e o espaço no qual estamos inseridos, já que tudo isso influencia como compreendemos a realidade que nos cerca e como agimos para lidar com ela, ora adaptando-nos, ora provocando mudanças, ora ambos.

Diante de tanta riqueza e de tantas possibilidades, convidamos você a continuar sua leitura e se equipar de conhecimentos sobre processos clássicos de gestão e comportamento humano nas organizações para refletir sobre a GRH e, no seu tempo, agir produtivamente em seu espaço de trabalho.

    Boa leitura!
    Bom estudo!
    Bom trabalho!

COMO APROVEITAR AO MÁXIMO ESTE LIVRO

15

Este livro traz alguns recursos que visam enriquecer o seu aprendizado, facilitar a compreensão dos conteúdos e tornar a leitura mais dinâmica. São ferramentas projetadas de acordo com a natureza dos temas que vamos examinar. Veja a seguir como esses recursos se encontram distribuídos no decorrer desta obra.

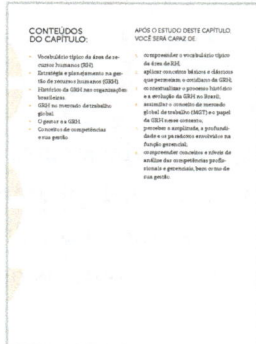

CONTEÚDOS DO CAPÍTULO:
Logo na abertura do capítulo, relacionamos os conteúdos que nele serão abordados.

APÓS O ESTUDO DESTE CAPÍTULO, VOCÊ SERÁ CAPAZ DE:
Antes de iniciarmos nossa abordagem, listamos as habilidades trabalhadas no capítulo e os conhecimentos que você assimilará no decorrer do texto.

ESTUDO DE CASO

Nesta seção, relatamos situações reais ou fictícias que articulam a perspectiva teórica e o contexto prático da área de conhecimento ou do campo profissional em foco com o propósito de levá-lo a analisar tais problemáticas e a buscar soluções.

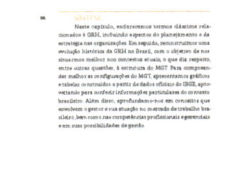

SÍNTESE

Ao final de cada capítulo, relacionamos as principais informações nele abordadas a fim de que você avalie as conclusões a que chegou, confirmando-as ou redefinindo-as.

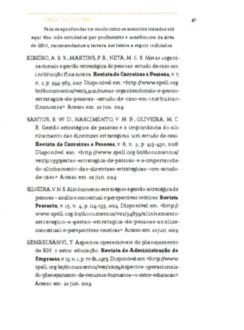

PARA SABER MAIS

Sugerimos a leitura de diferentes conteúdos digitais e impressos para que você aprofunde sua aprendizagem e siga buscando conhecimento.

ASPECTOS INTRODUTÓRIOS DA GESTÃO DE RECURSOS HUMANOS (GRH)

CONTEÚDOS DO CAPÍTULO:

- Vocabulário típico da área de recursos humanos (RH).
- Estratégia e planejamento na gestão de recursos humanos (GRH).
- Histórico da GRH nas organizações brasileiras.
- GRH no mercado de trabalho global.
- O gestor e a GRH.
- Conceitos de competências e sua gestão.

APÓS O ESTUDO DESTE CAPÍTULO, VOCÊ SERÁ CAPAZ DE:

1. compreender o vocabulário típico da área de RH;
2. aplicar conceitos básicos e clássicos que permeiam o cotidiano da GRH;
3. contextualizar o processo histórico e a evolução da GRH no Brasil;
4. assimilar o conceito de mercado global de trabalho (MGT) e o papel da GRH nesse contexto;
5. perceber a amplitude, a profundidade e os paradoxos envolvidos na função gerencial;
6. compreender conceitos e níveis de análise das competências profissionais e gerenciais, bem como de sua gestão.

Neste capítulo, inicialmente, nivelaremos nosso vocabulário para uma melhor compreensão do que se entende por recursos humanos (RH), difenciando-os, em alguma medida, de pessoas em geral. Em seguida, abordaremos questões sobre estratégia e planejamento na gestão de recursos humanos (GRH), além de traçarmos um panorama da evolução histórica dessa face da gestão nas organizações brasileiras.

Trataremos também de conceitos relacionados ao mercado global de trabalho (MGT) e o que se espera de gestores nesse contexto. Para encerrar a unidade, discutiremos brevemente sobre gestão de ou por competências, pois as possibilidades de compreensão e articulação que tais temas oferecem aos processos técnicos de GRH são, na verdade, desafios significativos ao modo como as pessoas são tratadas no interior das organizações.

Vamos em frente!

1.1 PESSOAS, GESTÃO E ESTRATÉGIA NAS ORGANIZAÇÕES

Para uma organização, **recursos** dizem respeito a todo e qualquer insumo usado para o cumprimento de sua missão, o que inclui capital, equipamentos físicos e pessoas. No entanto, estas últimas guardam uma diferença notável dos primeiros, pois são a força motriz da organização: elas decidem, acompanham e revisam decisões rumo à produção de bens tangíveis e intangíveis; processo no qual ocorrem percalços que, também, são solucionados pelas pessoas por meio de intervenções. Daí o fato de contar-se com pessoas em quantidade e qualidade adequadas às necessidades organizacionais.

Quando tratamos de RH, mensurar a quantidade abarca um raciocínio simples e objetivo, mas a qualidade envolve alguns dilemas. Em termos de políticas de GRH, é desafio cotidiano para os profissionais dessa área. Dito de outra forma, é lidar com as seguintes questões: Como tratar diferentes de modo igualitário? Como considerar as contribuições individuais passíveis de padronização nas práticas de gestão?

Os RH de uma organização estão alocados em cargos, que exigem determinadas responsabilidades de seus ocupantes, estes, por sua vez, devem responder a elas sob certos padrões e certas condições físicas e sociais. Além disso, precisamos considerar o ritmo e a natureza das mudanças na sociedade, pois elas afetam as organizações e as pessoas, exigindo constantes adaptações, o que não é tão simples quanto parece. Mudar é preciso, mas é difícil! Daí a necessidade da criatividade, da engenhosidade e, substancialmente, do empenho das pessoas! São elas, e somente elas, que reúnem missão e visão no modelo de gestão da organização.

Entende-se como **modelo de gestão** o conjunto de práticas administrativas efetivamente executadas, visando aos objetivos fixados previamente (ou não) pelo corpo estratégico da organização. No caso de grandes organizações, esse corpo localiza-se no ápice da hierarquia e conta, usualmente, com pessoas cujas competências são reconhecidas e valorizadas para seu delineamento, ou seja, especialistas. Já em pequenos negócios, o empreendedor chama para si tal responsabilidade.

Diante disso, vemos a impossibilidade operacional de um modelo de gestão que não leve em conta degraus entre os objetivos pessoais de um trabalhador e os objetivos organizacionais.

As pessoas querem atividades que sejam capazes de realizar, mas que também as desafiem em alguma medida, querem receber melhores salários e benefícios, segurança, estabilidade, oportunidades de crescimento, bem como sentir satisfação, ter qualidade de vida, ser tratadas com consideração e respeito e sentir orgulho do trabalho e da organização.

Já a organização preocupa-se com sua permanência e imagem no mercado, sua sobrevivência e manutenção da competitividade, com crescimento sustentado e sustentável, lucratividade e agilidade em responder às demandas. Isso independe de seus fins serem lucrativos ou não, pois toda organização tem uma razão de ser, um serviço a ser prestado e/ou um produto a ser disponibilizado, o que ela deve fazer com excelência.

Mas como elevar lucros e pagar melhores salários? Como conjugar agilidade organizacional com padrões de conduta seguras e estáveis? É necessário que a GRH permaneça atenta às possibilidades de integração desses objetivos, de modo a reunir todo empenho individual rumo à efetividade organizacional. Assim, há a necessidade de tratar do comportamento humano e das relações de trabalho, desenvolvendo uma **visão holística** da ação humana dentro das organizações.

Pensar e agir holisticamente é, em termos pragmáticos, atuar estrategicamente. Segundo Mintzberg, Ahlstrand e Lampel (2000), a compreensão do que é estratégia organizacional passa por diversos processos: concepção de um plano; planejamento formal; análise do posicionamento organizacional; visão de um empreendimento; reflexão mental-cognitiva; aprendizado emergente; negociação, que envolve as relações de poder (inerentes à qualquer organização); adequação cultural coletiva; reativo ante o ambiente externo ou mesmo de transformação da configuração organizacional.

Essas diferentes formas de se pensar a estratégia no nível organizacional vêm sendo aprofundadas por vários estudiosos ao redor do mundo. Aqui, de modo simplificado, consideramos *estratégia organizacional* como a reunião dos objetivos organizacionais e dos meios para atingi-los. Nesse sentido, se falamos de meios, falamos de recursos... e o recurso humano, como já sabemos, é de grande importância!

Conectado à estratégia organizacional, o **planejamento de RH** pode ser realizado de três maneiras, considerando o nível de protagosimo de sua gestão na organização:

1. Como uma "simples" consequência da estratégia organizacional, isto é, as instâncias superiores definem a estratégia e a comunicam aos demais níveis e áreas. Nesse cenário, os responsáveis pela GRH delineam suas políticas *a posteriori*, ou seja, de modo reativo.

2. Discutido e avaliado na definição da estratégia organizacional, denotando uma posição de maior participação e diálogo, em que há ampla interlocução entre gestores e geridos.
3. Concebido como um dos elementos centrais na estratégia organizacional. Nessa concepção, as pessoas são vistas como agentes ativadores de todos e quaisquer processos em todos os níveis e áreas da organização. Essa maneira implica uma gestão de pessoas, de fato, estratégica.

Nessa égide, os seguintes passos devem ser observados:

- esclarecimento do ideário da organização;
- delineamento de metas e objetivos, considerando-se curto, médio e longo prazos;
- desenho de cenários em termos do ambiente e das tendências da organização, de modo geral, e da GRH, especificamente;
- identificação das ameaças e das oportunidades ambientais;
- identificação das forças e das fraquezas da organização e da GRH;
- levantamento de possibilidades de ação e adaptação da organização e da GRH;
- desenvolvimento, formalização e compatibilização da estratégia no nível organizacional e nos demais níveis, inclusive na GRH;
- promoção da sensibilização e da aceitação da estratégia da GRH;
- comunicação do planejamento para os diversos níveis da estrutura social da organização.

É importante, no entanto, frisar que o desenho desse plano não é uma tarefa simples, afinal, conectar a estratégia organizacional ao planejamento de pessoas, na condição de RH, envolve sensibilidade técnica e política.

Para tanto, o planejamento dos RH, ou seja, o pensar antecipadamente sobre tais recursos e seus resultados envolve diretamente a quantidade e a qualidade das pessoas que vão trabalhar de modo integrado para atingir os objetivos organizacionais. É necessário conhecer as características dos empregados (atuais) e as necessidades da organização, de modo a identificar possíveis diferenças e trabalhar para minimizá-las. Assim, é natural que o processo de planejamento de RH envolva disponibilidade e trânsito intenso de informações sobre seu corpo funcional, permitindo comparações e simulações para alocar as pessoas certas nos cargos certos, combinando ações e suas consequências de curto, médio e longo prazos. Esse processo envolve investimentos (contratações, promoções) e desenvestimentos (aposentadorias, demissões, perdas de funções gratificadas, por exemplo), que devem ser minuciosamente refletidos, comunicados e implementados de acordo com o fôlego da organização, de maneira a se promover transparência e efetividade.

Observe a Figura 1.1, que esclarece esse processo.

FIGURA 1.1 – ESTRATÉGIA ORGANIZACIONAL E PLANEJAMENTO DE RH

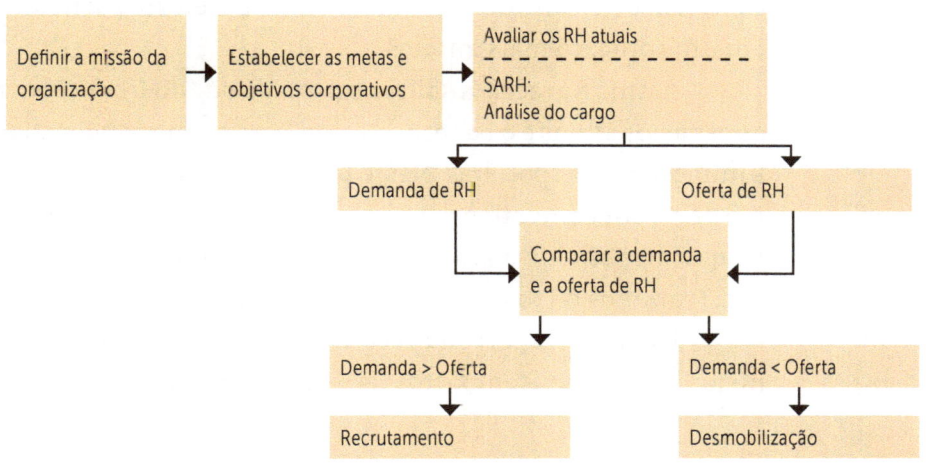

Fonte: Decenzo; Robbins, 2001, p. 82.

Por meio da Figura 1.1, também podemos pensar sobre a movimentação de pessoal nas organizações, usualmente chamada de *rotatividade* ou *turnover*. Ela pode ocorrer em virtude de mudanças no ambiente externo, como nos casos de conjunturas econômicas favoráveis e/ou desfavoráveis, problemas de saúde da família do trabalhador, desmotivação pessoal etc.; ou também advir de questões relacionadas ao ambiente interno da organização, como política remuneratória (satisfatória ou não), relacionamentos interpessoais (saudáveis ou não), (im)possibilidades de carreira etc.

Essas mesmas causas também podem levar ao absenteísmo, isto é, às faltas. Quando as pessoas se desmotivam, sejam quais forem os motivos, o foco no trabalho perde sua nitidez, podendo, inclusive, levar a acidentes e a outros comportamentos improdutivos (sabotagens, apropriações indevidas etc.).

Nesse sentido, rotatividade e absenteísmo precisam ser monitorados, visando evitar desgastes e perdas na organização, bem como promover a eficácia da GRH. Essa eficácia, no entanto, não ocorre de modo universal nem é passível de padronização, por isso, para o planejamento de RH, é preciso compreender qual o cenário da organização e como ela chegou nele. Tal conhecimento não está em um vácuo econômico-social, pelo contrário, é fruto de uma trajetória particular em um contexto mais amplo.

Assim, é preciso analisar o passado da GRH, bem como os cenários atuais e o papel do gestor, para compreender suas limitações e perspectivas. Nesse ponto, a discussão sobre gestão de ou por competências torna-se muito útil e elucidadora no que diz respeito à atuação de gestores em contextos diversos. Traremos tal discussão ainda neste capítulo.

Passemos, agora, ao reconhecimento de alguns fatos históricos e de seus impactos na GRH no Brasil.

PARA SABER MAIS

Para se aprofundar no modo como os assuntos tratados até aqui têm sido estudados por professores e acadêmicos da área de GRH, recomendamos a leitura dos textos a seguir indicados.

RIBEIRO, A. R. S.; MARTINS, P. R.; NETA, M. C. S. Metas organizacionais e gestão estratégica de pessoas: estudo de caso em instituição financeira. **Revista de Carreiras e Pessoas**, v. 7, n. 2, p. 544-563, 2017. Disponível em: <http://www.spell.org.br/documentos/ver/45121/metas-organizacionais-e-gestao-estrategica-de-pessoas--estudo-de-caso-em-instituicao-financeira>. Acesso em: 22 jun. 2019.

SANTOS, R. W. D.; NASCIMENTO, V. M. B.; OLIVEIRA, M. C. R. Gestão estratégica de pessoas e a importância do alinhamento das diretrizes estratégicas: um estudo de caso. **Revista de Carreiras e Pessoas**, v. 8, n. 3, p. 413-430, 2018. Disponível em: <http://www.spell.org.br/documentos/ver/51033/gestao-estrategica-de-pessoas-e-a-importancia-do-alinhamento-das-diretrizes-estrategicas--um-estudo-de-caso>. Acesso em: 22 jun. 2019.

SILVEIRA, V. N. S. Alinhamento estratégico e gestão estratégica de pessoas – análise conceitual e perspectivas teóricas. **Revista Pretexto**, v. 15, n. 4, p. 114-133, 2014. Disponível em: <http://www.spell.org.br/documentos/ver/34839/alinhamento-estrategico-e-gestao-estrategica-de-pessoas-analise-conceitual-e-perspectivas-teoricas>. Acesso em: 22 jun. 2019.

SZMRECSÁNYI, T. Aspectos operacionais do planejamento de RH: o setor educação. **Revista de Administração de Empresas**, v. 13, n. 1, p. 77-81, 1973. Disponível em: <http://www.spell.org.br/documentos/ver/22179/aspectos-operacionais-do-planejamento-de-recursos-humanos--o-setor-educacao>. Acesso em: 22 jun. 2019.

Embora o primeiro texto tenha sido escrito há décadas, ele é muito relevante para refletirmos sobre as seguintes questões: O que mudou, conceitualmente, se o compararmos aos outros textos mais recentes? E, pragmaticamente, o que temos observardo na sociedade?

1.2 EVOLUÇÃO HISTÓRICA DA GRH NO BRASIL

Para entender o cenário atual da GRH no país, é necessário recuperar alguns momentos. Nesse sentido, muitos estudiosos revisitaram a história, visando compreender ligações entre fatos do século passado e os dias de hoje, a partir de níveis de análise macro e micropolítico-econômicos. Várias são as perspectivas, mas podemos notar traços em comum.

Segundo França (2008), antes dos anos 1930, a mão de obra preponderante no Brasil ainda estava atrelada aos padrões escravagistas, sendo o caso de negros africanos traficados pelos colonizadores portugueses, bem como de indígenas nativos, ambos submetidos a condições de trabalho diferenciadas de seus locais de origem, fato que comprometia sua socialização no âmbito do trabalho. O mesmo acontecia com expatriados europeus, fugitivos políticos e de guerras e ex-presidiários. Para lidar com esse conjunto de mão de obra e com as demandas que se impunham à produção, os controles físicos, naturalmente, prevaleciam.

Wood Junior (1995) chamou essa fase de **período pré-jurídico-trabalhista** em razão da inexistência de uma legislação trabalhista. Ele apontou a falta de áreas formais de GRH nas empresas e a prevalência da descentralização de funções, além disso, chamou atenção para a participação de mulheres e crianças na composição da mão de obra "não regulada" e da notória precariedade do trabalho. Já Marras (2000) nomeou esse período como *contábil*, destacando uma incipiente GRH focada em custos e aspectos contábeis.

O período seguinte, entre 1930 e 1945, ficou conhecido como **Era Vargas**. Durante a presidência de Getúlio Vargas (1882-1954), apelidado de *pai dos pobres* por uns e *mãe dos ricos* por outros, foram criados o Ministério do Trabalho (Brasil, 1930) e a Lei de Sindicalização (Brasil, 1931). Ambos contribuíram para um movimento de externalização dos conflitos internos das organizações, nos quais as divergências de opiniões e interesses foram remetidas a outras esferas de responsabilização, amparadas por outras regras e normas, distanciando-as do dia a dia organizacional. O caráter assistencialista dos sindicatos foi paulatinamente substituído por um viés burocrático, de amplo controle do Estado. Com a Consolidação das Leis Trabalhistas (Brasil, 1943), estabeleceram-se diversas proteções ao trabalhador, entendidas como verdadeiros *presentes* do Estado (Fleury; Fischer, 1992).

Esse período também, mais precisamente de 1930 a 1950, foi chamado por Wood Junior (1995) de **burocrático** em virtude da ênfase dada ao cumprimento da legislação, que exigia a formalização de uma área específica dentro das organizações para lidar com registros e pagamentos, atividades tipicamente contábeis. Por outro lado, essa formalização impulsionou a criação de rotinas voltadas para os processos de recrutamento e seleção, assim como padronizações em torno das políticas remuneratórias. Esse foco dado ao cumprimento da legislação foi intitulado de *fase legal* por Marras (2000).

O fim da Era Vargas, também conhecida como **Estado Novo**, coincidiu com o fim da Segunda Guerra Mundial e espelhou, no Brasil, uma redemocratização observada em âmbito mundial. A partir de então, o Estado consolidou monopólios, assumindo um papel de agente produtivo, até então sem precedentes (Fleury; Fischer, 1992). A influência de práticas norte-americanas de gestão, inclusive de RH culminou com a criação do Serviço Social da Indústria (Sesi) e do Serviço Nacional de Aprendizagem Industrial (Senai), antes do término da década de 1940 (França, 2008). Na década seguinte, o projeto desenvolvimentista do presidente Juscelino Kubitschek (1902-1976), também conhecido como JK, deslanchou, envolvendo capitais estatais, privados e internacionais. O controle estatal diminuiu e, consequentemente, reacendeu a chama de um movimento sindical, que promoveu uma maior conscientização dos trabalhadores acerca de seus direitos (Fleury; Fischer, 1992).

Esses novos tempos foram nomeados por Wood Junior (1995) **fase tecnicista**, focando os anos de 1950 e dando destaque para um conjunto de técnicas importadas de gestão, oriundas de multinacionais que vieram operar no país, com incentivos observados principalmente a partir do governo JK. Nesse período, ficou mais evidente uma divisão sexual do trabalho fabril e, do ponto de vista dos processos de gestão, aprimoraram-se as atividades de recrutamento e seleção, treinamento e desenvolvimento, avaliação, cargos e salários, saúde e segurança no trabalho. Marras (2000) também nomeia esse período de *tecnicista*, porém inclui o início dos anos 1960, e destaca a influência estrangeira, pautando-se nos avanços proporcionados por ela em termos de operacionalização de processos de aspectos burocráticos.

É importante relembrar a instabilidade política vivenciada no país no período entre 1945 e 1964, que incluíram a renúncia, a eleição democrática e o suicídio de Getúlio Vargas, além de movimentos que culminariam com o **Golpe Militar, em 1964**. Desde então, a preponderância do papel do Estado em todas as esferas da vida cidadã foi inquestionável, repercutindo no cotidiano dos trabalhadores e das organizações. Foram realizadas mudanças na legislação previdenciária e na organização sindical e, até mesmo, interferências nas políticas e estruturas salariais dentro das empresas. Foi criado o Fundo de Garantia por Tempo de Serviço (FGTS) (Brasil, 1966), visando promover a segurança e a estabilidade do trabalhador, embora o que se tenha presenciado fora exatamente o contrário, isto é, aumento nas demissões e na rotatividade dos empregados.

Nesse momento histórico, precisamente no ano de 1968, chama-se a atenção para duas greves: uma em Osasco e outra em Betim, amplamente divulgadas na mídia e fortemente reprimidas pelo Estado. O mesmo ano foi reconhecido, posteriormente, como o mais representativo da fase mais radical da repressão sindical no país e do cerceamento dos direitos individuais dos brasileiros. Esses fatos macrocontextuais repercutiram no interior das organizações, ou seja, no microcontexto produtivo, exacerbando-se o papel e os limites da hierarquia e dos controles internos e dos processos padronizados importados, que eram sustentados por outras ideologias e culturas, principalmente a norte-americana, incluindo-se as políticas e as práticas de gestão de pessoas. A literatura especializada indica que tais influências perduram até os dias de hoje, em maior ou menor grau, convencionando formas de recrutar, selecionar, treinar, avaliar etc., como se fossem universais, independentemente de porte e tipo de organizações, isto é, públicas, privadas e/ou multinacionais (Fleury; Fischer, 1992).

Avançando para a década de 1970, presenciou-se o reavivamento do **movimento sindical** e foram frequentes as manipulações de índices econômicos pelo governo para tentar exercer algum controle sobre a economia, que sofria com os impactos das crises mundiais de petróleo, as quais promoveram uma onda de reestruturação produtiva mundo afora. Em 1977, foi realizado um arrocho salarial, o que levou, no ano seguinte, à ocorrência de diversas paralisações e greves em indústrias, com destaque para a região do ABC Paulista (cidades de Santo André, São Bernardo do Campo e São Caetano), culminando em intervenção governamental nos sindicatos (Fleury; Fischer, 1992).

Wood Junior (1995) compreende que a GRH entre os anos 1960 e 1980 focava certas práticas apoiadas na legislação vigente, como as atividades relacionadas à qualificação, à saúde e à segurança no trabalho, que também encontraram eco na expansão da educação em nível nacional. Nesse período, chamado de ***abordagem sistêmica*** pelo autor, observou-se a emergência dos programas de qualidade total, importados de organizações das mais diversas origens e culturas (com destaque para as japonesas e as norte-americanas); seus impactos em organizações brasileiras fizeram-se sentir em diversos processos de GRH, com destaque para as atividades relacionadas a treinamento e desenvolvimento, avaliação de pessoal e saúde e segurança no trabalho. Já Marras (2000) nomeia o período de 1965 a 1985 de *administrativo*, destacando em suas análises a negociação (nas instâncias individuais e coletivas) e a preocupação com as relações humanas no cotidiano produtivo.

No início dos anos 1980, os movimentos coletivos, por sua vez, desembocaram na criação de centrais sindicais – Central Única dos Trabalhadores (CUT) e Central Geral dos Trabalhadores (CGT) –, dando forma ao *novo sindicalismo*. A redemocratização política tomou corpo durante essa década, considerada *perdida economicamente*, e, em 1988, foi promulgada uma nova Constituição (Brasil, 1988), que reestabeleceu o Estado Democrático de Direito no país. Apesar disso, traços de um sindicalismo pelego, controlado pelo Estado, ainda permaneceram por longos anos, já que a seleção de seus diretores era realizada por representantes do Estado, optando-se, obviamente, por aqueles que se enquadravam no *modus operandi* até então vigente (Fleury; Fischer, 1992).

Entre os anos 1980 e 1990, observou-se uma redução no ritmo produtivo nacional e, no interior das organizações, nas atividades de GRH. Chamada de **fase das relações industriais integradas** (Wood Junior, 1995), essa década perdida favoreceu a emergência do sindicalismo e a expansão das atividades de relações industriais para fora dos muros das empresas, aproximando-as de entidades externas, principalmente dos sindicatos. Também nesse período, notam-se avanços nas práticas relacionadas à saúde e à segurança no trabalho, bem como naquelas relacionadas a treinamento e desenvolvimento de pessoal, cujo conteúdo era significativamente mais direcionado para temáticas do comportamento humano, como motivação, liderança, comunicação, entre outras (detalhadas no

Capítulo 3). Já Marras (2000) chamou esse momento histórico pós-1985 de *estratégico* e destacou o foco da GRH em uma perspectiva sistêmica e integrada ao planejamento estratégico.

Assim, as **reformas estruturais profundas** ganharam fôlego a partir de 1990 (Wood Junior, 1995) e desenharam novos cenários produtivos, que, por sua vez, demandaram mudanças nas atividades de GRH, com sensíveis consequências nas carreiras dos trabalhadores. Estruturas mais enxutas e menos alongadas, frutos dos processos de terceirização que se iniciavam no país, também contribuíram para a crise do movimento sindical durante a década de 1990. Nesse cenário de restrições econômicas, recessão e desemprego, com crescente fragilização da classe trabalhadora, desenvolveram-se políticas e práticas de GRH menos voltadas para as pessoas.

Além disso, a partir da década de 1990, o mercado de trabalho brasileiro passou por uma série de transformações, entre as quais se destacam: o desemprego massivo e de longa duração (estrutural); a retração do emprego formal; a flexibilização e a precarização dos vínculos de trabalho; e o aumento da informalidade (Borges, 2010).

Nesse contexto de crise, foram arrebanhados diversos segmentos de trabalhadores antes considerados *mais protegidos* legal e institucionalmente, como é o caso de servidores públicos e empregados de grandes empresas. Grupos usualmente menos expostos aos riscos, como homens adultos e pessoas mais escolarizadas, também enfrentaram dificuldades na manutenção de seus postos de trabalho (Borges, 2010). Desse modo, tanto trabalhadores de segmentos mais reestruturados (como os da moderna indústria de quase duas décadas atrás) quanto aqueles que compõem a força de trabalho secundária (jovens e mulheres, de baixa ou menor escolaridade) sofreram os maiores ônus advindos da crise.

Felizmente, a economia brasileira voltou a crescer a partir dos anos 2000, fruto de **estímulos econômicos** internos e externos. Podem ser listados como sinais dessa recuperação:

acompanhamento da curva de produção pela de emprego e/ou ocupação; recuperação da renda, propiciando expansão do consumo e demandando aumento da produção; elevação da capacidade de geração de novos postos de trabalho, a despeito da crise econômica de 2008 (Borges, 2010), cujos impactos foram, em parte, sentidos nos anos subsequentes.

Nesse sentido, respeitados os fundamentos econômicos que regem as relações entre renda, consumo, produção e investimento, principalmente, foi desenvolvido um terreno fértil para o desenvolvimento de outra economia, com um mercado de trabalho permeado de relações diferenciadas (Borges, 2010). Isso diz respeito, basicamente, à significativa elevação do diferencial de poder entre empregados e empregadores, à fragilização e à desmobilização do movimento sindical, à acentuação de relações de trabalho e de formas de contratação flexiprecarizadas e ao reconhecimento dos elevados níveis de despolitização, secundarização e emudecimento do diálogo e do debate sobre os trabalhadores e seus direitos.

Esse cenário, pouco propício a práticas de GRH mais humanas, promoveu recuos em termos de atuação das organizações, já que a oferta de mão de obra era mais ampla que a oferta de trabalho. Mudanças demográficas também afetaram essa dinâmica, além da estrutura do mercado global de trabalho (MGT) (a qual veremos mais detalhadamente a seguir), com destaque a aspectos relacionados às questões de gênero e à faixa etária das pessoas em idade de trabalhar da população economicamente ativa (PEA). Conforme Borges (2010), as quedas nas taxas de natalidade levaram à diminuição do grupo mais jovem, aumentando o peso relativo de trabalhadores adultos e mais velhos; por outro lado, a inserção e a manutenção das mulheres no mercado de trabalho levou à diminuição crescente do número médio de filhos e, por conseguinte, do tamanho médio das famílias, alimentando o ciclo de participação significativa e ascendente das mulheres no conjunto dos trabalhadores.

Recorrendo a dados oficiais do Instituto Brasileiro de Geografia e Estatística (IBGE), podemos ilustrar essas informações. Observe os Gráficos 1.1 e 1.2, a seguir.

GRÁFICO 1.1 – PERCENTUAL DE TRABALHADORES DA PEA, POR FAIXAS ETÁRIAS, 2001-2015

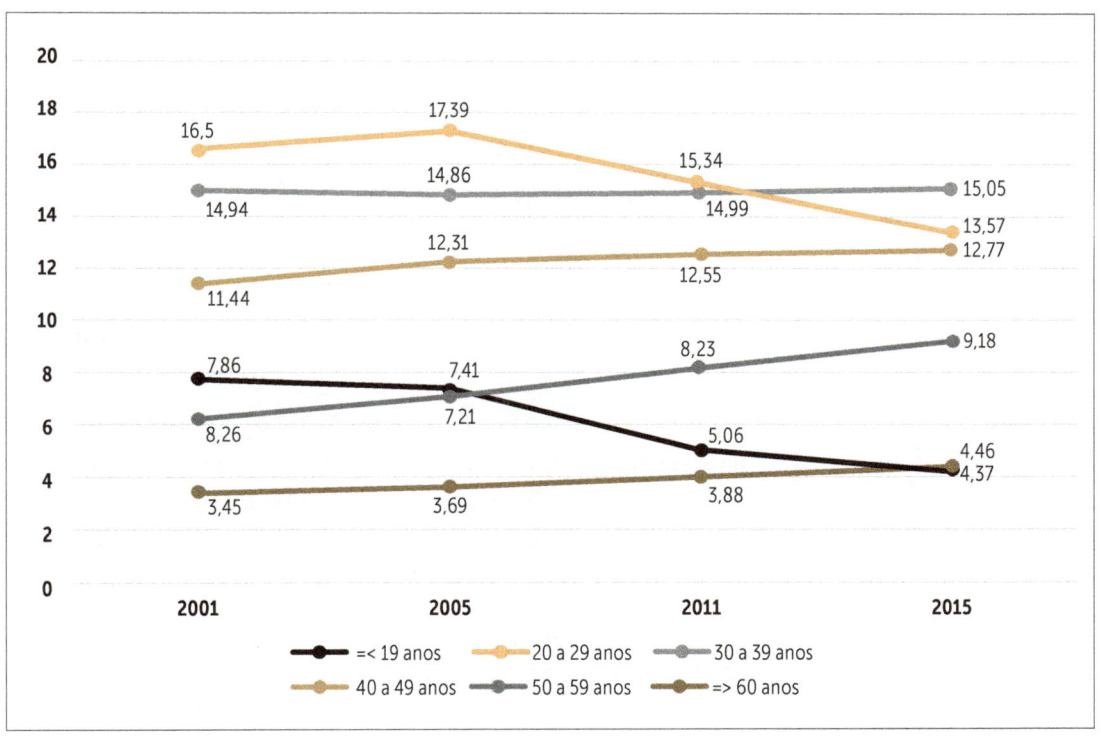

Fonte: Elaborado com base em IBGE, 2015.

GRÁFICO 1.2 – PERCENTUAL DE TRABALHADORES DA PEA, POR SEXO, 2001-2015

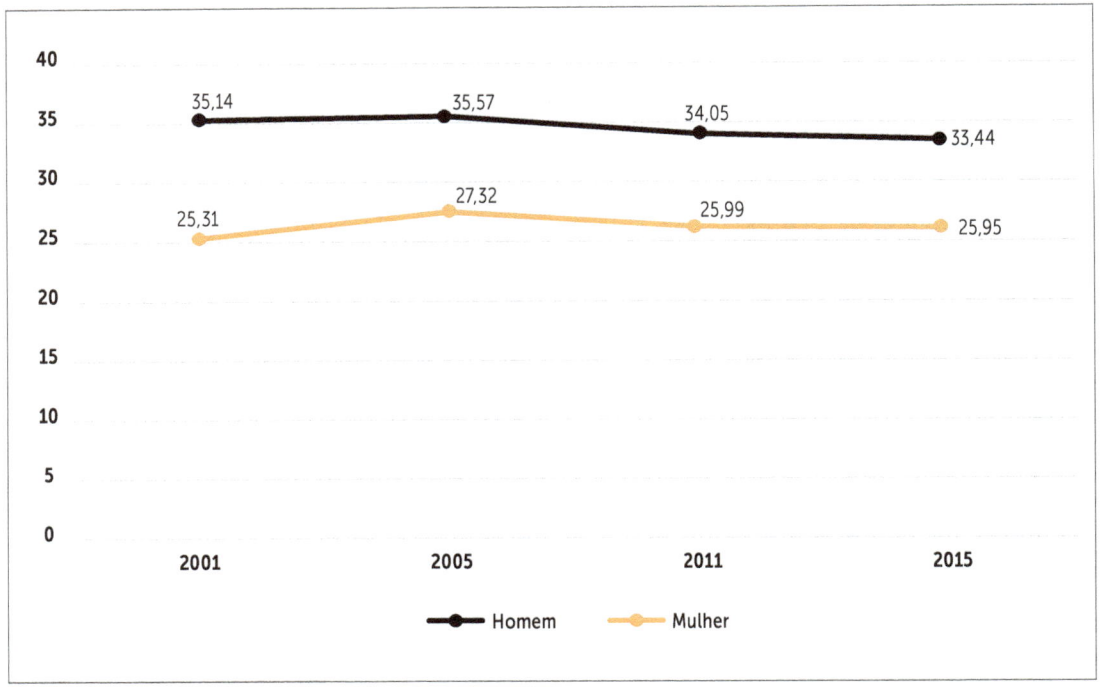

Fonte: Elaborado com base em IBGE, 2015.

Pelo Gráfico 1.1, percebemos que o percentual de trabalhadores mais experientes vêm aumentado nos últimos anos e notamos também que as faixas etárias abaixo de 29 anos apresentaram decréscimo no período de 2001 a 2015, ao passo que todas as outras tiveram os percentuais ampliados.

Observando o Gráfico 1.2, é possível notar que os dados apontam para uma crescente participação feminina no mercado de trabalho: de 2001 a 2015, o percentual de trabalhadores do sexo masculino da PEA decresceu de 35,14% para 33,44%, e o percentual de mulheres elevou-se de 25,31% para 25,95%.

Paralelamente, a expansão do sistema educacional promoveu aumento no nível de escolaridade formal, no qual as mulheres se destacam como mais "escolarizadas", o que também levou à inserção delas em outros postos de trabalho, bem como seu redesenho a partir de qualificações mais sofisticadas (Borges, 2010). Recorremos novamente aos dados do IBGE para visualizar essa percepção, já que os percentuais de trabalhadores da PEA diminuiram para todas as faixas abaixo de 10 anos de escolarização e aumentaram para as faixas acima de 11 anos. Observe o Gráfico 1.3, a seguir.

GRÁFICO 1.3 – PERCENTUAL DE TRABALHADORES DA PEA, POR FAIXA DE ESCOLARIZAÇÃO, 2001-2015

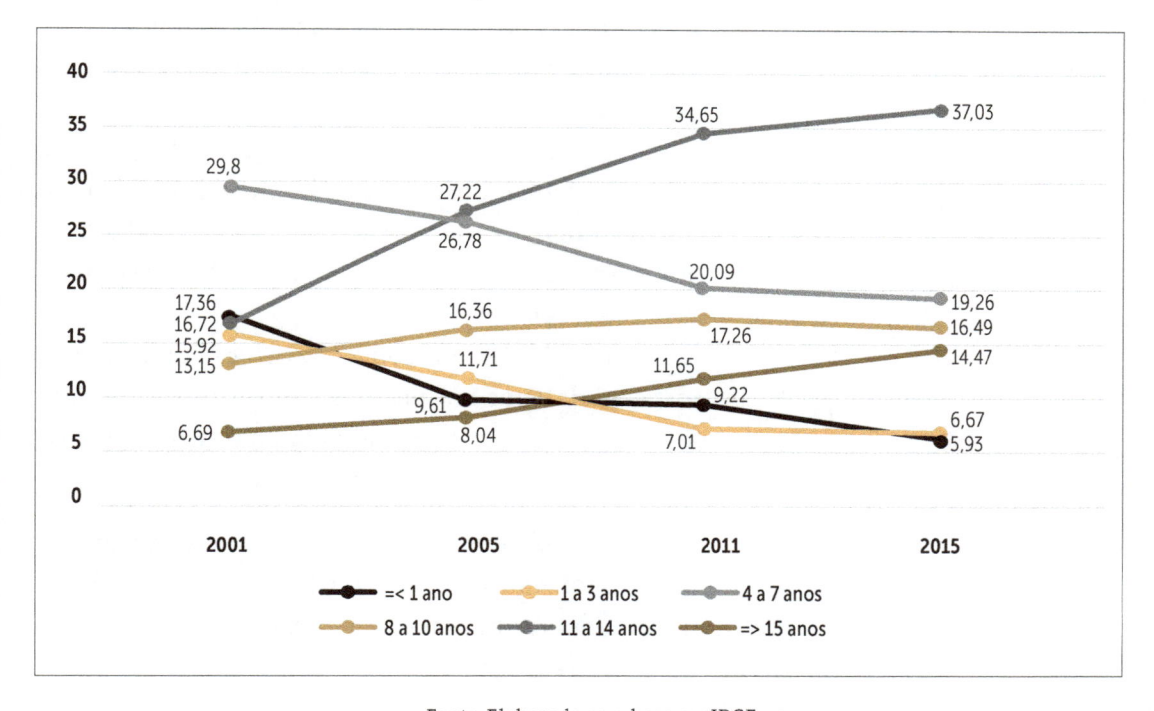

	2001	2005	2011	2015
=< 1 ano	17,36	9,61	9,22	5,93
1 a 3 anos	15,92	11,71	7,01	6,67
4 a 7 anos	29,8	26,78	20,09	19,26
8 a 10 anos	16,72	16,36	17,26	16,49
11 a 14 anos	13,15	27,22	34,65	37,03
=> 15 anos	6,69	8,04	11,65	14,47

Fonte: Elaborado com base em IBGE, 2015.

Essas mudanças recentes, ora sentidas de modo frontal, ora de maneira mais sutil, acabaram desembocando em desafios e perspectivas diferenciadas para a GRH. Nesse rumo, França (2008) destaca a pertinência de refletirmos sobre certos pontos, como:

- o comportamento individual, com conhecimento dos perfis demográficos e antropométricos;
- a qualificação e o desenvolvimento da mão de obra, nos diversos setores da economia;

- os programas de qualidade e produtividade integrados aos fatores do Prêmio Nacional da Qualidade – PNQ-ISO 9000, observados como parâmetros que podem contribuir para a alavancagem das organizações brasileiras;
- a valorização da cultura nacional e de seus reflexos delicados na cultura organizacional brasileira, o que inclui sua linguagem e os modos de comunicação expressos nos processos de inovação, na tecnologia e nos sistemas de gerenciamento de informações, inclusive gerenciais;
- a natureza, a estratégia e os modelos de GRH, considerando-se também aspectos como diversidade e inclusão, para além de uma consciência individual e social, bem como os relacionados a saúde física e mental dos trabalhadores;
- os gestores de RH, na condição de consultores internos, especialistas em pessoas e em processos, voltando-se à mentalidade de trabalhar nas áreas das organizações como em unidades de negócio.

Para tanto, há de se considerar aspectos que transcendem os limites formais da organização e promover diálogos que, mais dia, menos dia, estarão nas pautas de discussão e negociação, como é o caso de:

- aumento de contratos coletivos de trabalho;
- flexibilização e precarização crescentes das relações de trabalho;
- mudanças recentes na legislação trabalhista e seus impactos nos empregados, o que inclui o trato de manutenção de jornada de trabalho e de contabilização de horas extras;
- mudanças nas estruturas de representação coletiva, como sindicatos, associações e conselhos profissionais;
- mudanças na estrutura produtiva, com avanços do setor de serviços e do terceiro setor, destacando-se que este demanda trabalhadores com valores, interesses e

comportamentos diferentes dos predominantes no mercado;
- mudanças nas formas de se remunerar, sublinhando-se os deslocamentos de custos fixos para custos variáveis, incluindo-se a participação em lucros e resultados, cuja legislação ainda é incipiente, bem como sua aplicação pelas organizações.

Essas questões representam verdadeiros dilemas para os gestores, ainda mais se considerarmos as referidas mudanças no marco da legislação trabalhista brasileira. A esse respeito, falaremos mais no último capítulo deste livro, que trata dessas mudanças recentes no aparato legal e nos possíveis impactos visualizados por estudiosos do assunto.

PARA SABER MAIS

Os temas abordados neste tópico também são alvos de reflexões dentro e fora da academia, ou seja, no mercado de trabalho, por profissionais e gestores de diversas áreas. Confira os textos a seguir, os quais demonstram, por si só, algumas diferenças, em virtude inclusive da época em que foram publicados.

CONTIJO, A. C. et al. RH: uma visão estratégica estudo de caso na Empresa Beta. **Organizações Rurais & Agroindustriais**, v. 6, n. 1, p. 119-131, 2004. Disponível em: <http://www.spell.org.br/documentos/ver/27856/recursos-humanos--uma-visao-estrategica-estudo-de-caso-na-empresa-beta>. Acesso em: 22 jun. 2019.

DEMO, G.; FOGAÇA, N.; COSTA, A. C. Políticas e práticas de gestão de pessoas nas organizações: cenário da produção nacional de primeira linha e agenda de pesquisa. **Cadernos EBAPE.BR**, v. 16, n. 2, p. 251-263, 2018. Disponível em: <http://www.spell.org.br/documentos/ver/49721/politicas-e-praticas-de-gestao-de-pessoas-nas-organizacoes--cenario-da-producao-nacional-de-primeira-linha-e-agenda-de-pesquisa>. Acesso em: 22 jun. 2019.

1.3 ESTRUTURA DO MERCADO GLOBAL DE TRABALHO (MGT)

Considerando o cenário atual, podemos raciocinar a partir do conceito de MGT. O *MGT* compreende as oportunidades qualitativas (vinculadas às características pessoais necessárias para o desempenho de atividades) e quantitativas (ligadas à quantidade de pessoas necessárias à realização de atividades) de trabalho disponíveis em certo espaço (país, região, cidade etc.) e tempo (ano, mês, década etc.).

Em termos práticos, o MGT é formado pelo mercado de trabalho (oferta de vagas pelas organizações) e pelo mercado de RH (oferta de pessoas capacitadas para ocupar as vagas), conforme podemos observar na Figura 1.2, a seguir.

FIGURA 1.2 – COMPOSIÇÃO DO MGT

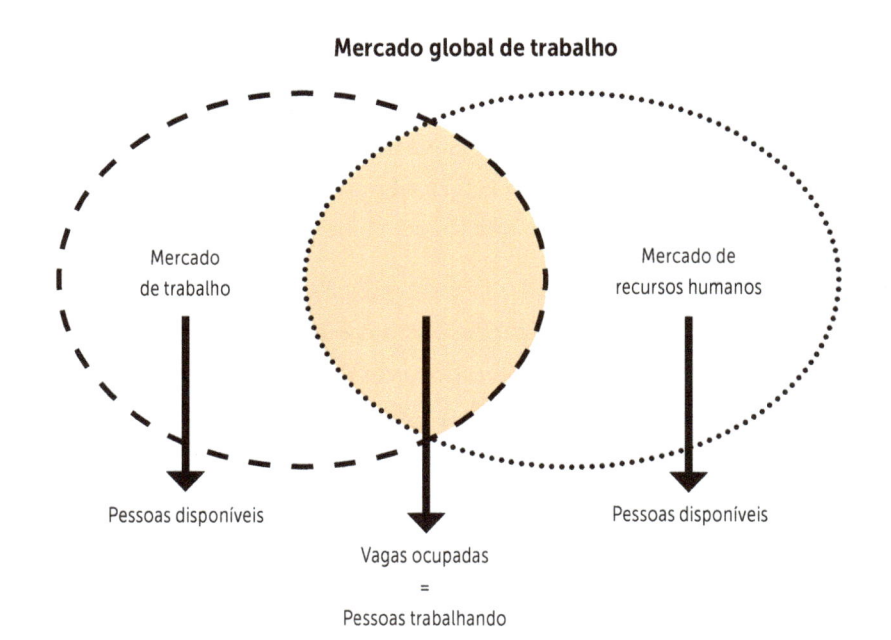

Mercado global de trabalho

Mercado de trabalho

Mercado de recursos humanos

Pessoas disponíveis

Vagas ocupadas
=
Pessoas trabalhando

Pessoas disponíveis

No mercado de trabalho, existem determinados cargos que precisam de pessoas para ocupá-los, e essas vagas podem estar abertas a novas contratações ou a promoções internas, bem como, dependendo da política e da condição da organização, aguardar o momento adequado para que sejam incluídas como disponíveis. Por outro lado, o mercado de RH conta com pessoas que procuram novos espaços de trabalho e, também, com aquelas que não estão nessa busca imediata, como as que estão se qualificando, articulando transição de carreira, empreendendo negócios, estudando para concursos públicos etc.

Dependendo da oferta de vagas e de pessoas, o comportamento do MGT pode alterar-se, influenciando as políticas e as práticas de GRH nas organizações. Podemos pensar em quatro situações típicas:

1. **Elevada oferta de pessoas e baixa oferta de vagas** – com muita gente disponível no mercado de RH, as organizações tendem a diminuir salários e benefícios; realizar processos de recrutamento e seleção mais rigorosos, que exigem mais do trabalhador do que as demandas do cargo impõem; substituir mão de obra com maior desprendimento etc.
2. **Elevada oferta de pessoas e de vagas** – em momentos de ebulição econômica, esse cenário é comum em empresas e no serviço público, em que há mais concursos e processos de promoção interna. Assim, as pessoas têm maior mobilidade, e as organizações certos cuidados (avaliam com mais atenção, promovem mais valorizando a "prata da casa" etc.) ao lidar com seus RH.
3. **Poucas vagas e poucas pessoas aptas ao trabalho** – nesse contexto recessivo, os níveis de desemprego parecem sob controle e, no interior das organizações, cuidados são tomados em termos de investimentos em RH, como treinamentos e outras ações de saúde e segurança no trabalho.
4. **Elevada oferta de vagas e baixa oferta de pessoas aptas** – novas indústrias, novos serviços e momentos de reaquecimento da economia podem gerar esse tipo de situação, que, convenhamos, é a melhor para os RH aptos às vagas ociosas. Nesse cenário, as práticas de gestão são mais voltadas às pessoas, valorizando os RH escassos; essas práticas são consideradas agressivas e benéficas aos indivíduos, pois o mercado de trabalho compete por eles.

Nesse sentido, as estatísticas do IBGE podem ser úteis na compreensão do MGT. A taxa de ocupação[1], por exemplo, indica o percentual de pessoas ocupadas[2] no período de referência em relação às pessoas na força de trabalho[3]. No Gráfico 1.4, a seguir, podemos observar que, de dezembro de 2005 ao mesmo mês de 2011, houve elevação na taxa de ocupação, indicando um percentual crescente de pessoas ocupadas em relação ao total da população economicamente ativa; já no período de dezembro de 2011 a dezembro de 2015, esse percentual diminuiu, indicando um aumento no número de pessoas disponíveis no mercado de RH, ou seja, desmobilização de pessoas no interior das organizações.

---

[1] "É o percentual de pessoas ocupadas na semana de referência em relação às pessoas na força de trabalho" (IBGE, 2019).

[2] "São classificadas como ocupadas na semana de referência às pessoas que, nesse período, trabalharam pelo menos uma hora completa em trabalho remunerado em dinheiro, produtos, mercadorias ou benefícios (moradia, alimentação, roupas, treinamento etc.) ou em trabalho sem remuneração direta em ajuda à atividade econômica de membro do domicílio ou, ainda, as pessoas que tinham trabalho remunerado do qual estavam temporariamente afastadas nessa semana." (IBGE, 2019).

[3] "As pessoas na força de trabalho na semana de referência compreendem as pessoas ocupadas e as pessoas desocupadas nesse período." (IBGE, 2019). As pessoas desocupadas, por sua vez, são aquelas "sem trabalho nessa semana, que tomaram alguma providência efetiva para consegui-lo no período de referência de 30 dias e que estavam disponíveis para assumi-lo na semana de referência. Consideram-se, também, como desocupadas as pessoas sem trabalho na semana de referência que não tomaram providência efetiva para conseguir trabalho no período de 30 dias porque já haviam conseguido o trabalho que iriam começar após a semana de referência." (IBGE, 2019).

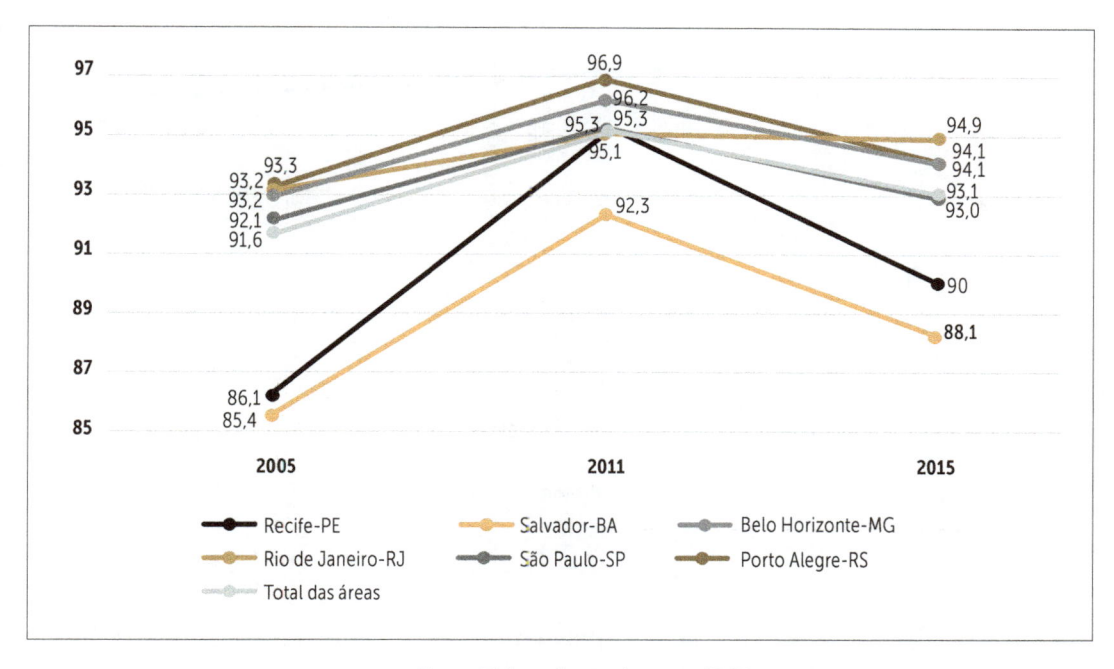

GRÁFICO 1.4 – TAXA DE OCUPAÇÃO, POR REGIÕES
METROPOLITANAS, 2005-2015

```
97                           96,9
                             ● 96,2
95                         95,3 95,3                        94,9
                           ● 95,1                           94,1
93      93,3                                                94,1
     93,2                              92,3                 93,1
     93,2                                                   93,0
     92,1
91   91,6
                                                            ● 90
89
                                                            88,1
87
    86,1
85  85,4
     2005                    2011                           2015

●── Recife-PE          ●── Salvador-BA       ●── Belo Horizonte-MG
●── Rio de Janeiro-RJ  ●── São Paulo-SP      ●── Porto Alegre-RS
●── Total das áreas
```

Fonte: Elaborado com base em IBGE, 2016.

Esses números refletem movimentos de aquecimento e desaquecimento da economia, que podem ser analisados por variadas perspectivas, dada sua recenticidade. Se formos detalhar a composição da PEA, ou seja, o total de pessoas de faixa etária entre 10 e 65 anos de idade ocupadas ou desocupadas quando da pesquisa do IBGE, podemos entender melhor o mercado de RH.

No que diz respeito à distribuição da PEA por sexo, por exemplo, são notáveis os movimentos de decrescimento da participação masculina no mercado de trabalho e da ampliação da força de trabalho feminina. Observe o Gráfico 1.5, a seguir.

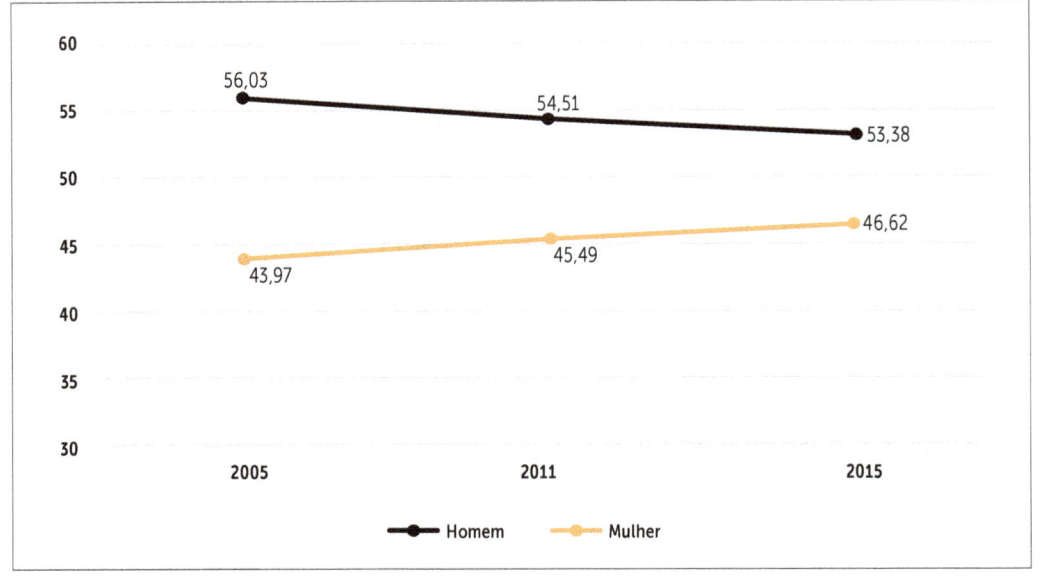

GRÁFICO 1.5 – PERCENTUAIS DA PEA, POR SEXO, 2005-2015

	2005	2011	2015
Homem	56,03	54,51	53,38
Mulher	43,97	45,49	46,62

Fonte: Elaborado com base em IBGE, 2016.

Se compararmos esses dados com os do Gráfico 1.2, exposto anteriormente, entendemos que tais movimentos também se refletem parcialmente nas pessoas ocupadas e desocupadas.

Na perspectiva da faixa etária, consideremos a Tabela 1.1, a seguir.

TABELA 1.1 – PERCENTUAIS DA PEA, POR FAIXA ETÁRIA, 2005-2015

Faixas etárias / Anos	2005	2011	2015
10 a 14 anos	0,29	0,15	0,04
15 a 17 anos	1,82	1,5	0,87
18 a 24 anos	16,51	13,88	11,24
25 a 49 anos	62,95	62,73	61,61
50 anos ou mais	18,43	21,75	26,24

Fonte: Elaborado com base em IBGE, 2016.

Analisando a Tabela 1.1, percebemos a concentração de trabalhadores da PEA entre 25 e 49 anos. Porém, é notável o crescimento do percentual de trabalhadores com faixa etária acima de 50 anos, o que demonstra o alongamento de sua atuação no mundo do trabalho, bem como o envelhecimento da PEA. Por outro lado, os menores de 24 anos tiveram participação diminuída, o que pode estar atrelado ao aumento da escolarização, de modo a reter essa parte da mão de obra, além das dificuldades de inserção dela em um mercado de trabalho retraído.

Se compararmos os dados da Tabela 1.1 com os do Gráfico 1.1, exposto anteriormente, mais uma vez perceberemos que os movimentos entre faixas etárias são observáveis tanto em pessoas ocupadas quanto em desocupadas.

O último exemplo que analisaremos refere-se a faixas de anos de estudo, sendo conveniente lembrar que elas não refletem necessariamente níveis de escolaridade. Por meio dos dados da Tabela 1.2, observamos uma possível melhora na educação formal da PEA, com decréscimo das faixas com menos de 10 anos de estudo e ampliação da faixa de 11 anos ou mais de estudo formal.

TABELA 1.2 – PERCENTUAIS DA PEA, POR ANOS DE ESTUDO, 2005-2015

Anos de estudo / Anos	2005	2011	2015
Sem instrução e menos de 1 ano	2,47	1,38	1,06
1 a 3 anos	5,43	3,35	2,25
4 a 7 anos	22,5	17,09	13,85
8 a 10 anos	18,3	16,39	15,49
11 anos ou mais	51,3	61,78	67,35

Fonte: Elaborado com base em IBGE, 2016.

Observando esses dados em comparação com os do Gráfico 1.3, apresentado anteriormente, percebemos que as mudanças na composição da PEA em termos de faixas de anos de estudo são também semelhantes entre as pessoas ocupadas e desocupadas.

PARA SABER MAIS

O interesse pela GRH é crescente entre professores, acadêmicos, profissionais de mercado e gestores dessa área. Assim, a leitura dos textos a seguir pode trazer mais elementos para uma visão crítica do tema e de sua realidade no Brasil.

FORMENTON, T. C.; STEFANO, S. R. Gerações e mercado de trabalho: suas relações com as organizações. **Revista de Carreiras e Pessoas**, v. 7, n. 3, p. 5-26, 2017. Disponível em: <http://www.spell.org.br/documentos/ver/48284/geracoes-e-mercado-de-trabalho--suas-relacoes-com-as-organizacoes->. Acesso em: 22 jun. 2019.

MACHADO JÚNIOR, C.; BAZANINI, R.; MANTOVANI, D. M. N. The Myth of Racial Democracy in the Labour Market: a Critical Analysis of the Participation of Afro-Descendants in Brazilian Companies. **Organizações & Sociedade**, v. 25, n. 87, p. 632-655, 2018. Disponível em: <http://www.spell.org.br/documentos/ver/51428/o-mito-da-democracia-racial-no-mercado-de-trabalho--analise-critica-da-participacao-dos-afrodescendentes-nas-empresas-brasileiras>. Acesso em: 22 jun. 2019.

RIANI, J. L. R. et al. Mercado de trabalho e diferenciais de rendimento dos idosos em Minas Gerais. **Revista Pretexto**, v. 19, n. 4, p. 11-29, 2018. Disponível em: <http://www.spell.org.br/documentos/ver/52010/mercado-de-trabalho-e-diferenciais-de-rendimento-dos-idosos-em-minas-gerais->. Acesso em: 22 jun. 2019.

SANTOS, R. W. D.; NASCIMENTO, V. M. B.; OLIVEIRA, M. C. R. Gestão estratégica de pessoas e a importância do alinhamento das diretrizes estratégicas: um estudo de caso. **Revista de Carreiras e Pessoas,** v. 8, n. 3, p. 413-430, 2018. Disponível em: <http://www.spell.org.br/documentos/ver/51033/gestao-estrategica-de-pessoas-e-a-importancia-do-alinhamento-das-diretrizes-estrategicas--um-estudo-de-caso>. Acesso em: 22 jun. 2019.

1.4 O GESTOR E SUA ATUAÇÃO NO MERCADO DE TRABALHO BRASILEIRO

Após discutirmos questões mais amplas da GRH, inclusive em uma perspectiva estratégica, incluindo fatos históricos e composição atual do MGT, passamos a outro importante ponto: a operacionalização da gestão no cotidiano da organização e seu vértice na condução de ações, o gestor.

Levando em conta que as organizações estão cada vez mais enxutas, com menos níveis hierárquicos e focos de decisão, bem como centralizadas no negócio a que se destinam, falar sobre o gestor é um desafio, pois ele é alvo de expectativas variadas, inclusive próprias. Neste livro, consideraremos os termos *gestor* e *gerente* sinônimos que designam o sujeito que ocupa um cargo de responsabilidade por resultados e ações de terceiros na organização. Não nos importa o *título do cargo* (termo técnico, como veremos adiante), chefe, gerente, diretor, facilitador etc., o que nos interessa, efetivamente, é o trabalho realizado por esse sujeito.

Sobre isso, Hill (1993) alinha quatro públicos que demandam atenção específica:

1. os próprios gestores;
2. seus subordinados;
3. seus superiores;
4. seus colegas ou pares.

Ao assumir um cargo de gestão, o profissional **gestor**, usualmente, fica seduzido por direitos e privilégios que lhe são apresentados, contudo, os deveres também são inerentes. Reconhecimento político e melhores salários e benefícios são fatores presentes ao se promover alguém, porém há outros aspectos do cotidiano de um gestor que merecem atenção: fixar outras agendas e construir outras redes de trabalho, atuando como um supervisor e administrador tanto de atividades quanto de pessoas, questões sensíveis que precisam ser refletidas e compartilhadas com os demais atores.

Os **subordinados**, por outro lado, aguardam apoio e criação de condições menos inóspitas para o exercício de suas tarefas. Nessa perspectiva, eles esperam que o gestor atue organizando os processos, liderando a equipe, servindo, em primeiro plano, às suas necessidades e preocupações individuais e funcionando como um elemento de ligação entre os próprios subordinados.

Já os **superiores** do gestor, normalmente mais conscientes de seu papel, enfatizam as responsabilidades que envolvem essa função e as obrigações que advêm de assumí-la. Por isso, eles se concentram no negócio em geral, fixando a agenda esperada e unindo os papéis de liderança, integração e administração de esforços dos membros do grupo de trabalho ou da equipe.

Por fim, os **colegas** de gestão, ou seja, os pares do mesmo nível hierárquico esperam do colega gestor uma maior consciência de seu papel no contexto geral da organização, privilegiando o trânsito e a troca de informações e recursos, conforme necessidade de cada um no âmbito de seu trabalho.

Assim, além da ampliação de sua carga e de seu ritmo de trabalho, o gestor precisa lidar e conciliar essas expectativas, considerando como acomodá-las no contexto de uma rede de dependências.

Conforme Hill (1993), esse *lidar com expectativas* inicia-se pela formação de uma identidade própria de gestor, deixando de ser um "fazedor" usualmente bem sucedido e reconhecido como tal, motivo da promoção a um cargo de gestão. Essa nova identidade gerencial implica uma mudança de mentalidade e de conduta, ou seja, deixar de se comportar de determinada forma e passar a lidar com os públicos aos quais se dirige de outras formas. No Quadro 1.1, a seguir, apresentamos alguns aspectos mais recorrentes no que tange à mudança de um profissional fazedor para um profissional gestor.

QUADRO 1.1 – CARACTERÍSTICAS DOS PROFISSIONAIS NA TRANSFORMAÇÃO DA IDENTIDADE GERENCIAL

Ser fazedor	Ser gestor
Ser especialista e executante.	Ser genérico e definir agenda própria e de subordinados.
Realizar diretamente tarefas específicas.	Planejar, organizar e controlar tarefas interdependentes.
Identificar-se fortemente com tais tarefas.	Identificar-se fortemente com o negócio e com sua gestão.
Ser um agente individual.	Ser um facilitador de redes de trabalho.
Realizar ações com esforços próprios, principalmente.	Realizar ações por meio dos esforços de terceiros, principalmente subordinados formais.
Identificar-se fortemente como ator relativamente independente.	Identificar-se fortemente como ator altamente independente.

Fonte: Elaborado com base em Hill, 1993.

Nesse sentido, tornar-se gestor não é uma atividade simples, pois exige mudança de mentalidade, o que pode demorar algum tempo, dependendo do nível de aproximação do sujeito com a natureza de suas novas atribuições; é necessário aprender a ser gerente, desenvolvendo capacidades para exercer julgamentos interpessoais, autoconhecimento e autocrítica, em caráter permanente e crescente, além de lutar com – e, às vezes, contra – tensões e emoções que prejudicam seu trabalho e o de seus subordinados.

Essa integração de interesses e expectativas é necessária e pode ser facilitada pelo exercício diário de transparência e pela rememoração constante das possibilidades de alinhamento de expectativas e interesses pessoais e coletivos no espaço do trabalho.

Alinhando-se tais perspectivas, características do MGT, entendemos como a função gerencial é desafiadora e permeada de dilemas e contradições, que devem ser avaliados dia após dia pelo gestor.

De acordo com Motta (2007, p. 24-25), alguns **mitos** sobre a função de gerente são:

- Pessoa com *status*, autoridade e poder, tem sala imponente em andar elevado. Toma decisões rápidas, analisa informações e supera obstáculos, confiante e segura no sucesso das decisões (imagens de "super-homem").
- Atuação baseada em ações ordenadas e planejadas, num processo decisório acentuadamente racional e impessoal.
- Preocupação prioritária com políticas, diretrizes e desenvolvimento, futuro da organização.
- Trabalho programado, com algumas fases previsíveis e problemas antecipados para enfrentar contingências e superar dificuldades.
- Instrumentos de trabalho: objetivos, planos, programas, metas, resultados e prazos.
- Reúne-se para planejar e resolver problemas.
- Recebe informações fundamentais para a decisão através de relatórios de assessores, memorandos internos, impressos de computadores e informações orais em reuniões programadas.
- Comportamento formal e contemplativo.
- Trabalha com sistematização, afinco e profundidade em um número reduzido de tarefas e informações mais importantes para a tomada de decisão.
- Trabalho prospectivo, de médio e longo prazos, orientado para soluções e integrado com as diversas áreas da organização.

No entanto, para o autor, o que de fato se verifica na função de gestor são as seguintes **características**:

- Pessoa com *status* às vezes duvidoso; poder e autoridade dependente de injunções contínuas e de informações obtidas de várias maneiras. Negocia assuntos diversos, ganhando e perdendo, tensa, nervosa e incerta quanto ao resultado das decisões.
- Atuação baseada em ações desordenadas e intermitentes, um processo decisório marcado também por decisões intuitivas e influenciadas por lealdades pessoais e comunicações verbais face a face.
- Preocupação prioritária com operações atuais e solução de problemas prementes.
- Trabalho não programado, em grande parte imprevisível. Enfrentamento constantemente de contingências e de problemas desconhecidos.
- Reúne-se para discutir as dificuldades das rotinas e debater temas na presunção de que poderá haver problemas.
- Recebe informações fundamentais através de um sucessivo e variado número de contatos pessoais, por comunicação verbal, telefonemas, bate-papos informais e em reuniões de última hora.
- Trabalho assistematicamente, de forma superficial e intermitente em um grande número de tarefas, exercendo funções diferentes no que se refere a cada tarefa.
- Trabalho restritivo, de curto prazo, orientado a problemas e fragmentado no que se refere às diversas áreas da organização. (Motta, 2007, p. 24-25)

Além dos dilemas próprios da função gerencial, no cotidiano de trabalho, o gestor ainda precisa levar em conta paradoxos mais amplos, que têm impactos em sua forma de ver a realidade que o rodeia, bem como em suas possibilidades de atuação e de resolução de problemas, que, como vimos, são das mais variadas ordens.

O gestor deve pensar em sua ação ante a díades como: universalidade e contingência; individualização e globalização; centralização e descentralização; flexibilidade e formalização (Davel; Vergara, 2006), todavia, a princípio, esse pensamento não pode ser dicotômico, ou seja, "um ou outro". Nesse sentido, é mais frutífero ao gestor, em especial ao gestor de RH, refletir sobre esses pontos como limites de um contínuo, ou seja, extremos que podem nortear a tomada de decisão, considerando aspectos intermediários como mais equilibrados e, assim, virtuosos em termos de escopo de resolutividade.

Com isso em mente, observe o Quadro 1.2, a seguir, em que esses dilemas estão sistematizados.

QUADRO 1.2 – DILEMAS DO FOCO DO GESTOR

Foco no individual	Foco no coletivo
• Contingência Importância dos contextos locais e das particularidades situacionais.	• Universalidade Universalidade e possibilidade de transferência internacional dos métodos e técnicas de gestão.
• Individualização Gestão individual das pessoas e dos grupos.	• Globalização Gestão coletiva do pessoal, busca da sinergia coletiva.
• Descentralização Desenvolvimentos de unidades autônomas, empresas em rede.	• Centralização Orientação estratégica em período de crise, controle econômico e financeiro.
• Flexibilidade Desenvolvimento de formas flexíveis de trabalho, de sistema de emprego precário, recurso aos mercados externos de trabalho.	• Planejamento Implantação de uma gestão provisória do pessoal, gestão de carreiras.

Fonte: Elaborado com base em Davel; Vergara, 2006.

Após a reflexão sobre tais dilemas e sobre que perspectiva vai nortear a tomada de decisão e a própria decisão no que tange à gestão, em especial à GRH, precisamos refletir também sobre o que tais práticas de gestão vão privilegiar e, portanto, sobre quais políticas de gestão vão pautá-las. Tais práticas podem nortear-se por princípios como: inclusão e exclusão; nível de exigência formal e de demanda prática de educação formal; nível de exigência formal e de demanda prática de competências individuais; perspectivas de crescimento e de crise na GRH de modo geral.

Seguindo a mesma linha de raciocínio, não se trata de reflexões e escolhas dicotômicas, mas de pontos extremos de um contínuo, que precisam ser ponderados na tomada de decisões a respeito das políticas que vão nortear as práticas de GRH definidas nos níveis gerenciais de uma organização. Observe os pontos destacados no Quadro 1.3, a seguir.

QUADRO 1.3 – FOCOS DAS POLÍTICAS E PRÁTICAS DE GRH

Foco no formalmente exigido	Foco no pragmaticamente demandado
• Comprometimento e inclusão Exigência de implicação no trabalho, tomada de iniciativa e de engajamento ao serviço dos objetivos da organização.	• Desmobilização e exclusão Risco de sair do sistema econômico e do tecido social para as pessoas em situação precária ou no desemprego.
• Nível de formação Progresso do nível educacional geral da população ativa.	• Nível de conhecimento Defasagem entre o nível de educação exigido.
• Certificados de competências Detenção de diplomas para validar conhecimentos formalizados.	• Necessidade de competências Fundamentadas no saber fazer útil, acumulado pela experiência.
• GRH de crescimento Normas negociadas de remuneração, de promoção, melhoria das condições de trabalho, políticas de integração do pessoal etc.	• GRH de crise Formas de trabalho precárias, redução do tempo de trabalho, autonomia na execução de tarefas e polivalência, ausência de controle etc.

Fonte: Elaborado com base em Davel; Vergara, 2006.

Observando as divergentes expectativas a respeito do trabalho do gestor, os mitos e as verdades que envolvem sua atuação e os dilemas que norteiam as bases das políticas e práticas de GRH, concluímos que o trabalho do gestor, de modo geral, e do gestor de RH, em especial, não são simples ou óbvios. Por isso, é necessário formar e desenvolver competências profissionais que sustentem sua ação, fato que exige esforços variados e leva tempo, como veremos a seguir.

PARA SABER MAIS

Para conhecer como a evolução da função gerencial foi tratada pelos clássicos da gestão, além de dilemas vivenciados por gestores brasileiros de diversas áreas, recomendamos a leitura dos artigos apontados a seguir.

LEITE, L. T. T.; PAIVA, K. C. M. Gestão e subjetividade: a fala dos gerentes (re)velando aspectos da função gerencial contemporânea. **Revista Gestão & Tecnologia**, v. 9, n. 2, art. 41, p. 1-19, 2009. Disponível em: <http://www.spell.org.br/documentos/ver/3383/gestao-e-subjetividadea-falados-gerentes--re-velando-aspectos-da-funcao-gerencial-contemporanea>. Acesso em: 22 jun. 2019.

PAIVA, K. C. M. et al. Função gerencial do shopping center: ação, devoção e desilusão. **Organizações & Sociedade**, v. 14, n. 42, p. 29-47, 2007. Disponível em: <http://www.spell.org.br/documentos/ver/23252/funcao-gerencial-do-shopping-center-acao--devocao-e-desilusao>. Acesso em: 22 jun. 2019.

PAIVA, K. C. M. et al. Milícias, malícias e delícias da função gerencial: o setor hoteleiro em foco. **Turismo em Análise**, v. 17, n. 3, p. 116-141, 2006. Disponível em: <http://www.spell.org.br/documentos/ver/27713/milicias malicias-e-delicias-da-funcao-gerencial--o-setor-hotelei-ro-em-foco>. Acesso em: 22 jun. 2019.

1.5 GESTÃO DE COMPETÊNCIAS PROFISSIONAIS E GERENCIAIS

Antes de mais nada, é preciso conceituar o que entendemos como *competências profissionais* e *gestão de competências*. Essa tarefa não é simples nem imediata, pois exige estudo de uma série de autores estrangeiros e brasileiros para chegarmos a um ponto comum.

Bitencourt e Barbosa (2004) elaboraram um quadro com as definições de *competência* de vários autores que são referência no estudo do tema, acrescentando a ênfase dada em cada uma dessas definições. Observe o Quadro 1.4, a seguir, que reproduz esse conteúdo e outros conceitos também abordados pelos autores.

QUADRO 1.4 – CONCEITOS DE *COMPETÊNCIA* E SUAS ÊNFASES

Autor	Conceito	Ênfase
1. Boyatizis (1982, p. 23)	"Competências são aspectos verdadeiros ligados à natureza humana. São comportamentos observáveis que determinam, em grande parte, o retorno da organização."	Formação, comportamento, resultado
2. Boog (1991, p. 16)	"Competência é a qualidade de quem é capaz de apreciar e resolver certo assunto, fazer determinada coisa; significa capacidade, habilidade, aptidão e idoneidade."	Aptidão, valores e formação
3. Spencer; Spencer (1993, p. 9)	"A competência refere-se a características intrínsecas ao indivíduo que influencia e serve de referencial para seu desempenho no ambiente de trabalho."	Formação e resultado
4. Sparrow; Bognanno (1994, p.3)	"Competências representam atitudes identificadas como relevantes para a obtenção de alto desempenho em um trabalho específico, ao longo de uma carreira profissional, ou no contexto de uma estratégia corporativa."	Estratégias, ação e resultados
5. Moscovici (1994, p. 26)	"O desenvolvimento de competências compreende os aspectos intelectuais inatos e adquiridos, conhecimentos, capacidades, experiência, maturidade. Uma pessoa competente executa ações adequadas e hábeis em seus afazeres, em sua área de atividade."	Aptidão e ação
6. Cravino (1994, p. 161)	"As competências se definem mediante padrões de comportamentos observáveis. São as causas dos comportamentos, e estes, por sua vez, são a causa dos resultados. É um fator fundamental para o desempenho."	Ação e resultado
7. Parry (1996, p. 48)	"Um agrupamento de conhecimentos, habilidades e atitudes correlacionados, que afeta parte considerável da atividade de alguém, que se relaciona com o desempenho que pode ser medido segundo padrões preestabelecidos, e que pode ser melhorado por meio de treinamento e desenvolvimento."	Resultado, formação
8. Sandberg (1996, p. 411)	"A noção de competência é construída a partir do significado do trabalho. Portanto, não implica exclusivamente a aquisição de atributos."	Formação e interação
9. Bruce (1996, p. 6)	"Competência é o resultado final da aprendizagem."	Aprendizagem individual e autodesenvolvimento
10. Boterf (1997, p. 267)	"Competência é assumir responsabilidades frente a situações de trabalho, complexas, buscando lidar com eventos inéditos, supreendentes, de natureza singular."	Mobilização e ação

(continua)

(Quadro 1.4 – conclusão)

Autor	Conceito	Ênfase
11. Magalhães et al. (1997, p. 14)	"Conjunto de conhecimentos, habilidades e experiências que credenciam um profissional a exercer determinada função."	Aptidão e formação
12. Perrenoud (1998, p. 1)	"A noção de competência refere-se a práticas do quotidiano que se mobilizam através do saber baseado no senso comum e do saber a partir de experiências."	Formação e ação
13. Durand (1998, p. 3)	"Conjunto de conhecimentos, habilidades e atitudes interdependentes e necessárias à consecção de determinado propósito."	Formação e resultado
14. Dutra et al. (1998, p. 3)	"Capacidade da pessoa gerar resultados dentro dos objetivos estratégicos e organizacionais da empresa, se traduzindo pelo mapeamento do resultado esperado (output) e do conjunto de conhecimentos, habilidade e atitudes necessários para o seu atingimento (input)."	Aptidão, resultado, formação
15. Ruas (1999, p. 10)	"É a capacidade de mobilizar, integrar e colocar em ação conhecimentos, habilidades e formas de atuar (recursos de competências) a fim de atingir/superar desempenhos configurados na missão da empresa e da área."	Ação e resultado
16. Fleury; Fleury (2000, p. 21)	"Competência: um saber agir responsável e reconhecido, que implica mobilizar, integrar, transferir conhecimentos, recursos, habilidades, que agreguem valor econômico à organização e valor social ao indivíduo."	Ação e resultado
17. Hipólito (2000, p. 7)	"O conceito de competência sintetiza a mobilização, integração e transferência de conhecimentos e capacidades em estoque, deve adicionar valor ao negócio, estimular um contínuo questionamento do trabalho e a aquisição de responsabilidades por parte dos profissionais e agregar valor em duas dimensões: valor econômico para a organização e valor social para o indivíduo."	Formação, resultado, perspectiva dinâmica
18. Davis (2000, p. 1, 15)	"As competências descrevem de forma holística a aplicação de habilidade, conhecimentos, habilidades de comunicação no ambiente de trabalho [...]. São essenciais para uma participação mais efetiva e para incrementar padrões competitivos. Focaliza-se na capacitação e aplicação de conhecimentos e habilidades de forma integrada no ambiente de trabalho."	Ação e resultado
19. Zarifian (2000, p. 66)	"A competência profissional é uma combinação de conhecimentos, de saber-fazer, de experiências e comportamentos que se exerce em um contexto preciso. Ela é constatada quando de sua utilização em situação profissional a partir da qual é passível de avaliação. Compete, então, à empresa identificá-la, avaliá-la, validá-la e fazê-la evoluir."	Formação e desempenho
20. Becker et al. (2001, p. 156)	"Competências referem-se a conhecimentos individuais, habilidades ou características de personalidade que influenciam diretamente o desempenho das pessoas."	Formação e desempenho

Fonte: Bitencourt; Barbosa, 2004, p. 244-245.

Considerando essas definições, podemos identificar alguns pontos comuns: a necessidade prévia de sustentáculos para a ação considerada competente (conhecimentos, habilidades e atitudes); a formação e o desenvolvimento permanente desses pilares; as exigências particulares de cada contexto de trabalho, que implicam mobilização diferenciada de tais sustentáculos; o foco em resultados reconhecidos e valorizados para as pessoas e para as organizações.

Assim, entendemos que as competências transcendem as qualificações. Segundo Paiva e Melo (2008, p. 345),

> Para o CINTERFOR[4], o conceito de qualificação incorpora um conjunto de conhecimentos e habilidades adquiridos pelas pessoas no decorrer dos processos de socialização e de educação / formação, que as capacitavam potencialmente a desempenhar tarefas num posto de trabalho de maneira satisfatória [...]. Já o conceito de competência diz respeito à capacidade real para atingir um fim em determinado contexto, capacidade esta constituída por certos conhecimentos e habilidades necessários ao indivíduo.

Nessa perspectiva, as qualificações são permanentes, ao passo que as competências são contextuais e mutáveis, o que nos possibilita concluir que a formação e o desenvolvimento delas estão conectados à realidade objetiva do sujeito, por meio de processos formais e/ou informais de aprendizagem. Por outro lado, pensar em competência vai além do tão citado CHA (conhecimentos, habilidades e atitudes), pois não basta ter esses requisitos e eles não se concretizarem em resultados valorizados pelos atores sociais envolvidos na ação do profissional.

Dada a ampla utilização do conceito de *competência profissional* em contextos de trabalho que contam com níveis de formalidades diferenciados, propomos, então, ir além de tal conceito e utilizarmo-nos do conceito de *competência laboral*, proposto por Paiva (2013, p. 506):

> mobilização de forma particular pelo trabalhador na sua ação laboral de conjuntos de saberes de naturezas diferenciadas (formados por componentes cognitivos,

---

4 Centro Interamericano de Investigação e Documentação sobre Formação Profissional, órgão da Organização Internacional do Trabalho (OIT).

funcionais, comportamentais, éticos e políticos) que gerou resultados reconhecidos individual (pessoal), coletiva (profissional), econômica (organização) e socialmente (comunitário).

Desse modo, é importante detalharmos tais componentes[5], a saber:

- **Cognitivo** – inclui conhecimentos técnicos, teóricos e tácitos a respeito do trabalho, de seu ambiente e de seu contexto.
- **Funcional** – relaciona-se a capacidades mentais e físicas para a realização do trabalho e foca conhecimentos de suas especificidades, inclusive de processos relacionados.
- **Comportamental** – diz respeito ao domínio de aspectos comportamentais, relacionais e sociais.
- **Ético** – remete à empatia e à ação efetiva condizentes com os valores pessoais e os relacionados ao trabalho.
- **Político** – refere-se ao conhecimento e à flexibilidade de ação com relação aos jogos de poder, presentes em toda estrutura social.

De modo geral, o conceito de *competência laboral* permite identificar os componentes, ou seja, os pilares da competência do trabalhador e os atores envolvidos no reconhecimento dos resultados atingidos, considerando as metacompetências exteriorizadas pelos trabalhadores (nos processos de comunicação, liderança etc.). Assim, abrimos espaço para a discussão da gestão de competências, efetivamente, a partir de uma reflexão na e sobre a ação. É esse pensar sobre o fazer e os recursos utilizados para tal que remetem a uma gestão individualizada das competências.

Mas não conseguimos visualizar como única e total responsabilidade do trabalhador sua gestão de suas competências, afinal, outros atores sociais se mostram presentes e

---

5 Ressaltamos que os quatro primeiros componentes foram desenvolvidos por Cheetham e Chivers (2005) em diversos estudos; já o último foi incluído no modelo por Paiva (2007), em razão das peculiaridades da cultura brasileira, que privilegiam aspectos diferenciados das relações de poder nas organizações brasileiras.

necessários para que isso aconteça nos padrões atuais exigidos pelo mercado de trabalho.

É de esperar, então, que as próprias organizações fomentem a contínua gestão de competências de seus empregados, bem como os centros de formação, ou seja, as escolas de formação profissional, como escolas técnicas, faculdades, centros universitários, universidades etc., e as instituições de interesse coletivo, ou seja, associações e conselhos profissionais em seus variados âmbitos de atuação (federal, estadual etc.). Paralelamente, o Estado também se faz presente nessa equação ao legislar sobre determinadas ocupações e profissões, desde sua formação no ensino superior, com o estabelecimento de diretrizes curriculares nacionais na maior parte dos cursos de graduação em vigência no país.

Reunindo todos esses atores, entendemos que a **gestão de competências** é o

> conjunto de todos os esforços individuais, sociais, coletivos e organizacionais no sentido da formação e do desenvolvimento de competências e metacompetências, fundamentados na reflexão do sujeito na e sobre sua própria ação, propiciando resultados em termos macro, micro e parciais, observáveis pelo indivíduo e por terceiros. (Paiva, 2013, p. 505)

Esse conceito reforça a necessidade de construção de um sistema de trabalho que vá além do profissional, fundamentado em competências e que reúna e conjugue, de modo integrado e estratégico, perspectivas individuais, institucionais e sociais (Ramos, 2001). Assim, podemos analisar a gestão de competências a partir dessas perspectivas, ilustradas na Figura 1.3, a seguir.

FIGURA 1.3 – MODELO DE GESTÃO DE COMPETÊNCIAS

INSTITUIÇÕES DE ENSINO		ESTADO
Competências individuais		Legislação

PROFISSIONAIS

Metacompetências
↓
Competências:
- Intelectual
- Técnico/funcional
- Comportamental
- Ética
- Política

↓

Competência profissional

↓

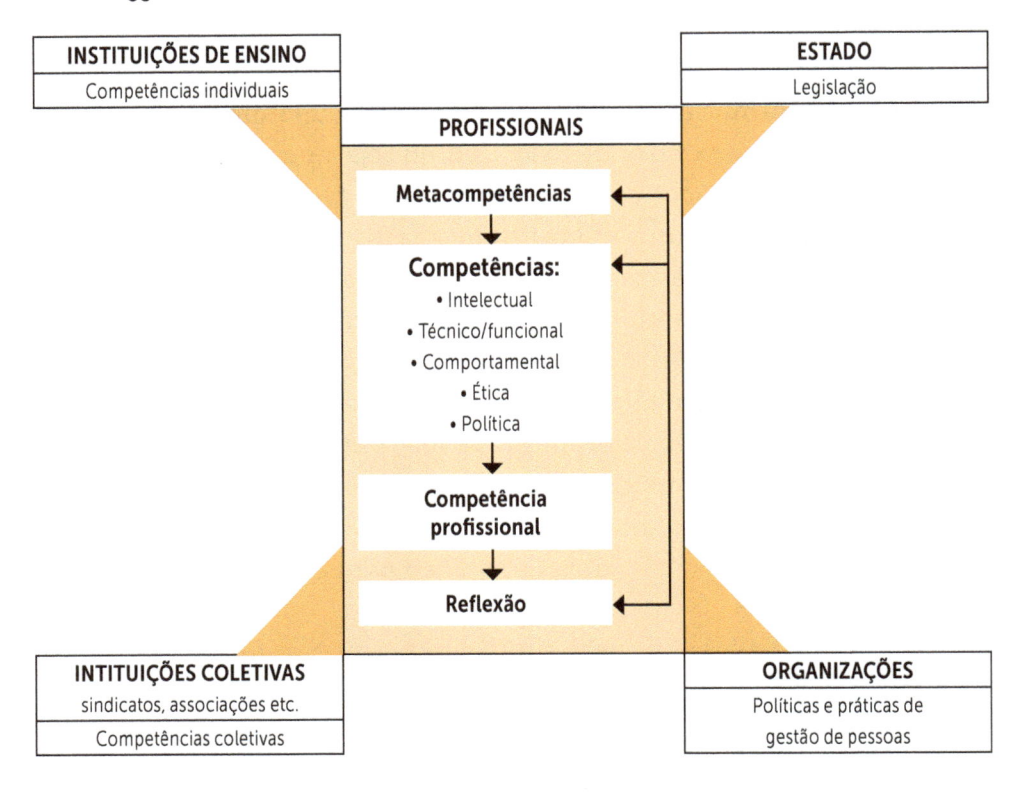

Reflexão

INTITUIÇÕES COLETIVAS		ORGANIZAÇÕES
sindicatos, associações etc.		Políticas e práticas de
Competências coletivas		gestão de pessoas

Fonte: Paiva; Melo, 2008, p. 358.

Quanto a possíveis dificuldades dessa gestão de competências, em suas mais variadas concepções, os primeiros estudos no Brasil mostraram-se sensíveis a questões relacionadas à remuneração e ao desenvolvimento de pessoal, como mencionaram Bitencourt e Barbosa (2004) e Dutra (2004). Esses e outros dificultadores foram explicitados por Oliveira et al. (2009), que analisaram a implementação da gestão de competências em grandes organizações. Sua extensão a outros processos de GRH foram também mencionados, como podemos observar no Quadro 1.5, a seguir.

QUADRO 1.5 – GRUPOS DE DIFICULDADES NA
IMPLEMENTAÇÃO DA GESTÃO DE COMPETÊNCIAS

Grupos de dificuldades	Referências principais
Aspectos ligados à cultura organizacional	Gramigna (2002)
Operacionalização do modelo	Retour (2001); Rocha e Salles (2005); Gramigna (2002) e Ruas et al. (2005)
Articulação com as políticas e práticas de avaliação	Retour (2001); Brandão e Guimarães (2001) e Ruas et al. (2005)
Envolvimento de todos os níveis da organização	Gramigna (2002)
Compreensão do conceito e do funcionamento do modelo	Retour (2001); Ruas et al. (2005); Pereira (2005); Fernandes e Comini (2008)
Articulação com as políticas e práticas de carreira	Retour (2001); Gramigna (2002); Ruas et al. (2005)
Articulação à estratégia e resultados da empresa	Prahalad e Hamel (1990); Dutra (2004); Fernandes e Comini (2008)
Articulação com as políticas e práticas de treinamento e desenvolvimento	Dutra (2004); Ruas et al. (2005)
Articulação com as políticas e práticas de remuneração	Bitencourt e Barbosa (2004); Ruas et al. (2005)

Fonte: Oliveira et al., 2009, p. 9.

Diante desses dificultadores e entendendo *gestão* como atribuição daqueles trabalhadores que assumem função gerencial dentro das organizações, é importante considerar um nível específico de competências que vem sendo alvo de atenção tanto por parte de estudiosos quanto por profissionais de mercado, que diz respeito às competências gerenciais.

Os primeiros estudiosos do tema afirmaram que a competência gerencial relaciona-se à coordenação de equipes de trabalho, sendo observada a atuação prática dos gestores no cotidiano de trabalho (Boyatzis, 1982). Para além da supervisão, Parry (1996) propôs incluir também habilidades e resultados conectados à administração dos fluxos produtivos e à comunicação entre os envolvidos, além de habilidades cognitivas referentes à identificação de problemas e soluções em meio à tomada de decisão.

Já Quinn et al. (2003, p. 24) entendem *competência de gestores* como o somatório do conhecimento técnico e da capacidade comportamental adequados às exigências da função gerencial. Tais exigências refletem-se em papéis que, dependendo do que o modelo de gestão da organização privilegia, buscam satisfazer expectativas próprias e de terceiros (subordinados, superiores e pares). Esmiuçando essa perspectiva, Quinn et al. (2003) propõem quatro modelos de gestão, que ponderam entre dois contínuos, quais sejam:

1. estabilidade *versus* flexibilidade;
2. foco externo *versus* foco interno.

Para se trabalhar em ambiente de estabilidade, cada vez menos comum no mercado, o controle é um elemento central no exercício da função gerencial; já no ambiente de flexibilidade, a autonomia é requerida. Por outro lado, o foco externo requer diferenciação interna, com criação de funções e áreas que atendam às demandas do mercado; o foco interno, por sua vez, move os olhos do gestor para a integração entre áreas e funções. Assim, considerando esses extremos, Quinn et al. (2003) identificam quatro modelos de gestão, a saber:

1. **Modelo dos processos internos** – privilegia estabilidade e foco interno; e os papéis esperados do gestor são de coordenador e monitor.
2. **Modelo das metas racionais** – conjuga estabilidade e foco externo; e os papéis esperados do gestor são de diretor e produtor.
3. **Modelo dos sistemas abertos** – destaca flexibilidade e foco externo; e os papéis esperados do gestor são de negociador e inovador;
4. **Modelo das relações humanas** – inclui flexibilidade e foco interno; e os papéis esperados do gestor são de mentor e facilitador.

Para compreender melhor esses modelos, observe a Figura 1.4, a seguir.

FIGURA 1.4 – MODELOS DE GESTÃO E PAPÉIS ESPERADOS DO GESTOR, CONFORME QUINN ET AL. (2003)

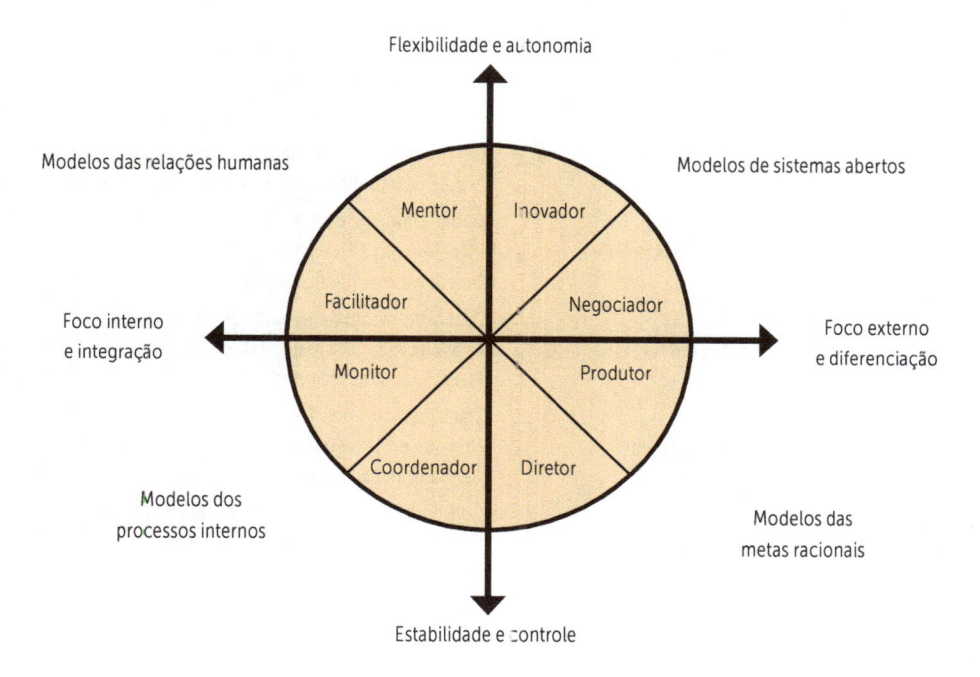

```
                    Flexibilidade e autonomia
                              ▲
Modelos das relações humanas        Modelos de sistemas abertos
                    Mentor | Inovador
             Facilitador    |    Negociador
Foco interno  ◄─────────────┼─────────────►  Foco externo
e integração       Monitor  |    Produtor      e diferenciação
              Coordenador   |   Diretor
                              ▼
   Modelos dos                      Modelos das
processos internos                 metas racionais
                    Estabilidade e controle
```

Fonte: Dias; Paiva, 2011, p. 513.

Quinn et al. (2003) ainda detalharam as competências necessárias ao gestor para atuar em cada papel, conforme podemos conferir no Quadro 1.6, a seguir.

QUADRO 1.6 – COMPETÊNCIAS E PAPÉIS DOS GESTORES

Os oito papéis de liderança gerencial e suas respectivas competências-chave	
Papel de mentor	1. Compreensão de si mesmo e dos outros 2. Comunicação eficaz 3. Desenvolvimento dos empregados
Papel de facilitador	1. Construção de equipes 2. Uso do processo decisório participativo 3. Administração de conflitos
Papel de monitor	1. Monitoramento do desempenho individual 2. Gerenciamento do desempenho e processos coletivos 3. Análise de informações com pensamento crítico
Papel de coordenador	1. Gerenciamento de projetos 2. Planejamento do trabalho 3. Gerenciamento multidisciplinar
Papel de diretor	1. Desenvolvimento e comunicação de uma visão 2. Estabelecimento de metas e objetivos 3. Planejamento e organização
Papel de produtor	1. Trabalho produtivo 2. Fomento de um ambiente de trabalho produtivo 3. Gerenciamento do tempo e do estresse
Papel de negociador	1. Construção e manutenção de uma base de poder 2. Negociação de acordos e compromissos 3. Apresentação de ideias
Papel de inovador	1. Convívio com a mudança 2. Pensamento criativo 3. Gerenciamento da mudança

Fonte: Quinn et al., 2003, p.25.

Analisando o Quadro 1.6, notamos que papéis e competências gerenciais independem dos níveis hierárquicos que os gestores ocupam nos modelos descritos. Desse modo, cada papel necessita de três competências básicas para uma atuação considerada competente, ou seja, que promova resultados validados pelos públicos que se relacionam com o gestor.

Assim, as competências de qualquer trabalhador em qualquer tipo de empresa podem ser analisadas e avaliadas, considerando-se, porém, as peculiaridades de contextos e de situações vivenciadas.

PARA SABER MAIS

A gestão de ou por competências representa um desafio para organizações de todos os tipos e portes. No Brasil, o estudo desse tema tem caminhado por várias ênfases e em variados setores, como você poderá verificar na leitura dos artigos a seguir listados.

FERNANDES, A. C. B. C.; PAIVA, K. C. M.; MAGESTE, G. S. Competências gerenciais de enfermeiros de um hospital de Belo Horizonte (MG): o ideal e o real. **Revista de Administração Hospitalar e Inovação em Saúde**, v. 14, n. 4, p. 73-86, 2017. Disponível em: <http://www.spell.org.br/documentos/ver/49655/competencias-gerenciais-de-enfermeiros-de-um-hospital-de-belo-horizonte--mg---o-ideal-e-o-real->. Acesso em: 22 jun. 2019.

HENKLAIN, M. H. O. et al. Obstáculos e benefícios na implantação do modelo de gestão por competências: a percepção de consultores de RH. **Revista Eletrônica Gestão e Serviços**, v. 7, n. 1, p. 1441-1465, 2016. Disponível em: <http://www.spell.org.br/documentos/ver/42091/obstaculos-e-beneficios-na-implantacao-do-modelo-de-gestao-por-competencias--a-percepcao-de-consultores-de-recursos-humanos>. Acesso em: 22 jun. 2019.

MONTEZANO, L. et al. Percepção de servidores de uma organização pública federal quanto à implantação da gestão por competências. **Gestão e Sociedade**, v. 13, n. 34, p. 2766-2792, 2019. Disponível em: <http://www.spell.org.br/documentos/ver/51869/percepcao-de-servidores-de-uma-organizacao-publica-federal-quanto-a-implantacao-da-gestao-por-competencias>. Acesso em: 22 jun. 2019.

MUNCK, L.; MUNCK, M. M.; SOUZA, R. B. Gestão de pessoas por competências: análise de repercussões dez anos pós-implantação. **Revista de Administração Mackenzie**, v. 12, n. 1, art. 124, p. 4-52, 2011. Disponível em: <http://www.spell.org.br/documentos/ver/4245/gestao-de-pessoas-por-competencias-analise-de-repercussoes-dez-anos-pos-implantacao>. Acesso em: 22 jun. 2019.

SÍNTESE

Neste capítulo, esclarecemos termos clássicos relacionados à GRH, incluindo aspectos do planejamento e da estratégia nas organizações. Em seguida, reconstruímos uma evolução histórica da GRH no Brasil, com o objetivo de nos situarmos melhor nos contextos atuais, o que diz respeito, entre outras questões, à estrutura do MGT. Para compreender melhor as configurações do MGT, apresentamos gráficos e tabelas construídos a partir de dados oficiais do IBGE, aproveitando para conferir informações particulares do contexto brasileiro. Além disso, aprofundamo-nos em conceitos que envolvem o gestor e sua atuação no mercado de trabalho brasileiro, bem como nas competências profissionais e gerenciais e em suas possibilidades de gestão.

2

PROCESSOS DE GESTÃO DE RECURSOS HUMANOS (GRH)

CONTEÚDOS DO CAPÍTULO:

- Cargos e carreiras na organização.
- Recrutamento e seleção de pessoas.
- Remuneração e recompensas na organização.
- Treinamento e desenvolvimento de pessoal.
- Saúde e segurança do trabalhador.
- Avaliação funcional – desempenho, resultado e potencial.
- Sistemas de informações de gestão de recursos humanos (GRH).

APÓS O ESTUDO DESTE CAPÍTULO, VOCÊ SERÁ CAPAZ DE:

1. compreender e distinguir os processos técnicos de GRH;
2. entender como esses processos configuram-se nas organizações;
3. verificar como os sistemas de informações de GRH facilitam processos de gerenciamento dentro das organizações.

Este capítulo aborda os processos técnicos de gestão de recursos humanos (GRH), a saber: cargos e carreiras; recrutamento e seleção; recompensas e remuneração; treinamento e desenvolvimento; saúde e segurança; avaliação funcional.

No primeiro, cargos e carreiras, trataremos dos conjuntos de atividades de responsabilidade do ocupante de um cargo, das conexões entre esses conjuntos e das possibilidades de mobilidade dentro das organizações. Em seguida, aprofundaremos a busca por recursos humanos (RH) adequados ou adequáveis à organização, tanto no que diz respeito à divulgação de vagas em aberto quanto à escolha de pessoas para para elas, isto é, o recrutamento e a seleção. As questões voltadas para recompensas e remuneração serão analisadas na sequência, bem como os processos de ajustes das pessoas às demandas organizacionais atuais e futuras, ou seja, o treinamento e o desenvolvimento de pessoal. No que se refere à saúde e à segurança no trabalho, falaremos sobre as condições psicofísicas do trabalhador e os riscos à sua integridade, em um sentido mais amplo. Quanto à avaliação de pessoal, discutiremos suas três vertentes: desempenho, resultados e potencial. Esse processo foi propositalmente posicionado quase ao final do capítulo, pois seu escopo atinge todos os demais processos de modo mais veemente, considerando uma visão estratégica de GRH. Por fim, versaremos sobre sistemas de informações de GRH.

Vamos lá!

2.1 CARGOS E CARREIRAS

Trataremos, inicialmente, de cada uma das técnicas e das atividades pertinentes à GRH, sem desconsiderar, é claro, as conexões entre elas. Afinal, todas visam ponderar entre a motivação do indivíduo e o controle de seu trabalho. Sem motivação, pouco ou nada se faz com excelência; sem controle, não há como verificar se os objetivos foram atingidos e com que nível de efetividade. Ambos podem (e devem) ser alcançados com desenhos de cargos bem feitos e conectados por meio de planos de carreiras.

Um **cargo** pode ser compreendido como o conjunto de funções que atende a um fim específico e tem uma posição definida na estrutura organizacional. Essas funções podem ser, basicamente, de dois tipos: (1) tarefas repetitivas e (2) atribuições não rotineiras. Desse modo, é o cargo que estabelece o papel, isto é, o comportamento esperado do indivíduo na organização, conectando ambos. O título do cargo, ou seja, o nome dado a tal conjunto de atividades, é registrado nos protocolos internos da organização, bem como no contrato e/ou na carteira de trabalho, facilitando sua identificação na estrutura organizacional e sua comparação com os demais.

O desenho do cargo expõe esse conjunto de funções e compreende três aspectos: (1) a descrição; (2) a análise; e (3) a avaliação. A **descrição** detalha a atividade que o trabalhador desempenhará, resumindo os deveres e as responsabilidades dele, o que é conhecido como *aspectos intrínsecos* do trabalho do ocupante. Na descrição, usualmente são esclarecidos: o conteúdo do cargo (o que será feito em cada atividade prescrita para ele); a periodicidade de execução das atividades (com que frequência serão realizadas, individual e coletivamente, dentro dos horários individuais e da jornada de trabalho pertinente a cada cargo); os métodos e demais recursos empregados nessa execução (como, com quais recursos e/ou equipamentos etc.); o local onde serão realizadas (posto de trabalho, se interno ou externo aos limites físicos da organização); os objetivos de cada atividade (visando evitar conflitos intra e interpessoais); e as relações com outros cargos (objetivando esclarecer a cadeia produtiva interna).

Já a **análise** do cargo contempla as exigências quanto às qualidades do ocupante, denominadas *características extrínsecas*, pois compreendem os requisitos necessários à execução do que está previsto em sua descrição. Os requisitos mentais dizem respeito à formação escolar, aos cursos extra-acadêmicos e profissionalizantes, aos conhecimentos necessários etc. Os requisitos físicos referem-se à compleição física (altura, peso, musculatura etc.), à concentração visual e auditiva etc. As responsabilidades debruçam-se sobre documentos, informações, pessoas etc. As condições de trabalho estão relacionadas ao lado físico do ambiente de trabalho, ou seja, ao nível de ruído, à composição do ar, à temperatura, à pressão, à umidade etc. A análise do cargo define, portanto, o conhecido *perfil profissiográfico*, que pode ser sintetizado como tal no desenho do cargo após sua análise detalhada.

Por fim, mas não menos importante, a **avaliação** é composta pela análise e comparação do conteúdo do cargo (descrição e análise), de modo sistemático, posicionando cada cargo em relação aos demais e alimentando as atividades relativas às políticas de carreira e remuneratórias. Para realizar a avaliação dos cargos, é possível compará-los entre si e/ou usar algum parâmetro predefinido, por meio de métodos quantitativos e/ou qualitativos. Assim, na comparação dos cargos entre si, pode ser realizado um escalonamento (base qualitativa, em que o cargo é analisado como um todo) ou uma comparação por fatores; por outro lado, fazendo a comparação por critérios previamente estabelecidos, pode-se trabalhar com categorias predeterminadas (mais uma vez, base qualitativa, abrangendo o cargo como um todo) ou com avaliação por pontos (base quantitativa, considerando partes da descrição e/ou da análise do cargo) (Pontes, 2015).

Atualmente, o método de pontos é o mais comum no mercado. Ele foca critérios iguais ou semelhantes aos considerados na descrição e/ou na análise do cargo. Por exemplo, nível de escolaridade formal: quanto mais elevada a escolaridade, mais pontos, e vice-versa; cursos extra-curriculares: quanto mais cursos, mais pontos, e vice-versa. Ao final, somam-se os pontos globais de cada cargo e organiza-se a estrutura, considerando cortes horizontais (hierarquia) e verticais (áreas da organização), de modo a contribuir tanto para as políticas de carreiras quanto para as remuneratórias.

Nesse modelo, é de se esperar que cargos que somam mais pontos recebam salários mais elevados, mas isso pode não ocorrer se a estrutura remuneratória pauta-se em competências, por exemplo, em que o foco é a contrapartida do trabalhador, que, sendo considerada positivamente diferenciada, acaba elevando a remuneração dele, a despeito da estrutura salarial. Trataremos dessas possibilidades mais adiante, quando abordarmos recompensas e remuneração.

Importante frisar que, atualmente, o desenho de cargos é tido como um processo meramente técnico-burocrático, que deve ser realizado para evitar problemas como: conflitos internos acerca do que é e do que não é responsabilidade do ocupante; elevação de passivos trabalhistas que impliquem diminuição de lucros; confusões nos processos de recrutamento e seleção de pessoal e nos de avaliação de desempenho, resultados e potencial etc.

De todo modo, preponderam no mercado de trabalho estruturas mínimas de cargos, que ensejam agilidade e flexibilidade por parte da organização, inclusive no que diz respeito às suas limitações financeiras.

As políticas de carreiras seguem um padrão semelhante, pois as tendências apontam para estruturas hierarquias cada vez mais enxutas e horizontalizadas. Isso dificulta o planejamento de carreira, já que ela contempla perspectivas de mudanças do trabalhador tanto no sentido horizontal quanto no vertical na estrutura organizacional.

Para tanto, duas questões precisam ser tangenciadas:

1. a disposição do profissional em transitar pela carreira (que pode ter sido planejada por ele ou não);
2. a oportunidade de carreira oferecida pela organização.

A conjugação dessas questões pode traçar praticamente quatro **tipos de carreiras**, conforme adverte Chanlat (1995): (1) a burocrática, centrada na organização e em suas bases, ou seja, divisão do trabalho, hierarquia, regulamentação, centralização, impessoalidade; (2) a profissional, que se sustenta na expertise do sujeito, em sua especialização, em seu conhecimento específico, em sua profissão; (3) a empreendedora, que se baseia no indivíduo-trabalhador, em sua independência e em sua capacidade de promover inovação e lidar com riscos; e (4) a sociopolítica, também voltada para o indivíduo, porém em suas habilidades sociopolíticas.

Esses tipos de carreiras, no cotidiano organizacional, podem ser operacionalizados levando-se em conta a forma de ascensão e as áreas funcionais. Assim, é possível ascender dentro da organização por meio do trânsito entre os cargos gerenciais, da base ao topo da estrutura (carreira em linha hierárquica), e/ou pela transição entre funções gerenciais e técnicas (carreira em Y). Quanto às áreas funcionais, pode-se privilegiar uma área de atuação (carreira por linha de especialização) ou favorecer o trânsito entre elas (carreira por linha generalista).

Nesse sentido, questionamos: Atualmente, qual seria a melhor forma de se estruturar uma carreira?

Não existe uma resposta única e universal para essa pergunta, pois ela dependerá do tipo de organização, da forma como o trabalho está dividido, dos tipos de atividades que são realizadas pelos trabalhadores, enfim, é necessário estudar o que se quer fazer e como se pretende levar a cabo a divisão do trabalho para se pensar em carreiras. Às vezes, uma organização possibilita todos os tipos de carreiras, já que suas políticas se adequam às necessidades de sua visão e missão. Observe a Figura 2.1, a seguir.

FIGURA 2.1 – CARREIRAS: LINHA HIERÁRQUICA E Y

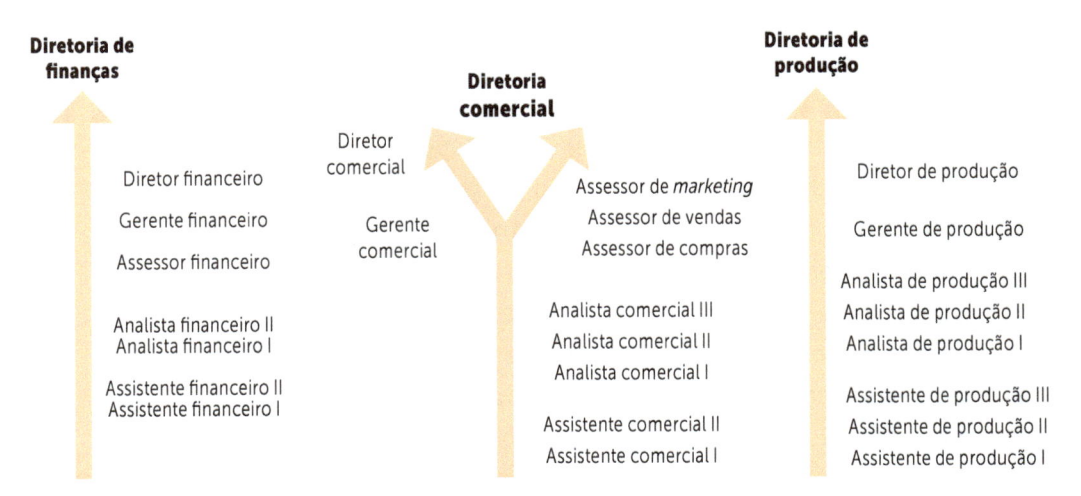

Diretoria de finanças
- Diretor financeiro
- Gerente financeiro
- Assessor financeiro
- Analista financeiro II
- Analista financeiro I
- Assistente financeiro II
- Assistente financeiro I

Diretoria comercial
- Diretor comercial
- Gerente comercial
- Assessor de *marketing*
- Assessor de vendas
- Assessor de compras
- Analista comercial III
- Analista comercial II
- Analista comercial I
- Assistente comercial II
- Assistente comercial I

Diretoria de produção
- Diretor de produção
- Gerente de produção
- Analista de produção III
- Analista de produção II
- Analista de produção I
- Assistente de produção III
- Assistente de produção II
- Assistente de produção I

Se considerarmos que as atividades dos cargos da área financeira da organização demandam conhecimentos específicos e aprofundados, é possível pensar em um crescimento profissional ao longo dessa carreira, em linha ascendente. Já se considerarmos que na área comercial algumas *expertises* podem ser mais bem trabalhadas, separando quem tem capacidade de liderança de quem tem competência técnica, podemos distinguir, a partir de certo ponto, uma carreira gerencial (com autoridade formal) e outra de caráter técnico (valorizando o conhecimento e a experiência acumulados daqueles que não se identificam com a carreira gerencial).

Por outro lado, se entendemos que ter experiência gerencial é importante para assumir outras atribuições e que o conhecimento acumulado pelo indivíduo pode ser útil na tomada de decisão em qualquer área da empresa, é desejável traçar políticas de GRH que fomentem o trânsito de pessoal qualificado entre áreas, ou seja, na linha generalista. Na Figura 2.2, a seguir, observe essa possibilidade no traçado das setas, que indicam a mobilidade de carreira de um profissional conforme as disponibilidades organizacionais.

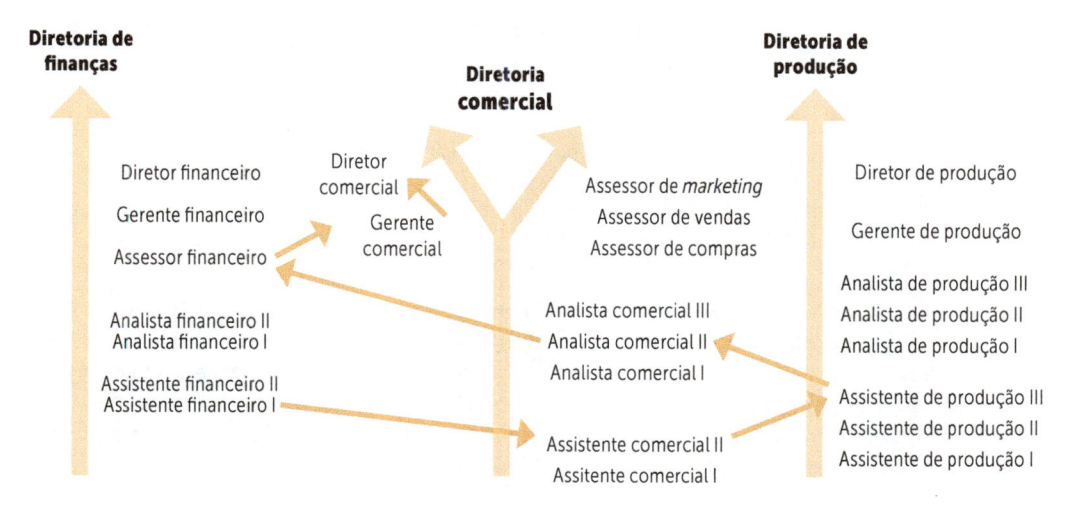

FIGURA 2.2 – CARREIRAS: LINHA HIERÁRQUICA E Y;
LINHA DE ESPECIALIZAÇÃO E LINHA GENERALISTA

Diretoria de finanças
- Diretor financeiro
- Gerente financeiro
- Assessor financeiro
- Analista financeiro II
- Analista financeiro I
- Assistente financeiro II
- Assistente financeiro I

Diretoria comercial
- Diretor comercial
- Gerente comercial
- Assessor de *marketing*
- Assessor de vendas
- Assessor de compras
- Analista comercial III
- Analista comercial II
- Analista comercial I
- Assistente comercial II
- Assitente comercial I

Diretoria de produção
- Diretor de produção
- Gerente de produção
- Analista de produção III
- Analista de produção II
- Analista de produção I
- Assistente de produção III
- Assistente de produção II
- Assistente de produção I

Esclarecidas essas opções formais de que as organizações dispõem, passemos ao outro lado da questão da carreira: as pessoas. Nem todas as oportunidades concedidas pelas organizações podem estar de acordo com os interesses pessoais, como já vimos anteriormente.

Os interesses individuais são guiados por valores e, no caso específico de carreira, são esses valores que conduzirão as escolhas dos indivíduos. Estas estão alicerçadas no que estudiosos denominam *âncoras de carreiras*, isto é, uma gama de percepções próprias relacionadas a talentos, habilidades e necessidades alinhadas ao trabalho que as pessoas realizam ou buscam realizar. As âncoras norteiam e integram as experiências profissionais do indivíduo e podem ser sintetizadas em: competência técnica ou funcional; competência para gerenciamento; segurança e estabilidade; criatividade; autonomia e independência; identidade básica; serviço a terceiros ou dedicação a uma causa; poder; influência e controle; variedade e desafio; e estilo de vida.

Reunindo o lado da organização e o lado do trabalhador, a carreira diz respeito a uma sucessão de posições formais na estrutura que geram valor para ambos, como podemos observar no Quadro 2.1, a seguir.

QUADRO 2.1 – VALORES GERADOS PELA CARREIRA PARA PESSOAS E ORGANIZAÇÕES

Organização	Pessoas
• Elevação da disponibilidade de talentos	• Elevação dos níveis de satisfação, valorização e reconhecimento
• Ampliação da capacidade de atração e retenção de talentos	• Melhoria na remuneração
• Atenção à diversidade e igualdade de oportunidades	• Ampliação da visibilidade interna (organização) e externa (mercado de trabalho e sociedade)
• Redução do nível de frustração do trabalhador	• Melhoria na percepção de estabilidade e instabilidade no trabalho
• Melhoria da imagem institucional	• Desenvolvimento pessoal e profissional

PARA SABER MAIS

Para ampliar sua visão acerca do assunto tratado, sugerimos a leitura dos artigos a seguir indicados.

ANDERSON, M. M. M.; TONATO, R. M.; TAVARES, L. M. Transição de carreira: mudança profissional a partir dos 40 anos. **Revista de Carreiras e Pessoas**, v. 9, n. 1, p. 128-142, 2019. Disponível em: <http://www.spell.org.br/documentos/ver/52420/transicao-de-carreira--mudanca-profissional-a-partir-dos-40-anos>. Acesso em: 22 jun. 2019.

KILIMNIK, Z. M.; VISENTIN, I. C. Evolução dos estudos internacionais sobre o tema carreira. **Revista de Carreiras e Pessoas**, v. 4, n. 2, p. 204-211, 2014. Disponível em: <http://www.spell.org.br/documentos/ver/40325/evolucao-dos-estudos-internacionais-sobre-o-tema-carreira>. Acesso em: 22 jun. 2019.

SILVA, R. B.; DIAS, D. M. T. A Produção da Subjetividade a Partir da Análise do Perfil Profissional Presente na Revista 'HSM Management'. **Revista Administração em Diálogo**, v. 21, n. 1, p. 1-24, 2019. Disponível em: <http://www.spell.org.br/documentos/ver/52920/a-producao-da-subjetividade-a-partir-da-analise-do-perfil-profissional-presente-na-revista--hsm-management-->. Acesso em: 22 jun. 2019.

STEFANO, S. R.; UEMURA, A. Y.; VERRI, R. A. Cargos, carreiras e salários: um estudo em uma instituição de ensino superior pública. **Revista de Carreiras e Pessoas**, v. 3, n. 3, p. 62-73, 2013. Disponível em: <http://www.spell.org.br/documentos/ver/40339/cargos--carreiras-e-salarios--um-estudo-em-uma-instituicao-de-ensino-superior-publica>. Acesso em: 22 jun. 2019.

2.2 RECRUTAMENTO E SELEÇÃO

Muitos confundem ou tomam como iguais os processos de recrutamento e de seleção de pessoal. De fato, o segundo deriva do primeiro. Eles caminham juntos, mas têm naturezas bem diferenciadas.

Recrutamento é entendido como o rol de ações atrativas de candidatos para cargos vagos na organização. Para tanto, ele compreende a divulgação da(s) vaga(s) e a organização preliminar de currículos, visando abastecer quantitativa e qualitativamente o processo seletivo, tendo em vista as necessidades organizacionais, atuais e futuras.

Seleção de pessoal, por sua vez, também compreende um rol de ações, mas estas são voltadas para comparar os candidatos recrutados entre si e também com aspectos enunciados na descrição e na análise do cargo vago, visando à contratação do mais adequado ou adaptável para as demandas organizacionais.

Feita essa distinção, vamos detalhar o **processo de recrutamento**.

Para que ele ocorra, são necessárias informações sobre o cargo vago (disponíveis formal ou informalmente na própria organização ou no mercado) e sobre as pessoas aptas a ocupá-lo. Elas podem estar dentro (recrutamento interno, por meio de promoção, progressão ou reclassificação) ou fora (recrutamento externo, via contratação) da própria organização. De acordo com o contexto organizacional, pode-se optar por um tipo de recrutamento ou pela utilização dos dois, de modo simultâneo ou sucessivo. Note que ambos apresentam vantagens e desvantagens, cabendo ao responsável pela gestão de RH definir como será feito, conforme as políticas existentes ou não.

A opção pelo recrutamento interno é indicada quando o contexto relaciona-se com a manutenção da motivação dos trabalhadores, aproveitando-se pessoas já conhecidas e reconhecidas pelas suas experiências ali. Assim, é estimulante para a maioria perceber oportunidades de carreira na própria empresa, ver que ela aproveita seus investimentos em treinamento de pessoal, bem como as qualificações promovidas pelo próprio empregado, sendo econômico desse ponto de vista. Pelo fato de serem pessoas do corpo funcional, suas habilidades e competências também já são conhecidas, conferindo maior segurança e validade ao processo de atração de candidatos ao cargo. Por outro lado, é impossível que todos os candidatos internos sejam aproveitados na referida vaga, podendo gerar descontentamentos e sentimentos de injustiça, o que é considerado desmotivante para muitos, além da perpetuação de comportamentos disfuncionais ou vícios que a organização quer eliminar. Assim, a própria estrutura hierárquica, muitas vezes, constitui-se em uma barreira à motivação dos trabalhadores no que diz respeito às possibilidades de carreira.

Por outro lado, o recrutamento externo é interessante por trazer pessoas com outras experiências e outras características que podem oxigenar a organização, revigorando sua força de trabalho. Investimentos feitos por outras organizações e pelo próprio candidato conferem o caráter econômico desse tipo de recrutamento, apesar de usualmente ser mais demorado e mais caro, pois a divulgação da vaga no mercado de trabalho tem seus custos. Além disso, trazer pessoas estranhas à organização pode ser alvo de sentimentos de desmotivação, já que possibilidades de carreira podem ter sido frustradas.

O processo de recrutamento pode ser sintetizado em sete etapas, sendo a primeira a coleta de informações sobre o cargo, que pode ser feita por meio da descrição do cargo, de entrevista com a chefia imediata e/ou colegas de trabalho. A segunda etapa é a coleta de informações sobre o futuro ocupante, geralmente presentes na análise do cargo e/ou no perfil profissiográfico traçado pela chefia imediata, bem como por colegas de trabalho. Coletadas tais informações, escolhe(m)-se a(s) fonte(s) do recrutamento, ou seja, se ele vai ser interno, externo ou misto e, daí, as mídias onde a vaga será divulgada. Hoje em dia, *sites* das próprias organizações, de empresas especializadas e/ou de instituições de ensino são bastante utilizados para esses fins. Além disso, jornais e revistas ainda têm espaço para tal divulgação. Note-se que, independentemente do tipo de recrutamento, as indicações por parte de empregados da própria organização são, muitas vezes, fator importante no processo de recrutamento, pois dificilmente alguém indica uma pessoa que não tenha as características desejadas, praticamente corresponsabilizando-se por sua conduta, caso contratado. Assim, procede-se à divulgação da vaga e, em seguida, à recepção dos dados dos candidatos, em regra por meio de currículos enviados em papel físicos ou recebidos via banco de dados virtual, como é o caso de organizações que disponibilizam em seus *sites*, por exemplo, um espaço para cadastro de currículos. Ao final, realiza-se a pré-seleção de currículos.

É conveniente lembrar que o anúncio é uma forma bem tradicional de divulgar uma vaga. Entre os meios mais comuns atualmente estão os jornais, em meios físico e digital, bem como instituições de ensino. Essa definição ocorre com base no público que se almeja atingir com o anúncio: se a vaga pode ser ocupada por um estudante do ensino superior, mapeiam-se os cursos e as instituições ofertantes e enviam-se para os canais internos as informações pertinentes para divulgação da oportunidade de trabalho.

Outra informação que pode ser útil diz respeito ao tipo de anúncio, praticamente de duas naturezas: aberto, no qual consta o nome da organização onde a vaga está disponível, ou fechado, no qual não é exibido o nome da empresa que está contratando. O motivo de se ressaltar essa diferença reside na qualidade comprovada do recrutamento: no caso de anúncios abertos, as pessoas tendem a desconsiderar as especificidades do cargo mencionado e, muitas vezes, enviam ou cadastram currículos com perfis não condizentes com o esperado no processo de seleção. Assim, recebem-se mais currículos e muitos não estão focados na demanda da organização. Por outro lado, anúncios fechados não criam expectativas em torno da empresa ofertante e, não raro, promovem a recepção de currículos mais adequados às exigências do perfil requerido. Assim, costumam ser mais proveitosos no que diz respeito à quantidade (menor) e à qualidade (melhor) dos currículos enviados pelos interessados na vaga.

Daí, passa-se ao **processo de seleção**. De modo semelhante, alguns passos são necessários, iniciando-se com a conferência de dados do cargo e do futuro ocupante. De acordo com essas informações, as técnicas de seleção são escolhidas e organizadas em termos de prioridades. Na sequência, separam-se os currículos e os contatos dos candidatos, que serão comunicados oportunamente da agenda do processo seletivo. De acordo com essa agenda, as técnicas escolhidas são aplicadas, permitindo comparar os candidatos. Ao final, o(s) escolhido(s) é(são) comunicado(s) e a promoção ou a contratação é viabilizada.

Não podemos deixar de destacar a importância das técnicas de seleção, pois sua escolha depende do que se procura no candidato. O Quadro 2.2, a seguir, sintetiza tais técnicas, as características que eles detectam nas pessoas e outros detalhes.

QUADRO 2.2 – ASPECTOS DAS TÉCNICAS DE SELEÇÃO DE PESSOAS

Técnica	Principais aspectos focalizados	Aplicação
Teste psicométrico	• Compreensão e/ou fluência verbal, relações espaciais, memória associativa, rapidez perceptual, raciocínio lógico-numérico • Identificação e mensuração de aptidões e capacidades, facilitando comparações	• Apenas por psicólogos
Teste de personalidade	• Equilíbrio emocional, frustrações, interesses, motivação • Identificação de traços de temperamento e caráter	• Apenas por psicólogos
Teste de conhecimentos	• Conteúdos específicos das atividades previstas no cargo ou gerais	• Oral, escrita e/ou de realização
Técnicas de simulação	• Comportamento em grupo	• Por meio de dramatização (simulação de um teatro) ou dinâmica de grupo (simulação de jogos, brincadeiras, competições)
Entrevistas	• Conferência e aprofundamento em informações sobre o candidato, com base em sua própria percepção	• De forma estruturada (roteiro de perguntas previamente definido) ou não estruturada (uma pergunta inicial e as demais surgem durante a própria entrevista)

PARA SABER MAIS

Recrutamento e seleção têm sido alvo de estudos por estudiosos brasileiros, dada sua importância para a gestão de RH em todos os tipos de organizações. Exemplos disso são os textos indicados a seguir.

ALMEIDA, S. T. E.; CAVALCANTE, C. E. "Temos Vagas!" Recrutamento e seleção em agências de emprego da cidade de João Pessoa/PB. **Revista Organizações em Contexto**, v. 10, n. 19, p. 49-70, 2014. Disponível em: <http://www.spell.org.br/documentos/ver/31694/---temos-vagas-----recrutamento-e-selecao-em-agencias-de-emprego-da-cidade-de-joao-pessoa-pb>. Acesso em: 22 jun. 2019.

COELHO, F. S.; MENON, I. O. A quantas anda a gestão de RH no setor público brasileiro? Um ensaio a partir das (dis)funções do processo de recrutamento e seleção: os concursos públicos. **Revista do Serviço Público**, v. 69, n. Espec., p. 151-180, 2018. Disponível em: <http://www.spell.org.br/documentos/ver/52502/a-quantas-anda-a-gestao-de-recursos-humanos-no-setor-publico-brasileiro--um-ensaio-a-partir-das--dis-funcoes-do-processo-de-recrutamento-e-selecao-----os-concursos-publicos>. Acesso em: 22 jun. 2019.

COHEN, M. et al. Responsabilidade socioambiental corporativa como fator de atração e retenção para jovens profissionais. **Brazilian Business Review**, v. 14, n. 1, p. 21-41, 2017. Disponível em: <http://www.spell.org.br/documentos/ver/44192/responsabilidade-socioambiental-corporativa-como-fator-de-atracao-e-retencao-para-jovens-profissionais->. Acesso em: 22 jun. 2019.

MOTTA, R. G.; JUNQUEIRA, L. A. P.; TURRA, F. J. A eficácia das redes sociais e das ferramentas de marketing no recrutamento de integrantes para organizações sem fins lucrativos. **Revista Pensamento Contemporâneo em Administração**, v. 12, n. 1, p. 76-88, 2018. Disponível em: <http://www.spell.org.br/documentos/ver/49156/a-eficacia-das-redes-sociais-e-das-ferramentas-de-marketing-no-recrutamento-de-integrantes-para-organizacoes-sem-fins-lucrativos->. Acesso em: 22 jun. 2019.

PAIM, A. D. S.; PEREIRA, M. E. Judging Good Appearance in Personnel Selection. **Organizações & Sociedade**, v. 25, n. 87, p. 656-675, 2018. Disponível em: <http://www.spell.org.br/documentos/ver/51429/o-julgamento-da-boa-aparencia-em-selecao-de-pessoal>. Acesso em: 22 jun. 2019.

2.3 RECOMPENSAS E REMUNERAÇÃO

Este é um tópico bastante delicado no que tange à GRH, e o motivo é bem simples: trata diretamente da manutenção da vida do trabalhador e, em um sentido mais amplo, da de seus dependentes também.

Quando falamos de recompensas, incluímos não apenas as questões da remuneração direta (salários) e indireta (benefícios), mas também outras formas de reconhecimento e valorização, bem como aspectos simbólicos do cotidiano das organizações. Elogios, premiações, festas, eventos, visibilidade no mercado de trabalho etc., são formas de recompensar os trabalhadores e, para alguns, bem estimulantes.

No que diz respeito à remuneração direta, duas possibilidades são aventadas nas organizações: (1) a tradicional e (2) a contemporânea. A primeira centraliza-se no desenho do cargo e, para ser operacionalizada, conta com estruturas salariais nas quais o recurso humano transita por meio de políticas salariais, que consideram os parâmetros internos da avaliação do cargo (equidade interna) e os externos, oriundos de pesquisas salariais (equidade externa). A segunda forma volta-se à pessoa, às suas habilidades e competências, às suas contribuições ou entregas efetivas para a organização, motivo pelo qual apresenta caráter variável e flexível.

Feita essa distinção, vamos nos aprofundar em cada uma dessas possibilidades, as quais podem ser utilizadas de modo exclusivo ou conjugado nas organizações. Mais uma vez, não temos um modelo ideal, mas opções que podem ser arregimentadas de acordo com o contexto.

Raciocinemos nos seguintes termos: a **remuneração tradicional**, para fazer sentido e apresentar coerência com os RH, precisa ser integrada em dois sentidos, horizontal e vertical. No horizontal, ela deve harmonizar recompensas e benefícios oferecidos aos cargos de um mesmo nível hierárquico. Já no vertical, ela deve apresentar uma coerência entre o que é oferecido nos diversos níveis hierárquicos. Assim, eleva-se a possibilidade de integração de interesses da organização e das pessoas, já que fica perceptível a forma igualitária no tratamento destas, porém de modo a considerar as contribuições e as características de cada uma.

Para a organização, fica claro que a remuneração contribui com a redução de atrasos, absenteísmo e *turnover*, melhora a capacidade de atrair e reter RH, além de aumentar a produtividade e a qualidade das entregas realizadas, promovendo, ao fim e ao cabo, melhoria quanto às suas imagens interna (para seus trabalhadores) e externa (para a comunidade onde atua). Já para os trabalhadores, as contribuições também são significativas, como melhorias relativas ao clima organizacional e à qualidade de vida.

Além disso, na remuneração tradicional, há de se atentar a aspectos operacionais que institucionalizem essa coerência e facilitem a compreensão por parte dos envolvidos. A estrutura salarial favorece essa perspectiva ao organizar os cargos e suas possibilidades de remuneração, espelhando a avaliação dos primeiros. Os componentes da estrutura salarial podem ser observados no Quadro 2.3, a seguir.

QUADRO 2.3 – COMPONENTES DA ESTRUTURA SALARIAL

Componentes	Descrição
Curva de referência	Une os valores médios de cada grau
Grau	Conjunto de cargos com tratamento remuneratório semelhante
Salário máximo (SM) do grau	Maior salário praticado no grau
Salário mínimo (Sm) do grau	Menor salário praticado no grau
Salário médio (SMe) do grau	Média entre o maior e o menor salário praticado no grau
Faixa salarial do grau	Diferença em valor monetário entre o maior e o menor salário praticado no grau
Amplitude da faixa do grau	Diferença percentual entre o maior e o menor salário praticado no grau, com base no menor salário
Classes salariais	Valores salariais praticados dentro do grau

Note que o Sm do grau pode ser o de admissão ou não, dependendo do que foi combinado na promoção ou na admissão do trabalhador. Já as classes salariais podem variar sua forma de cálculo, ora por meio de um acréscimo de valor constante ao valor absoluto anterior (progressão aritmética), ora com a aplicação de um percentual constante de aumento à classe anterior (progressão geométrica).

Para visualizar uma estrutura salarial e seus componentes, confira a Figura 2.3, a seguir.

FIGURA 2.3 – REPRESENTAÇÃO GRÁFICO-CONCEITUAL DE ESTRUTURA SALARIAL

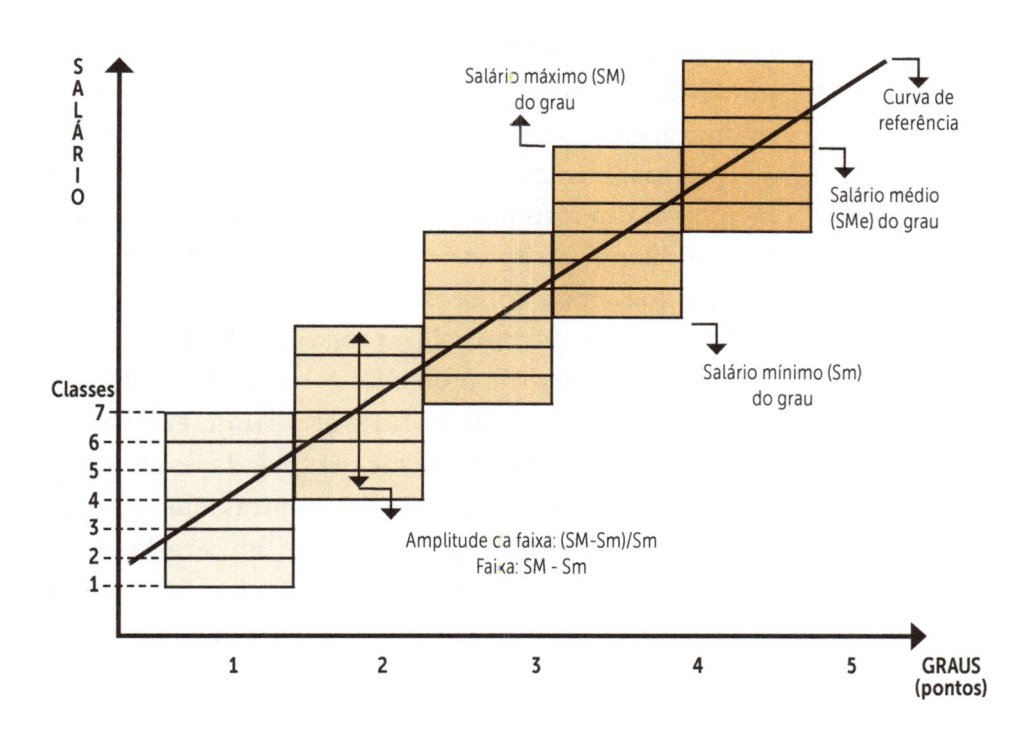

Fonte: Elaborado com base em Pontes, 2015.

Para transitar pela estrutura salarial, o trabalhador percorre os passos formalmente estipulados na política salarial ou definidos pela chefia informalmente. De todo modo, as diretrizes para progressão salarial refletem a carreira da pessoa na organização e, quando compreendidas com maior clareza e expostas com transparência, usualmente inspiram melhores contrapartidas de ambos os lados: entregas de melhor qualidade por parte do empregado e valorização por parte da organização.

A política salarial compreende quatro passos básicos, a saber: (1) admissão; (2) promoção horizontal; (3) promoção vertical; e (4) reclassificação. A admissão indica a posição (grau e classe) que a pessoa vai ocupar ao ser admitido no cargo. A promoção horizontal é realizada quando ocorre mudança de classe e, portanto, de salário, no interior do mesmo grau, podendo advir de vários critérios, como tempo de empresa (biênio ou quinquênio, por exemplo), reconhecimento por um resultado de destaque etc. Já a promoção vertical relaciona-se à mudança de grau oriunda de alteração de cargo, o que pode ocorrer com ou sem melhoria salarial, pois pode haver classes com valores salariais idênticos em graus diferentes. Esse tipo de promoção geralmente resulta de processos de avaliação funcional (dos quais trataremos adiante), nos quais o mérito do trabalhador nas atividades atuais é reconhecido e, por isso, são-lhe atribuídas outras mais desafiantes ou condizentes com sua formação. Por fim, a reclassificação diz respeito a uma mudança de grau e de classe decorrente de uma reavaliação do cargo, o que implica mudança na posição da estrutura salarial. Assim, o cargo mudou de posição e, junto com ele, o ocupante, que vai a outro ponto de estrutura salarial.

Na Figura 2.4, a seguir, podemos visualizar essas quatro possibilidades.

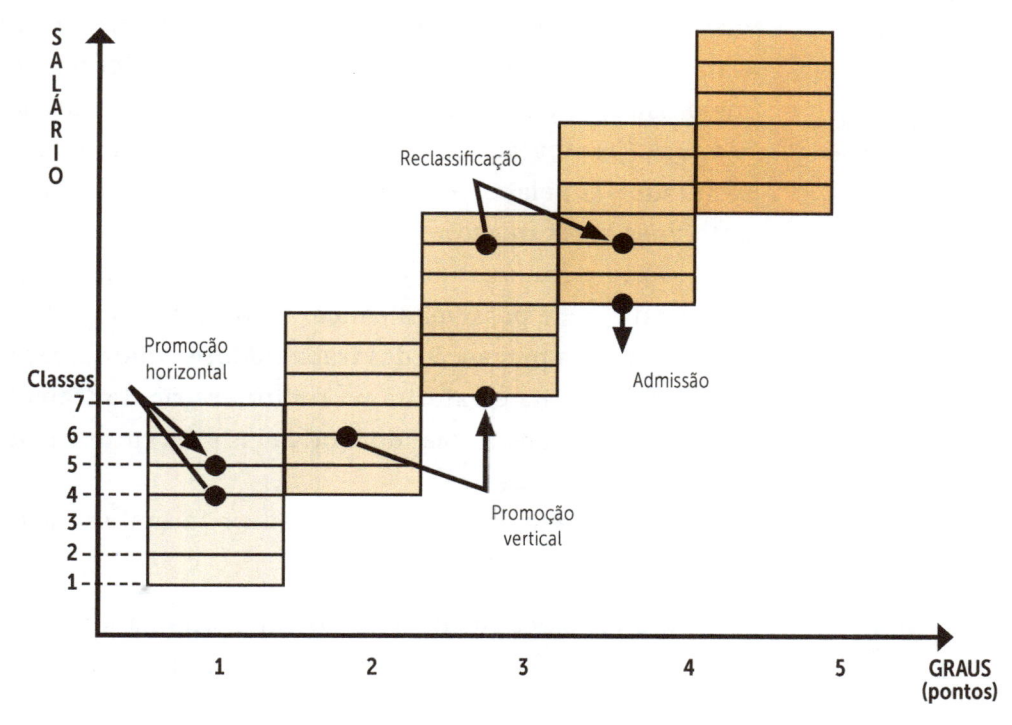

FIGURA 2.4 – POSSÍVEIS MOVIMENTAÇÕES NA ESTRUTURA SALARIAL PREVISTAS NA POLÍTICA SALARIAL

Fonte: Elaborado com base em Pontes, 2015.

Manter a estrutura salarial atualizada é uma tarefa árdua em determinadas situações, como períodos inflacionários ou de mudanças radicais no mercado de trabalho. Em ambos os casos, realizar pesquisa salarial pode ser um expediente produtivo para fins de GRH. A pesquisa salarial nada mais é que o estudo do comportamento salarial praticado em determinado local, tempo e/ou setor da economia. Com base em suas informações, pode-se alcançar o equilíbrio externo por meio da comparação entre a remuneração da organização e a que está sendo praticada no mercado de trabalho. Para realizá-la, recomenda-se contemplar os seguintes passos: (1º) seleção dos cargos a serem pesquisados, conforme sua representatividade em termos quantitativos e qualitativos na organização; (2º) seleção das organizações participantes; (3º) preparação do manual de coleta de dados, com as informações pertinentes aos cargos, o que inclui título, descrição e análise do cargo; (4º) coleta de dados, que pode ser feita em meio físico ou virtual, a depender de como foi preparado o manual; (5º) tabulação estatística dos dados; (6º) análise dos resultados; (7º) elaboração de relatório individuais a serem entregues às organizações participantes.

Assim, conjugando a avaliação dos cargos com a pesquisa salarial, é possível alcançar uma estrutura salarial competitiva na percepção dos trabalhadores, que observam equidade interna e externa na remuneração do trabalho que realizam, permanecendo motivados para cumprir suas tarefas e atribuições.

No entanto, a remuneração tradicional apresenta limites, entre os quais podemos citar:

- pouca objetividade, considerando que há uma racionalidade que reduz a complexa realidade organizacional a estruturas departamentalizadas;
- pouca flexibilidade, tratando de modo similar cargos diferentes e engessando a organização;
- pouca clareza, a partir da aplicação de técnicas estatísticas complexas e de difícil compreensão por parte dos trabalhadores;
- dificuldade de adoção de estilos gerenciais mais participativos e consultivos, implicando presença de modos mais autoritários e paternalistas de lidar com os trabalhadores em seu cotidiano;
- manutenção do conservadorismo, por meio de uma estrutura burocrática sustentada por linhas de comando e pelos componentes formais da empresa;
- dificuldades relacionadas a processos de mudança;
- redução de visão de futuro e orientação estratégica, privilegiando o imediatismo nos diversos níveis hierárquicos;

- elevação dos custos de manutenção do sistema de remuneração, dadas as necessidades permanentes de atualização diante das demandas internas e externas à organização;
- pouca confiabilidade das informações advindas de pesquisa salarial, em razão de possíveis confusões nos desenhos de cargos com títulos semelhantes.

Diante de tantos limites, a **remuneração variável** pode ser uma alternativa, de modo a retribuir o trabalhador por suas entregas. Assim, focar habilidades, competências e resultados pode ser uma saída viável e estimulante para a harmonização dos interesses da organização e do trabalhador, a redução de custos (tornando variáveis os custos fixos), o reconhecimento e a valorização do empregado.

Segundo Araújo (2006), esses três tipos de remuneração variável apresentam características e focos diferenciados, conforme podemos verificar no Quadro 2.4, a seguir.

QUADRO 2.4 – TIPOS DE REMUNERAÇÃO VARIÁVEL, DESCRIÇÃO, FOCOS E ALINHAMENTO

Tipos	Descrição	Foco	Alinhamento
Por habilidades	Pauta-se nas capacidades do indivíduo que são anteriores às suas ações. Pode referir-se a um tipo de conhecimento (*expertise*) ou à conjugação de habilidades (multi-habilidades).	No conhecimento individual	• Cargos e carreiras • Treinamento e desenvolvimento
Por competências	Considera resultados e desempenhos potenciais, ou seja, atribui valor ao que o indivíduo é capaz de gerar.	Na capacidade pessoal de agregar valor	• Cargos e carreiras • Treinamento e desenvolvimento • Avaliação funcional
Por resultados	Refere-se às entregas efetivas do indivíduo, posterior às suas ações, visando à participação em lucros e resultados.	No cumprimento de metas predefinidas	• Avaliação funcional

Fonte: Elaborado com base em Araújo, 2006.

Se, por um lado, a remuneração variável tem vantagens tanto para o trabalhador (valorização de seus resultados, estímulo ao seu desempenho, promoção de seu potencial, facilitação da autoavaliação) quanto para a organização (transformado custos fixos em variáveis), por outro, ela pode promover a desestruturação de políticas remuneratórias centradas no cargo, fomentando a valorização de diferenças individuais e a competitividade insustentável em termos de isonomia.

Mais uma vez, ressaltamos que, de fato, não há como definir a melhor forma de se remunerar, mas é possível considerar o valor motivacional da remuneração indireta, ou seja, dos benefícios disponibilizados aos RH.

Entendemos por *benefícios* as facilidades, as conveniências e as vantagens oferecidas pelas organizações aos trabalhadores, objetivando minimizar esforços e preocupações. Portanto, eles visam à preservação das condições físicas e mentais do indivíduo, bem como a manutenção de suas atitudes positivas em relação à organização.

Assim como a remuneração direta, a indireta também deve ser operada com integração horizontal e vertical, ou seja, disponibilizada para todos empregados e com variações por área ou nível hierárquico, respectivamente.

Todos os benefícios podem ser classificados conforme o Quadro 2.5, a seguir.

QUADRO 2.5 – TIPOS, DESCRIÇÕES E EXEMPLOS DE BENEFÍCIOS

Categoria	Tipos	Descrição	Exemplos
Exigência	Legais	Contemplados na legislação trabalhista e previdenciária e em acordos ou dissídios coletivos.	Férias, 13º salário, auxílios, horas extras, adicionais
	Espontâneos	Originados pela liberalidade da empresa.	Prêmios, seguros, transportes, refeitórios, assistência médica
Natureza	Monetários	Pagos em dinheiro, usualmente gerando encargos sociais.	Férias, 13º salário, prêmios
	Não monetários	Concedidos sob forma de serviços, vantagens e facilidades.	Transportes, refeitórios, assistência médica

(continua)

(Quadro 2.5 – conclusão)

Categoria	Tipos	Descrição	Exemplos
Objetivos	Assistenciais	Provisão ao empregado e/ou à família de certas condições de segurança e previdência em casos de imprevistos ou emergências.	Assistência médica, serviço social, complementação de aposentadoria/ pensão, seguros
	Recreativos	Provisão ao empregado e/ou à família de condições de repouso, diversão, lazer.	Música ambiente, clubes, festas, atividades comunitárias
	Supletivos	Provisão ao empregado e/ou à família de certas facilidades, conveniências e utilidades para melhorar a qualidade de vida.	Transporte, condução pessoal, restaurante, horário flexível, agência bancária no local de trabalho

Todo benefício pode classificado nessas três categorias. Por exemplo: adicional de férias é legal, monetário e recreativo; plano de saúde é legal (se constar no acordo coletivo), não monetário e assistencial.

Apesar de todas as iniciativas organizacionais para remunerar de modo competitivo no mercado de trabalho, as políticas e as práticas de GRH podem falhar por diversos motivos. Kohn (1998) indica que tais falhas acontecem porque a GRH, em regra, pune algumas pessoas e recompensa outras ao mesmo tempo; também favorece o rompimento de relacionamentos interpessoais, pois fomenta ansiedade, ciúme e desigualdade. Além disso, desencoraja os trabalhadores a assumir riscos, limitando a ação deles dentro de zonas de conforto e segurança, de maneira a evitar a criatividade e a inovação; bem como gera desinteresse, em razão da propagação de ordens e ameaças, restrição de prazos, alimentação da competição e da vigilância e geração de expectativas pouco racionais em termos de avaliação e controle de pessoas e processos.

PARA SABER MAIS

Remuneração é um assunto dos mais delicados da GRH, despertando interesse de acadêmicos, profissionais e gestores das mais diversas esferas. Nos textos a seguir, podemos conhecer um pouco das questões que vêm sendo abordadas a respeito desse processo.

GOMES, T. et al. Plano de benefícios como fator motivacional: estudo em empresa familiar do setor metalúrgico. **Revista Organizações em Contexto**, v. 14, n. 28, p. 351-375, 2018. Disponível em: <http://www.spell.org.br/documentos/ver/49918/plano-de-beneficios-como-fator-motivacional-estudo-em-empresa-familiar-do-setor-metalurgico->. Acesso em: 22 jun. 2019.

SANTANA JUNIOR, G. M.; CALLADO, A. L. C. Discriminação salarial entre homens e mulheres no mercado de trabalho dos contadores do Nordeste brasileiro. **Revista Mineira de Contabilidade**, v. 18, n. 2, p. 70-82, 2017. Disponível em: <http://www.spell.org.br/documentos/ver/47069/discriminacao-salarial-entre-homens-e-mulheres-no-mercado-de-trabalho-dos-contadores-do-nordeste-brasileiro->. Acesso em: 22 jun. 2019.

SANTOS, T. R. D.; SILVA, J. O. Remuneração de executivos: uma análise dos artigos nacionais e internacionais na última década. **Revista de Gestão, Finanças e Contabilidade**, v. 7, n. 2, p. 265-283, 2017. Disponível em: <http://www.spell.org.br/documentos/ver/46076/remuneracao-de-executivos--uma-analise-dos-artigos-nacionais-e-internacionais-na-ultima-decada >. Acesso em: 22 jun. 2019.

SILVA, I. P.; BORGES, C. C.; MENDES, D. C. "Que o jogo comece": um olhar acerca da construção de sentidos sobre remuneração no setor de alojamento. **Caderno Virtual de Turismo**, v. 17, n. 2, p. 42-63, 2017. Disponível em: <http://www.spell.org.br/documentos/ver/48139/---que-o-jogo-comece-----um-olhar-acerca-da-construcao-de-sentidos-sobre-remuneracao-no-setor-de-alojamento>. Acesso em: 22 jun. 2019.

2.4 TREINAMENTO E DESENVOLVIMENTO

A importância dos processos que envolvem aprendizagem nas organizações é inegável. Trataremos, aqui, da aprendizagem individual, aquela realizada pelas pessoas visando melhorias no desempenho atual e perspectivas de carreira. Diante de constantes mudanças, ameaças e oportunidades no mercado de trabalho, os componentes do mercado de RH precisam atualizar-se, adaptar-se e reinventar-se diariamente.

Nesse sentido, os processos educacionais realizados sistemática e organizadamente são necessários para manter o corpo funcional trabalhando de modo integrado, objetivando atingir e superar objetivos pessoais e organizacionais.

Por *processo educacional* compreendemos todos os esforços de conscientização, ensino, aprendizagem e mudança de comportamento no sentido de adaptação a regras, normas e valores. Tais esforços podem ocorrer em prazos e com objetivos diferenciados e contemplam:

- **Formação profissional** – volta-se à ocupação ou à profissão e forma um trabalhador para sua vida economicamente ativa, atendendo a objetivos de longo prazo.
- **Desenvolvimento de pessoal** – refere-se à carreira do profissional, ao acesso a conhecimentos em médio prazo, visando preparar o trabalhador para o desempenho de atividades em um futuro próximo.
- **Treinamento de pessoal** – visa municiar o trabalhador de informações e destrezas para uso imediato no cargo atual, ou seja, uma aprendizagem de aplicação no curto prazo.

Nas organizações, todos esses processos podem ser realizados ou estimulados direta e indiretamente, por meio de intervenções programadas ou via políticas de recompensas e benefícios, respectivamente. O que importa é promover a preparação do sujeito para a execução de certas atividades, sejam atuais, sejam vindouras.

Mais uma vez, ressaltamos a presença da motivação e do controle nos processos de GRH. O treinamento e o desenvolvimento municiam o indivíduo para a realização de objetivos, tanto seus quanto institucionais, pois, ao realizá-los, não há motivos ou desculpas para não executar seu trabalho ou, ainda, não aceitar os desafios impostos. Assim, nas organizações, educar implica estimular e controlar atitudes e ações das pessoas.

Para tanto, pelo menos quatro passos precisam ser cuidadosamente pensados e implementados:

1. Mapeamento das necessidades de treinamento e desenvolvimento de pessoal, o que pode ser feito por meio de várias fontes de informação: desenho do cargo, análise de relatórios, planejamento estratégico etc. Esse processo permite um diagnóstico da situação, de maneira a identificar os desníveis entre o que as pessoas têm e sabem e o que é necessário para a manutenção das atividades produtivas e da sustentabilidade da organização.

2. Organização dos processos educativos, considerando prioridades estratégicas e, operacionalmente, identificando quem será treinado, em que, como, onde, quando, por quem e quanto se gastará com isso. Trabalhar com orçamentos atualizados de treinamento e desenvolvimento de pessoal é cada dia mais necessário, ainda mais se considerarmos a escassez de recursos de toda ordem.

3. Implementação do plano e execução do processo educativo, atentando para a manutenção do fluxo produtivo na ausência (total ou parcial) das pessoas envolvidas no treinamento.

4. Avaliação do treinamento, que pode ser realizada logo ao final, visando conhecer e mensurar o impacto imediato dos conteúdos apreendidos, bem como após algum tempo (semanas, meses) para avaliar as mudanças de médio e longo prazos em termos de

comportamentos e de processos envolvidos. Aqui, ressaltamos que, se o treinamento é bem avaliado, há possibilidade de repeti-lo; porém, se ele não atendeu às expectativas, os percalços precisam ser identificados, pois pode ter ocorrido equívoco na execução, na organização e/ou no levantamento de necessidades.

Em síntese, o processo de treinamento e desenvolvimento de pessoas inclui identificar deficiências, decidir qual estratégia adotar, executar tal estratégia e controlar os resultados obtidos, conforme podemos verificar na Figura 2.5, a seguir.

FIGURA 2.5 – PROCESSO DE TREINAMENTO E DESENVOLVIMENTO (T&D) DE PESSOAL

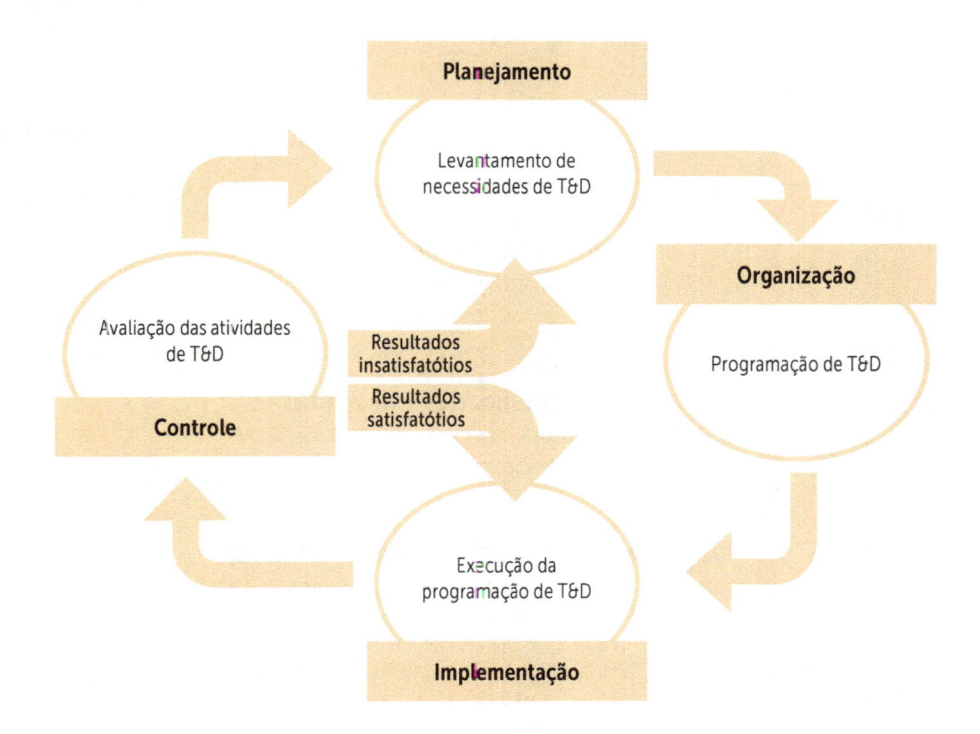

Todavia, não adianta realizar todo esse processo se a identificação do conteúdo do treinamento não for precisa. Uma pessoa que não está executando seu trabalho com maestria por falta de informações precisa que o processo educativo

supra esse conteúdo, que pode ser repassado e absorvido em um curto período de tempo e focar questões objetivas. Por outro lado, a queda de qualidade e/ou produtividade no trabalho pode ser fruto de uma atitude negativa em relação à organização, em situações de discrepância de objetivos, como atrasos de salários, retaliações e outros fatos geradores de insatisfação, estes, por sua vez, carecem de um tempo maior entre sua compreensão, conscientização e mudança, já que tratam de esferas abstratas, simbólicas e menos tangíveis. Nesse contexto, os treinamentos podem trabalhar informações, habilidades, atitudes e conceitos. A Figura 2.6, a seguir, exibe-nos sinteticamente os elementos de cada um deles.

FIGURA 2.6 – CONTEÚDOS DOS PROCESSOS EDUCATIVOS, PRAZOS ENVOLVIDOS E NATUREZAS

CURTO PRAZO → CONCRETO

Transmissão de informações
Aumentar o conhecimento
Informar sobre a organização: clientes, produtos/serviços, políticas e diretrizes, regras e regulamentos.

Desenvolvimento de habilidades
Melhorar habilidades e destrezas
Habilitar as pessoas à execução e à operação de tarefas, ao manejo de equipamentos, máquinas e ferramentas.

Desenvolvimento de atitudes
Desenvolver ou modificar comportamentos
Transformar atitudes negativas em atitudes favoráveis, promover conscientização das pessoas quanto à melhoria das relações e sensibilizar as pessoas relativamente aos colegas e aos clientes internos e externos.

Desenvolvimento de conceitos
Elevar o nível de abstração
Desenvolver ideias e conceitos para ajudar as pessoas a pensar em termos globais e estratégicos.

LONGO PRAZO → ABSTRATO

Como os processos educativos envolvem motivação e controle, para sua excelência, alguns cuidados são necessários, quais sejam: estabelecimento de metas a serem atingidas e de produtos a serem entregues ao final do processo; inclusão de reforço e de expectativa do aprendizado; orientação pragmática dos processos com vistas a problemas específicos (Marcondes, 2008).

Ao fim e ao cabo, esses cuidados vão ao encontro das finalidades dos processos educativos, ou seja, melhorias no desempenho individual, coletivo e organizacional por meio da aplicação prática de conteúdos ensinados e aprendidos no âmbito das organizações.

PARA SABER MAIS

Os textos a seguir abordam assuntos pertinentes ao tema tratado neste tópico e trazem estudos realizados por professores e acadêmicos brasileiros da área de GRH.

BALDAM, R. L. et al. Atendendo à alta demanda de treinamento nas organizações e reduzindo os custos. **RACE**, v. 17, n. 1, p. 129-150, 2018. Disponível em: <http://www.spell.org.br/documentos/ver/49269/-atendendo-a-alta-demanda-de-treinamento-nas-organizacoes-e-reduzindo-os-custos>. Acesso em: 22 jun. 2019.

GALVAO, K. C. C. M.; MONTE-MOR, D. S.; TARDIN, N. O efeito do treinamento na percepção do desempenho individual: uma análise baseada nos treinamentos ofertados pelo Instituto Federal do Espírito Santo (IFES). **Revista de Contabilidade e Organizações**, v. 11, n. 29, p. 3-16, 2017. Disponível em: <http://www.spell.org.br/documentos/ver/45648/o-efeito-do-treinamento-na-percepcao-do-desempenho-individual--uma-analise-baseada-nos-treinamentos-ofertados-pelo-instituto-federal-do-espirito-santo--ifes->. Acesso em: 22 jun. 2019.

MARANGONI, M. M.; BERIMBAU, M. M. R. Gamificação e gestão de pessoas: um estudo de caso sobre treinamento e ambiente de diversidade cultural. **Revista de Carreiras e Pessoas**, v. 8, n. 3, p. 431-444, 2018. Disponível em: <http://www.spell.org.br/documentos/ver/51034/gamificacao-e-gestao-de-pessoas--um-estudo-de-caso-sobre-treinamento-e-ambiente-de-diversidade-cultural>. Acesso em: 22 jun. 2019.

MARTINS, B. V.; OLIVEIRA, S. R. Qualificação profissional, mercado de trabalho e mobilidade social: cursos superiores de tecnologia. **Sociedade, Contabilidade e Gestão**, v. 12, n. 2, p. 22-45, 2017. Disponível em: <http://www.spell.org.br/documentos/ver/46521/qualificacao-profissional--mercado-de-trabalho-e-mobilidade-social--cursos-superiores-de-tecnologia>. Acesso em: 22 jun. 2019.

MORAES SOBRINHO, J.; MEDEIROS, F. J. S. Análise do nível de treinamento dos trabalhadores da construção civil na cidade de Monteiro-PB. **Sinergia**, v. 21, n. 1, p. 91-105, 2017. Disponível em: <http://www.spell.org.br/documentos/ver/50423/analise-do-nivel-de-treinamento-dos-trabalhadores-da-construcao-civil-na-cidade-de-monteiro-pb>. Acesso em: 22 jun. 2019.

ROMAN, L. W.; SIMON, L. W.; ROMAN, I. P. Desenvolvimento de pessoas por competências em uma empresa de sistemas especializados da região oeste catarinense. **Revista de Carreiras e Pessoas**, v. 9, n. 1, p. 143-159, 2019. Disponível em: <http://www.spell.org.br/documentos/ver/52421/desenvolvimento-de-pessoas-por-competencias-em-uma-empresa-de-sistemas-especializados-da-regiao-oeste-catarinense>. Acesso em: 22 jun. 2019.

2.5 SAÚDE E SEGURANÇA

Dois outros processos que visam ao bem-estar do trabalhador são a saúde e a segurança no trabalho. Segundo a Organização Mundial da Saúde (OMS), "saúde é um estado completo de bem-estar físico, mental e social, e não somente a ausência de doença ou enfermidade" (OMS, 2006, p. 1, tradução nossa).

Com essa definição em mente, esclarecemos que os processos que envolvem a saúde ocupacional são também conhecidos como *medicina* ou *higiene no trabalho* e compreendem o rol de normas e procedimentos para a proteção da integridade física e mental do trabalhador, visando preservar sua saúde e prevenir doenças relacionadas aos riscos inerentes às condições de trabalho do cargo ocupado. Algumas dessas informações podem ser encontradas no desenho do cargo, mais especificamente nas condições de trabalho explicitadas na análise deste.

Assim, os **objetivos formais da saúde** no trabalho são: assegurar atitudes positivas dos empregados com relação às organizações; garantir condições de trabalho, tanto pessoais quanto materiais, favoráveis à manutenção da saúde dos empregados; eliminar possíveis causas e previnir o agravamento de doenças ocupacionais; promover conscientização e treinar empregados para evitar condutas características de negligência, imperícia e imprudência; desenvolver processos de trabalho que promovam harmonização entre o indivíduo e as atividades do cargo.

Para tanto, é possível lançar mão de programas informativos, preventivos e de ação; serviços médicos (periódicos e/ou emergenciais, em tempo integral ou parcial) e convênios afins; seguros-saúde e outros similares; além de planos de previdência privada.

Nesse contexto de promoção da saúde, é preciso atentar ao desenho do cargo e às condições de trabalho e seus possíveis impactos no bem-estar do trabalhador. A iluminação do posto de trabalho, por exemplo, deve prover ao trabalhador quantidade adequada de luminosidade, de modo a não forçar sua visão, sendo proporcional ao nível de concentração visual peculiar às suas atividades ou, em outras palavras, a iluminação deve ser suficiente, constante e uniformemente distribuída no posto do trabalho.

Outra questão é o barulho indesejado ou o nível de ruído presente no posto de trabalho; sua intensidade tem limite máximo de 85 decibéis para não se caracterizar como insalubre, sendo esse número explicitado em lei e fiscalizado pelas instâncias regulatórias (atualmente, Ministério da Economia, por meio de seus agentes locais).

Além disso, aspectos como temperatura, umidade, ventilação, composição do ar, pressão etc. relacionam-se a todos os sentidos humanos, por isso, é necessário que os ambientes ofertem um mínimo de conforto em termos de condições atmosféricas.

Quanto à **segurança no trabalho**, a qual se caracteriza por medidas de naturezas diversas (técnicas, educacionais, médicas e psicológicas) e integradas, visando à prevenção de incidentes, compreendidos aqui como acidentes (não propositais, não premeditados, não desejados) e roubos (proposital, apropriação indevida).

Essas medidas buscam prevenir incidentes por meio da eliminação de condições inseguras do ambiente e da conscientização dos indivíduos, bem como pelo estabelecimento e controle de normas e métodos de trabalho, que contemplam as condições físicas, humanas e financeiras da organização. Além disso, a adaptação do homem ao trabalho (seleção) e do trabalho ao homem (racionalização) são preocupações de tais medidas que se mostram presentes em seus programas informativos, preventivos, de ação e de controle.

Destacamos que os acidentes são fatos que redundam em dano econômico e/ou físico para o sujeito. Essas situações e seus antecedentes justificam a presença da Comissão Interna de Prevenção de Acidentes (CIPA), cuja preocupação central está estampada no próprio nome. Desconsiderar ou transgredir regras e procedimentos pode levar à ocorrência de acidentes, os quais, por sua vez, implicam custos diretos (das perdas em si) e indiretos (consequências das referidas perdas) tanto para o indivíduo quanto para a organização.

Já com relação aos roubos, medidas preventivas são tomadas diariamente pela organização, principalmente por meio de controles físicos e contábeis de seus bens ou patrimônio. Os processos de treinamento e desenvolvimento de pessoas também são úteis, principalmente na divulgação de programas informativos e da conscientização dos trabalhadores.

Mesmo assim, em determinadas situações, medidas punitivas são mais efetivas e levadas a cabo, visando extinguir comportamentos contraproducentes e servir de "exemplo" do que é do que não é aceitável dentro da organização. Nesse conjunto de medidas, inserem-se as anotações formais na carteira de trabalho, as exigências de reposição do bem ou de seu pagamento, as demissões voluntárias, podendo, ainda, incorrer em ação judicial.

No Capítulo 3, trataremos de temáticas relacionadas aos processos técnicos de saúde e segurança no trabalho, as quais estão vinculadas ao arcabouço teórico do comportamento humano em organizações (CHO), também conhecido como *comportamento organizacional*.

PARA SABER MAIS

Entre inúmeros estudos realizados no Brasil sobre as questões que perpassam a saúde e a segurança ocupacional, destacamos os que seguem.

BUFFON, G.; AGUIAR, J. L.; GODARTH, K. A. L. Maturidade da cultura de segurança no trabalho: aplicação do modelo de hudson em um laticínio no sudoeste do Paraná. **Revista Administração em Diálogo**, v. 20, n. 2, p. 1-18, 2018. Disponível em: <http://www.spell.org.br/documentos/ver/49497/maturidade-da-cultura-de-seguranca-no-trabalho--aplicacao-do-modelo-de-hudson-em-um-laticinio-no-sudoeste-do-parana->. Acesso em: 22 jun. 2019.

GUIMARÃES, L. A. M.; MARTINS, D. A.; BOTELHO, A. S. O. Contribuições para a avaliação psicossocial da Norma Reguladora 33 (NR-33). **Perspectivas em Gestão & Conhecimento**, v. 3, n. esp., p. 57-66, 2013. Disponível em: <http://www.spell.org.br/documentos/ver/14977/contribuicoes-para-a-avaliacao-psicossocial-da-norma-reguladora-33--nr-33->. Acesso em: 22 jun. 2019.

RAMMINGER, T.; NARDI, H. C. Saúde do trabalhador: um (não) olhar sobre o servidor público. **Revista do Serviço Público**, v. 58, n. 2, p. 213-226, 2007. Disponível em: <http://www.spell.org.br/documentos/ver/35791/saude-do-trabalhador--um--nao--olhar-sobre-o-servidor-publico>. Acesso em: 22 jun. 2019.

2.6 AVALIAÇÃO FUNCIONAL

Neste item, trataremos do processo avaliativo de pessoas na organização, o que inclui três dimensões: seu desempenho, seus resultados e seu potencial. Usualmente, as organizações preocupam-se com os dois primeiros, ou seja, com o que trabalhador fez e com os resultados que ele entregou. É possível fazer muito, movimentar-se bastante e, infelizmente, não atingir os objetivos integralmente; por outro lado, também há possibilidade de entregar o resultado pretendido, porém com desperdícios e perdas que colocam em risco a sustentabilidade de um setor. Nesse sentido, esses dois aspectos precisam ser analisados com cuidado e propriedade, bem como o outro aspecto que normalmente é deixado de lado, o *potencial*, aqui entendido como as capacidades não efetivadas do trabalhador.

No que diz respeito à carreira, capacidades potenciais não são estáveis ou permanentes, mas vão aumentando à medida que o indivíduo desperta, amplia seus horizontes e aprofunda seu autoconhecimento. Desse modo, o desempenho futuro do trabalhador depende de seu potencial, razão pela qual há necessidade de acompanhá-lo, monitorá-lo, de modo a mapear com quem a organização poderá contar em determinadas situações.

Assim, concluímos que o processo de avaliação funcional é uma sistemática apreciação de atitudes e comportamentos efetivos do indivíduo, tanto no exercício diário do cargo que ocupa quanto de suas potencialidades de ação.

Esse processo, tradicionalmente sob a responsabilidade da chefia e do próprio profissional, tem-se ampliado recentemente, abrangendo outras vozes, como a de colegas, subordinados, pares e demais atores organizacionais com os quais o avaliado lida em seu cotidiano de trabalho, com a intenção de diminuir as individualidades e tornar o processo mais imparcial. Portanto, é necessário considerar a integração e a homogeneidade de objetivos nesse processo, bem como o grau de maturidade dos trabalhadores envolvidos direta e indiretamente nele.

Não podemos negar que se trata de um processo de julgamento de valor, que envolve a subjetividade. Assim, além da conscientização e da sensibilização das pessoas para sua importância e abrangência, é recomendável contar com um instrumento de coleta de dados sobre o avaliado que seja confiável, válido, sensível, objetivo e simples, características descritas no Quadro 2.5, a seguir.

QUADRO 2.5 – CARACTERÍSTICAS DO INSTRUMENTO DE AVALIAÇÃO FUNCIONAL

Caracterítica	Descrição
Confiabilidade	Condições de aplicação iguais, resultados iguais.
Validade	Mede o que se pretende.
Sensibilidade	Favorece classificações diferentes.
Objetividade	Impede que conceitos e sentimentos individuais exerçam influência.
Simplicidade	Informações em quantidade e qualidade adequadas com esforço reduzido.

Destacamos que a avaliação não é um fim em si mesma, muito pelo contrário, ela é um meio para conhecer, reconhecer e melhorar as condutas e os resultados dos RH. Para tanto, ela deve priorizar informações a respeito da adequação do empregado, de suas necessidades de treinamento e desenvolvimento, de seu percurso salarial, das relações sociais que estabelece, de seu percurso de carreira, de seu potencial, dos padrões de desempenho e produtividade aceitos e praticados, entre outros aspectos.

Mais uma vez, a díade *motivação* e *controle* estão presentes em um processo de GRH, pois, na avaliação funcional, alguns objetivos versam sobre promover a comunicação interna (incluindo os *feedbacks*), as relações interpessoais e o planejamento conjunto de ações em torno do desempenho futuro e das metas do trabalhador. Porém, ainda existem os objetivos ideológicos, que buscam atrelar resultados da avaliação à política salarial, mediar conflitos via conciliação de interesses naturalmente contraditórios, estabelecer um diálogo com caráter de aconselhamento, promover a autopersuasão do trabalhador mediante controle de rendimentos e outros recursos, aspectos que denotam a presença de controle.

Considerando tais perspectivas e a riqueza de informações que podem originar-se da avaliação funcional, é possível realizá-la por meio da aplicação de um ou mais métodos concomitantemente. O Quadro 2.6, a seguir, apresenta uma descrição dos métodos mais usuais praticados no mercado, indicando seus pontos positivos e negativos.

QUADRO 2.6 – MÉTODOS DE AVALIAÇÃO FUNCIONAL E SEUS PONTOS POSITIVOS E NEGATIVOS

Métodos	Descrição	Pontos positivos	Pontos negativos
Escala gráfica	• Utiliza fatores de avaliação previamente definidos e graduados, esclarecidos por meio de uma descrição sumária. • Envolve procedimentos matemáticos e estatísticos.	• Quantifica resultados e facilita comparações. • Apresenta facilidade na compreensão do método e na aplicação. • Visualiza características mais enfatizadas pela organização e o posicionamento relativo do indivíduo.	• Reduz o complexo desempenho do indivíduo a números. • Não permite flexibilidade. • Tende a rotinizar resultados (efeito halo[1]). • Necessita de procedimentos matemáticos e estatísticos para minimizar distorções (pesos).
Frases descritivas	• Apresenta frases descritivas, com significados positivos e/ou negativos acerca de atitudes e comportamentos do avaliado. • Não exige escolha entre frases, ou seja, há opção de o avaliador não se manifestar a respeito.	• Apresenta facilidade na aplicação. • Não exige preparo dos avaliadores.	• Apresenta natureza globalizante, comparativa e discriminatória. • Necessita de complementação para fins da GRH.
Escolha forçada	• Apresenta frases descritivas, com significados positivos e/ou negativos acerca de atitudes e comportamentos do avaliado. • Exige escolha entre frases, ou seja, é obrigatório que o avaliador se manifeste a respeito.	• Tenta reduzir subjetividades e eliminar generalizações. • Apresenta facilidade na aplicação. • Não exige preparo dos avaliadores.	• É de elaboração complexa. • Apresenta natureza globalizante, comparativa e discriminatória. • Necessita de complementação para fins da GRH. • Necessita de *feedback* para avaliadores.
Pesquisa de campo	• É realizada por meio de questionários abertos e/ou entrevistas conjuntas com o superior imediato, podendo estender-se a outros atores com os quais o avaliado mantenha relações no processo de trabalho. • Busca identificar causas de atitudes e de comportamentos atuais e delinear ações futuras rumo a patamares superiores.	• Tem natureza ampla e dinâmica. • Permite o diagnóstico e o planejamento conjunto. • Fornece numerosas e profundas informações para a GRH. • Apresenta facilidade na aplicação. • Não exige preparo dos avaliadores.	• É moroso quanto à aplicação e à análise dos dados.

(continua)

---

1 Construção de "uma impressão geral de alguém com base em uma única característica, como sua inteligência, sociabilidade ou aparência" (Robbins, 2002, p. 123).

(Quadro 2.6 – conclusão)

Métodos	Descrição	Pontos positivos	Pontos negativos
Comparação aos pares	• Promove a comparação de características de um conjunto de avaliados uns aos outros e/ou a partir de critério(s) previamente estabelecido(s). • Pode anteceder processos demissórios.	• Apresenta agilidade na aplicação e na apuração dos resultados.	• Apresenta natureza simplória, comparativa e discriminatória. • Necessita de complementação para fins da GRH.

Desses cinco métodos, o mais usual é a escala gráfica, muitas vezes complementada com uma pesquisa de campo. Na Figura 2.7, a seguir, podemos conferir um exemplo de formulário de avaliação funcional.

FIGURA 2.7 – FORMULÁRIO DE AVALIAÇÃO FUNCIONAL, COM ESCALA GRÁFICA E PESQUISA DE CAMPO

AVALIAÇÃO FUNCIONAL					
Nome: _____ Admissão: _____ Cargo: _____ Tempo no cargo: _____ Setor: _____ Tempo na organização: _____					
Assinalar conforme observado no comportamento do avaliado:	1 Insuficiente	2 Abaixo da média	3 A melhorar	4 Suficiente	5 Acima da média
Resultados: – realiza entregas no padrão de qualidade aceitável; – utiliza os recursos disponíveis com economicidade.					
Relacionamento social: – trata com cordialidade os membros da equipe; – trata com cordialidade o corpo funcional da organização; – atua de modo colaborativo.					
Apresentar possíveis causas e processos de melhorias com relação: 1) ao desempenho no período; 2) aos resultados apresentados; 3) à necessidade de treinamento e desenvolvimento; 4) à indicação para alteração salarial; 5) à indicação para alteração na carreira.					

Como podemos observar no exemplo, os dados levantadas por meio do formulário podem ser úteis tanto para as práticas de gestão de pessoas quanto para a definição e/ou a revisão das políticas que as sustentam. Além disso, podem também trazer informações preciosas para a gestão de pessoas no dia a dia da organização, já que explicitam questões voltadas para motivação, tomada de decisão, liderança, comunicação, conflitos etc.

Tendo em vista o potencial informativo da avaliação funcional, alguns estudiosos como DeCenzo e Robbins (2001) recomendam zelo pelos seguintes aspectos:

- preparação dos envolvidos, incluindo agendamentos para esclarecimentos de objetivos e dúvidas;
- fomento de um ambiente de apoio e confiança;
- promoção do envolvimento de avaliadores e avaliados, focando atitudes e comportamentos e afastando diferenças pessoais;
- apontamento de pontos positivos e negativos;
- divulgação de *feedback* (comunicação) aos envolvidos;
- delineamento de plano de desenvolvimento individual para o avaliado.

Destacamos, ainda, uma série de fatores que podem interferir na avaliação funcional e distorcer seus resultados, a saber:

- erro de leniência, advindo de valores dos envolvidos;
- efeito halo, com generalizações realizadas a partir de características específicas do avaliado;
- erro de semelhança, em virtude de projeções dos envolvidos;
- baixa motivação dos envolvidos;
- tendência central, ou julgamento pela média;
- pressões inflacionárias, ou julgamento pelos extremos;

- pouca ou nenhuma clareza quanto aos critérios de avaliação;
- teoria da atribuição, com distorções entre controles internos e externos.

De fato, o processo de avaliação funcional é muito delicado, motivo pelo qual há a necessidade de realizá-lo com total apoio político das instâncias superiores e de técnicos da área de RH.

PARA SABER MAIS

A avaliação funcional, focando desempenho e resultados e/ou potencial, é um instrumento poderoso de GRH. Esse processo tem sido alvo de atenção de diversos estudiosos brasileiros, como podemos observar nos textos a seguir.

LISBOA, F. V. et al. Fatores de resistência no processo de implementação de um modelo de avaliação de desempenho em um órgão público. **Revista Gestão Organizacional**, v. 11, n. 3, p. 92-109, 2018. Disponível em: <http://www.spell.org.br/documentos/ver/52023/fatores-de-resistencia-no-processo-de-implementacao-de-um-modelo-de-avaliacao-de-desempenho-em-um-orgao-publico>. Acesso em: 22 jun. 2019.

PERLIN, A. P. et al. Construção de um modelo de avaliação de desempenho: estudo de caso em uma empresa de pequeno porte da construção civil. **Revista de Gestão e Secretariado**, v. 9, n. 3, p. 21-45, 2018. Disponível em: <http://www.spell.org.br/documentos/ver/52465/construcao-de-um-modelo-de-avaliacao-de-desempenho--estudo-de-caso-em-uma-empresa-de-pequeno-porte-da-construcao-civil>. Acesso em: 22 jun. 2019.

SILVA, C. S. S. et al. O papel da avaliação de desempenho por competências no estado de Minas Gerais segundo a perspectiva dos servidores públicos estaduais. **Caderno Profissional de Administração da Unimep**, v. 8, n. 1, p. 69-90, 2018. Disponível em: <http://www.spell.org.br/documentos/ver/50029/o-papel-da--avaliacao-de-desempenho-por-competencias--no-estado-de-minas-gerais-segundo-a-perspectiva-dos-servidores-publicos-estaduais->. Acesso em: 22 jun. 2019.

2.7 SISTEMAS DE INFORMAÇÕES DE RH

Neste último item do capítulo, apresentaremos conceitos relativos à compreensão e à concepção de um sistema de informações gerenciais específico para os RH.

Uma coisa é obter dados das pessoas e organizá-los em arquivos físicos, ainda muito usuais nas organizações, principalmente por exigências legais; outra coisa é conseguir manipular esses dados (gerando informações), de modo que faça sentido no processo de tomada de decisão (com base em seu conhecimento), independentemente de para qual dos processos de gestão mencionados anteriormente seja usado.

Nesse sentido, os dados das pessoas podem estar armazenados em arquivos mais ou menos sofisticados tecnologicamente – dos arquivos físicos aos sistemas computadorizados – o que importa é poder reunir e tratar esses dados, gerando informações e conhecimentos úteis a respeito dos RH, com agilidade e segurança para municiar adequadamente os responsáveis pelas decisões que se impõem. Assim, os objetivos dos bancos de dados são melhorar e facilitar o acesso às informações, evitar e/ou eliminar redundâncias nelas e permitir sua atualização e seu processamento de maneira integrada e simultânea.

Especialmente na GRH, três tipos de dados são fundamentais: da empresa, dos cargos e das pessoas. No Quadro 2.7, a seguir, é possível observar alguns exemplos deles.

QUADRO 2.7 – TIPOS E EXEMPLOS DE DADOS PARA A GRH

Tipos	Exemplos
Da empresa	Níveis hierárquicos, áreas ocupacionais, organograma, informações adicionais (sindicatos, níveis de escolaridade, cursos, habilidades, limitações)
Dos cargos	Título, descrição, requisitos mentais, requisitos físicos, responsabilidades, ambiente de trabalho, jornada, sindicato
Das pessoas	Situação (empregado, não empregado, ex-empregado etc.), dados pessoais, formação acadêmica, experiências profissionais (cargo atual e anteriores, internos e externos à organização), habilidades, *hobbies*, limitações

Para o processamento integrado dos dados, utilizamos o sistema de informações, que é o conjunto de elementos interdependentes (subsistemas) associados logicamente e organizados para gerar informações necessárias à tomada de decisão. As saídas desse sistema abrangem relatórios, listagens, pesquisas, simulações, comparações etc. e é por meio desses documentos que as pessoas acessam as informações de que necessitam.

Para a efetividade do processo de tomada de decisão, o sistema de informações que o sustenta deve: evitar multiplicidade, ambiguidade e contrariedade de dados; promover padronização; permitir pesquisas, comparações (previsões × realizações, ideal × real) e flexibilidade de associações; dosar complexidade e simplicidade; considerar generalidades e especificidades dos dados armazenados; apresentar relação custo × benefício viável.

Com isso, a operacionalização do sistema de informações de GRH segue alguns passos formais, a saber: reunir dados (*inputs*), processá-los, gerar informações (*outputs*), prover as decisões, organizar os recursos, realizar os processos e controlar os resultados. No Quadro 2.8, a seguir, apresentamos dois exemplos dessas etapas, relacionando-as à gestão de pessoas.

QUADRO 2.8 – EXEMPLOS DE OPERACIONALIZAÇÃO
DE SISTEMA DE INFORMAÇÕES DE RH

Passos	Exemplo 1 Recrutamento	Exemplo 2 Seleção
Dados	Cargo: vago Pessoas: empregados e não empregados	Cargo: vago Pessoas: empregados
Pesquisa	Desenho do cargo	Desenho do cargo
Informações	Identificação de candidatos potenciais dentro da organização	Comparação dos candidatos entre si e com características do cargo
Decisão	Prencher vaga	Escolha de técnicas
Processo	Recrutamento	Seleção
Controle de resultados	Quantidade de candidatos reais	Admissão do selecionado

Importante frisarmos que, tendo em mãos dados da organização, de seus cargos e das pessoas que os ocupam, qualquer processo de GRH pode ser amparado pelo sistema de informação.

Destacamos, também, que características legais, culturais e contingenciais são determinantes na concepção e na implementação desse tipo de sistema de informação. Quesitos como confiabilidade, agilidade e privacidade dos dados e das informações a serem processadas são fundamentais para que o sistema opere otimizado.

PARA SABER MAIS

Sistemas de informações gerenciais específicos para a GRH parecem ser pouco estudados no país. De todo modo, seguem sugestões de leitura que trazem questões relacionadas às pessoas, como a resistência à implementação de sistemas de informação na condição de processos de mudança.

JUNQUEIRA, E. et al. Resistência à mudança no sistema de informação gerencial: uma análise da institucionalização de estruturas e processos de TI em uma organização do Poder Judiciário brasileiro. **Enfoque Reflexão Contábil**, v. 36, n. 2, p. 77-93, 2017. Disponível em: <http://www.spell.org.br/documentos/ver/45137/resistencia-a-mudanca-no-sistema-de-informacao-gerencial--uma-analise-da-institucionalizacao-de-estruturas-e-processos-de-ti-em-uma-organizacao-do-poder-judiciario-brasileiro>. Acesso em: 22 jun. 2019.

LUGOBONI, L. F. et al. Alinhamento entre planejamento estratégico e sistema de informação gerencial: estudo em empresas do terceiro setor com atividade hoteleira. **PODIUM Sport, Leisure and Tourism Review**, v. 7, n. 1, p. 79-105, 2018. Disponível em: <http://www.spell.org.br/documentos/ver/49423/alinhamento-entre-planejamento-estrategico-e-sistema-de-informacao-gerencial--estudo-em-empresas-do-terceiro-setor-com-atividade-hoteleira->. Acesso em: 22 jun. 2019.

SÍNTESE

Neste capítulo, buscamos compreender como são concebidos os processos técnicos de GRH, sensibilizando-nos para possíveis níveis diferenciados de formalidades em suas concepções e implementações. Assim, o desenho de cargos (descrição, análise e avalição) e as formas de se transitar entre eles no interior das organizações por meio das carreiras foram alvos de nossa atenção. Já os processos de recrutamento e seleção de pessoas foram distinguidos, seguidos de esclarecimentos a respeito de formas de remuneração e recompensas, bem como das políticas e estruturas salariais que podem nortear as contrapartidas da organização, mediante as entregas de seus empregados. Manter os funcionários aptos ao trabalho atual e futuro foi ponderado como uma grande necessidade, passível de ser suprida pelos processos de treinamento e desenvolvimento de pessoal, que devem ser voltados a conteúdos efetivos e desenvolvidos com tal intuito. Também explicitamos as atividades relacionadas à saúde e à segurança no trabalho. Em seguida, destacamos o desempenho, os resultados e o potencial dos trabalhadores por meio da reflexão sobre a avaliação funcional, encerrando o capítulo com esclarecimentos sobre sistemas de informações de GRH.

3

COMPORTAMENTO HUMANO NAS ORGANIZAÇÕES (CHO)

CONTEÚDOS DO CAPÍTULO:

- Fundamentos do comportamento organizacional.
- Comportamento nos níveis individual, coletivo e organizacional.
- Temas emergentes relacionados ao comportamento organizacional.

APÓS O ESTUDO DESTE CAPÍTULO, VOCÊ SERÁ CAPAZ DE:

1. identificar os fundamentos do comportamento organizacional;
2. compreender os temas clássicos do comportamento humano em organizações;
3. refletir de modo crítico e pragmático sobre as questões cotidianas que envolvem o comportamento organizacional.

Os fundamentos do comportamento organizacional ou comportamento humano nas organizações (CHO) são o alvo desta unidade. Compreender o comportamento visível das pessoas não é uma tarefa simples, pois seus motivos são variados, bem como suas ações; no entanto, é desejável, já que ele tem reflexos em seus desempenhos e resultados.

O elemento ativador da organização é, portanto, um ser humano que "funciona" em determinados aspectos, quer seja individualmente, quer coletivamente, e que mantém certas consistências de comportamento, ou seja, tendências de ações futuras. Como afirmam Robbins, Judge e Sobral (2010), o estudo sistemático dessas consistências pode substituir a intuição na elaboração de relações de causa e efeito, as quais são úteis na gestão dos recursos humanos (GRH).

Assim, iniciaremos com aspectos introdutórios do CHO e passaremos à análise de comportamentos em nível individual (motivação e tomada de decisão), depois coletivo (comunicação, liderança e conflito) e, na sequência, organizacional (cultura e mudança). Encerraremos o capítulo apresentando alguns temas emergentes relacionados ao CHO, que vêm sendo pesquisados pelos estudiosos desse campo do conhecimento.

Vamos em frente!

3.1 ASPECTOS INTRODUTÓRIOS DO CHO

Como informa a literatura técnica desse campo de estudos, o comportamento organizacional, ou melhor, o CHO "investiga o impacto que indivíduos, grupos e estrutura organizacional têm sobre o comportamento das pessoas nos espaços laborais, com o propósito de utilizar esse conhecimento para promover a melhoria da eficácia organizacional" (Robbins; Judge; Sobral, 2010, p. 7).

Visando tal finalidade, quatro pressupostos básicos sustentam o CHO:

1. O primeiro refere-se ao fato de os seres humanos serem complexos e diferentes, o que diz respeito às suas origens familiares e aos processos de socialização primária pelo qual cada indivíduo passou.
2. O segundo frisa que o comportamento humano não é aleatório, qualquer que seja o espaço considerado, pois ele tem certas consistências que podem (e devem) ser observadas, mapeadas e acionadas nas organizações, visando concatenar meios e fins.
3. O terceiro ressalta a possibilidade de modificação dessas consistências, a fim de conferir à organização certa estabilidade a partir de alguma previsibilidade no comportamento de seus trabalhadores.
4. O quarto entende a necessidade de se substituir a intuição no trato das pessoas por elaborações de relações entre causas e efeitos de sua conduta, as quais são úteis em termos da possibilidade de previsibilidade, mencionada anteriormente.

É perceptível que esse conjunto de conhecimentos tem uma dimensão mais significativa e vai além das organizações, abarcando a vida dos indivíduos na sociedade. No entanto, se considerarmos a centralidade do mundo do trabalho, que transcende o próprio espaço laboral, sobrevivência e sucesso podem ser alcançados com ajuda de tais saberes.

Além disso, mudanças na composição demográfica brasileira têm alterado características do mercado de trabalho (como vimos no Capítulo 1), tornando o estudo do CHO mais e mais útil para lidar com desafios e oportunidades nas organizações.

Entre os principais desafios e oportunidades relacionados ao comportamento humano, alguns têm sido especialmente discutidos por gestores e acadêmicos do campo da Administração. Eles não se reduzem a questões técnicas, por isso demandam sensibilidade e novas formas de se relacionar. O Quadro 3.1, a seguir, contém uma síntese de cada um desses pontos.

QUADRO 3.1 – DESAFIOS E OPORTUNIDADES RELACIONADOS AO CHO

Desafios e oportunidades	Aspectos considerados	Objetivos
Gestão de pessoas em época de crise	Conhecer os trabalhadores e saber lidar com inseguranças e medos em tempos de respostas curtas como demissões e precarização das condições de trabalho.	Manutenção do moral do corpo funcional
Globalização	Conhecer outras culturas, reconhecer e respeitar outros valores.	Abertura de portas para crescimento da participação de mercado da organização
Diversidade da força de trabalho	Conhecer e lidar com diferenças e com pessoas consideradas "diferentes", minorizadas politicamente.	Inserção e inclusão na organização a partir de políticas formais e práticas de gestão
Foco no atendimento ao cliente	Conhecer e buscar satisfazer as necessidades do cliente, cada dia mais informado e menos fiel.	Desenvolvimento de relacionamentos comerciais duradouros
Ênfase nas habilidades humanas	Desenvolver a empatia e a capacidade de se colocar no lugar do outro.	Promoção de relacionamentos sociais saudáveis e produtivos
Incentivo à inovação e à mudança	Desenvolver flexibilidade e resiliência no nível individual, bem como lidar com resistências (naturais ou deliberadas).	Promoção da inovação e redução de conflitos
Reconhecimento da temporariedade	Considerar pontualidade e velocidade como dimensões temporais cada dia mais exigidas dos trabalhadores.	Promoção de condições para trabalho ágil e preciso
Inserção em redes produtivas	Reconhecer e lidar com os avanços nas telecomunicações e nos transportes.	Aproximação entre pessoas, em tempo e espaço real, por meio de contatos físico e virtual
Harmonização entre vida pessoal e profissional dos trabalhadores	Reconhecer dificuldades de separação e priorização de diversas esferas da vida do indivíduo-trabalhador.	Promoção de bem estar geral, para trabalhador e sua família, e dos processos de comunicação
Manutenção de um ambiente de trabalho positivo	Reconhecer, lidar e apoiar as pessoas em ambientes de elevadas exigências e pressões.	Promoção da resiliência e da saúde do trabalhador, em suas diversas esferas
Atenção ao comportamento ético	Reconhecer e lidar com comportamentos muito enraizados na nossa cultura, porém não (mais) aceitáveis socialmente.	Promoção da integridade político-social das pessoas na organização

Fonte: Robbins; Judge; Sobral, 2010.

Para lidar com tais desafios e oportunidades, o CHO emprega conhecimentos de outros campos, como a psicologia, a psicologia social, a sociologia e a antropologia. A contribuição de cada uma dessas ciências está explicitada na Figura 3.1, a seguir.

FIGURA 3.1 – CONTRIBUIÇÕES DE OUTRAS CIÊNCIAS PARA O ESTUDO DO COMPORTAMENTO ORGANIZACIONAL

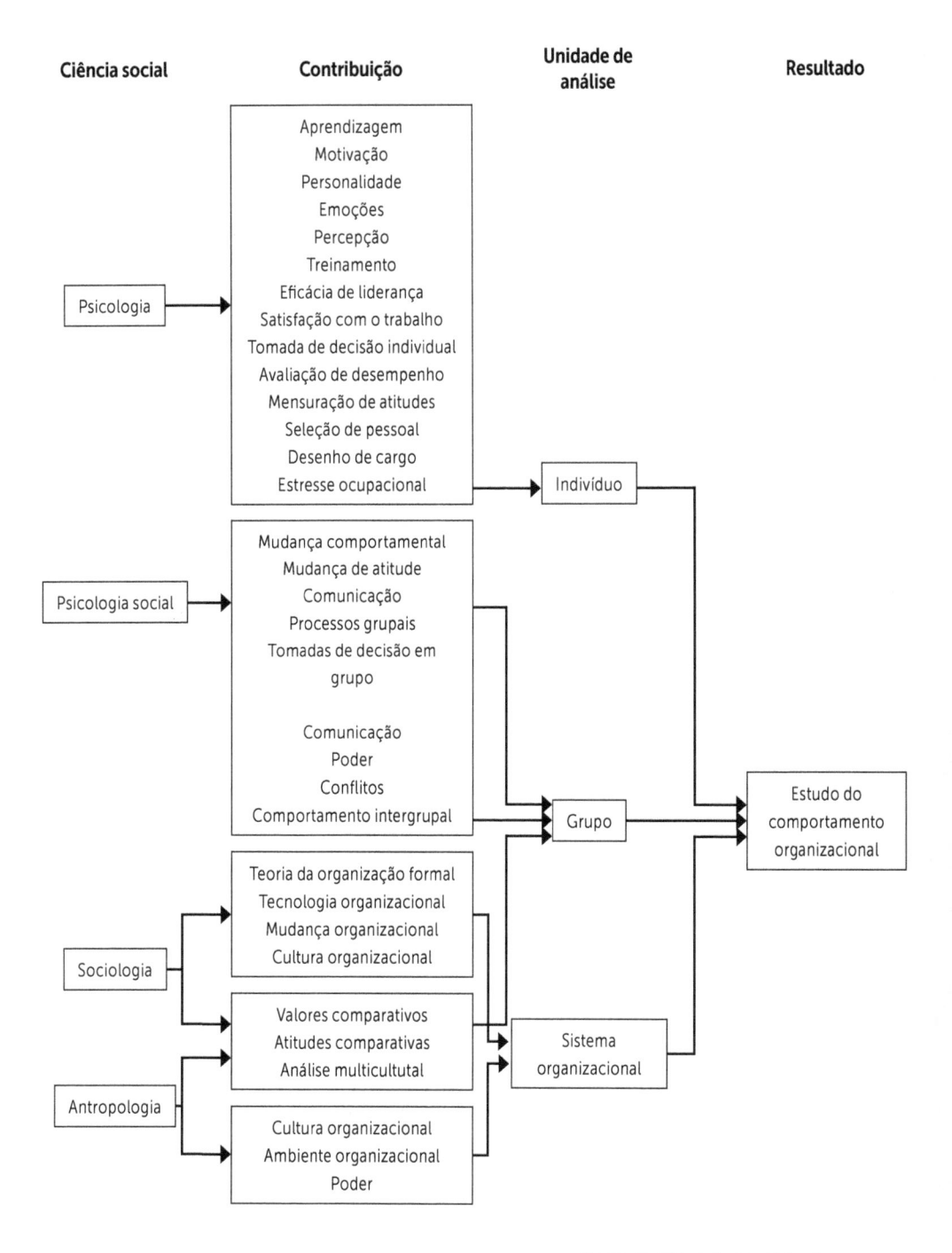

Ciência social	Contribuição	Unidade de análise	Resultado
Psicologia	Aprendizagem / Motivação / Personalidade / Emoções / Percepção / Treinamento / Eficácia de liderança / Satisfação com o trabalho / Tomada de decisão individual / Avaliação de desempenho / Mensuração de atitudes / Seleção de pessoal / Desenho de cargo / Estresse ocupacional	Indivíduo	Estudo do comportamento organizacional
Psicologia social	Mudança comportamental / Mudança de atitude / Comunicação / Processos grupais / Tomadas de decisão em grupo	Grupo	
	Comunicação / Poder / Conflitos / Comportamento intergrupal	Grupo	
Sociologia	Teoria da organização formal / Tecnologia organizacional / Mudança organizacional / Cultura organizacional	Sistema organizacional	
	Valores comparativos / Atitudes comparativas / Análise multicultural	Sistema organizacional	
Antropologia	Cultura organizacional / Ambiente organizacional / Poder		

Fonte: Robbins; Judge; Sobral, 2010, p. 10.

PARA SABER MAIS

O CHO considera uma série de aspectos e nuances, que trataremos ao longo deste capítulo. Para constatar tal amplitude, sugerimos as leituras que seguem.

BUFFON, G.; MELLO, G. R.; COLTRE, S. M. Percepção do dinheiro na escolha do curso de graduação. **Reunir: Revista de Administração, Contabilidade e Sustentabilidade**, v. 7, n. 3, p. 51-65, 2017. Disponível em: <http://www.spell.org.br/documentos/ver/48101/percepcao-do-dinheiro-na-escolha-do-curso-de-graduacao->. Acesso em: 22 jun. 2019.

FERNANDES, R. M.; LUZ, V. F. Um projeto para a construção de um Código de Ética Empresarial. **Contabilidade Vista & Revista**, v. 16, n. 3, p. 83-96, 2005. Disponível em: <http://www.spell.org.br/documentos/ver/25291/um-projeto-para-a-construcao-de-um-codigo-de-etica-empresarial>. Acesso em: 22 jun. 2019.

SILVA, A. L.; DUARTE, M. F. O risco como elemento para o estudo do comportamento humano nas organizações. **Revista Administração em Diálogo**, v. 13, n. 3, p. 25-43, 2011. Disponível em: <http://www.spell.org.br/documentos/ver/40637/o-risco-como-elemento-para-o-estudo-do-comportamento-humano-nas-organizacoes>. Acesso em: 22 jun. 2019.

3.2 COMPORTAMENTOS EM NÍVEL INDIVIDUAL

Neste tópico, trataremos de dois temas muito preciosos para o CHO em nível individual: motivação e tomada de decisão. Antes, porém, vamos esclarecer nosso vocabulário por meio de alguns conceitos importantes.

Partimos da compreensão dos valores das pessoas, ou seja, de suas bases primeiras de avaliação do mundo que as cerca, permitindo discernir entre certo e errado, bonito e feio, adequado e inadequado etc. Por meio dos processos de socialização experimentados pelo indivíduo desde seu nascimento, consolidam-se os valores, que são convicções de que "um modo específico de conduta ou condição de existência é individual ou socialmente preferível ao modo contrário ou oposto de conduta ou de existência" (Robbins; Judge; Sobral, 2010, p. 138).

Se os valores pessoais estão alinhados aos da sociedade, mais fácil é a adequação do sujeito às normas sociais e, guardadas as devidas proporções, àquelas disseminadas nas organizações. No entanto, se os valores do indivíduo, consolidados ao longo de sua vida, não caminham em consonância com os observados socialmente, a possibilidade de desenvolvimento de conflitos é maior, o que pode trazer sérias consequências à sua empregabilidade profissional. Mais adiante, trataremos da questão dos valores no âmbito das organizaçãoes.

Portanto, os valores sedimentam nossas opiniões a respeito de tudo que nos rodeia, e esse julgamento que fazemos de coisas, eventos e pessoas, que nos predispõe a agir de determinada forma, aproximando ou distanciando, causando sentimentos positivos ou negativos, preconceitos etc., chamamos de *atitudes*. As atitudes apresentam três componentes, conforme podemos observar no Quadro 3.2, a seguir.

QUADRO 3.2 – COMPONENTES DAS ATITUDES

Componentes	Descrição
Cognitivo	Reflete opiniões e convicções sobre coisas, pessoas e eventos.
Afetivo	Traz à tona sentimentos e emoções.
Comportamental	Retrata a intenção prévia ou a tendência a determinado comportamento, condizente com o julgamento.

Fonte: Elaborado com base em Robbins, 2002.

Os valores conduzem a uma constituição consistente das atitudes entre si e entre elas e o comportamento efetivo da pessoa. *Pensar de um jeito e agir de outro* é uma expressão corriqueira que retrata inconsistência entre atitudes e comportamentos, o que caracteriza uma dissonância cognitiva. A título de exemplo, o trabalhador que se diz honesto não concordará em participar de esquemas financeiros, caixa dois etc. A dissonância cognitiva promove a racionalização dessa diferença entre valores, atitudes e condutas, porém desembocando em diversas consequências. Em nível individual, podem surgir sentimentos de desconfiança dos pares, medo de retaliação, de ser descoberto, punido. Diante de injustiças e/ou de sentimentos de injustiças, o indivíduo pode desenvolver atitudes contraproducentes, como é o caso das atitudes retaliatórias, assunto que abordaremos mais adiante neste capítulo.

Por outro lado, processos de adoecimento podem ter como pano de fundo essas situações de dissonância cognitiva e afetar a percepção que o sujeito tem de si mesmo, ou seja, de sua personalidade.

A personalidade, por sua vez, pode ser conceituada como "a soma total de maneiras como uma pessoa reage e interage com as demais" (Robbins; Judge; Sobral, 2010, p. 127). Ela é formada por três componentes: (1) hereditariedade, relativa às características com as quais nascemos; (2) meio, relativo às características moldadas a partir dos processos de socialização; e (3) situação, relativa às características mais dinâmicas, atreladas ao contexto vivenciado pelo indivíduo.

Outro conceito importante no estudo do comportamento humano é o de *percepção*, que pode ser definida como "processo pelo qual os indivíduos organizam e interpretam suas impressões sensoriais, com a finalidade de dar sentido ao seu meio" (Robbins; Judge; Sobral, 2010, p. 159). A percepção pode ser afetada pelas variadas emoções sentidas por uma pessoa ao longo do dia, manifestando-se como felicidade, surpresa, medo, tristeza, raiva e repulsa/desagrado. Assim, as emoções são "expressões afetivas intensas dirigidas a alguém ou alguma coisa" (Robbins; Judge; Sobral, 2010, p. 92) e, quando perduram no tempo, tornam-se menos intensas e pouco focadas em alguém ou algo, sendo denominadas *sentimentos* ou *humores*.

Saber lidar com as emoções no cotidiano é uma habilidade passível de desenvolvimento. Esse saber constitui a inteligência emocional, ou seja, a "habilidade de identificar e administrar pistas e informações emocionais" (Robbins; Judge; Sobral, 2010, p. 105), não apenas as próprias, mas também as de terceiros. Destacamos que o conceito de *inteligência emocional* permanece controverso no estudo do CHO, pois alguns teóricos destacam seu lado positivo, como ter apelo intuitivo, estar associada ao desempenho e ser biologicamente fundamentada; porém outros estudiosos sublinham seu lado negativo, como sua natureza vaga, não mensurável e de validade duvidosa.

Esclarecidos os conceitos iniciais relativos a comportamentos em nível individual, vamos aos temas centrais, a saber: motivação e tomada de decisão.

3.2.1 MOTIVAÇÃO

A motivação resulta da relação entre o indivíduo e a situação que ele vivencia. Ela pode ser entendida como o "processo responsável pela intensidade [quantidade], direção [qualidade] e persistência [duração] dos esforços de uma pessoa para o alcance de uma determinada meta" (Robbins; Judge; Sobral, 2010, p. 196). Trata-se, portanto, de um processo particular, próprio de cada indivíduo.

Costumamos escutar que uma pessoa ou um evento não motiva ninguém. De fato, agentes externos fornecem estímulos, que podem, ou não, fazer sentido para o indivíduo. *Fazer sentido*, aqui, significa ir ao encontro de alguma de suas necessidades, e, se isso ocorre, o indivíduo se motiva e adota um comportamento para satisfazê-la. No caso das organizações, esse comportamento é o desempenho, que é passível, inclusive, de avaliação, como vimos no Capítulo 1. Como consequência desse comportamento, os resultados vêm à tona, promovendo satisfação em maior ou menor nível, mas, e infelizmente, a satisfação não é eterna: o tempo passa, as coisas mudam, outros eventos ocorrem e a insatisfação retorna, explicitando novas necessidades, ciclo que podemos visualizar na Figura 3.2, a seguir. Assim, na prática, o que move o comportamento das pessoas é a insatisfação.

FIGURA 3.2 – DINÂMICA DA MOTIVAÇÃO

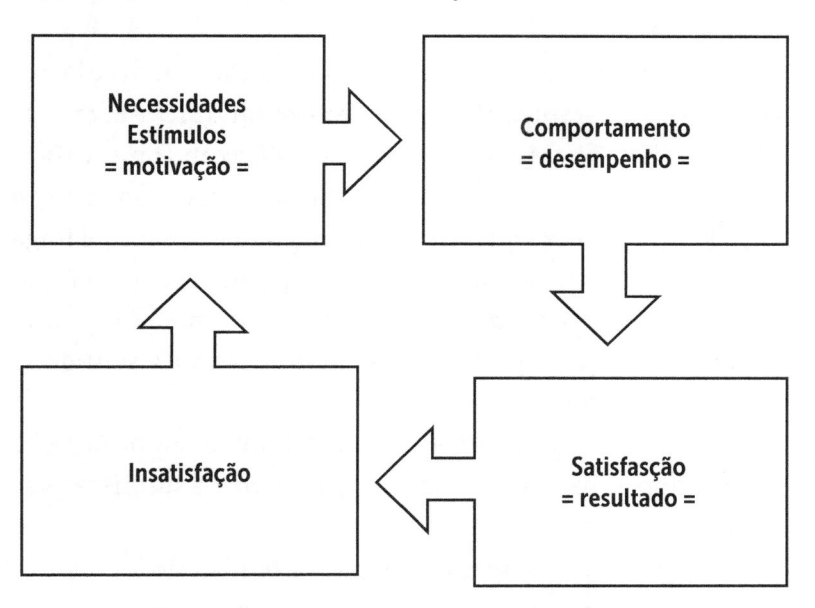

```
┌─────────────────┐      ┌─────────────────┐
│  Necessidades   │      │  Comportamento  │
│    Estímulos    │ ───▶ │  = desempenho = │
│  = motivação =  │      │                 │
└─────────────────┘      └─────────────────┘
         ▲                        │
         │                        ▼
┌─────────────────┐      ┌─────────────────┐
│   Insatisfação  │ ◀─── │   Satisfasção   │
│                 │      │   = resultado = │
└─────────────────┘      └─────────────────┘
```

Fonte: Elaborado com base em Robbins, Judge, Sobral, 2010.

Esse ciclo aplica-se ao comportamento diário de qualquer ser humano. Vejamos: hoje, você acordou, alimentou-se, utilizou algum meio de transporte para se deslocar pela cidade, pegou este livro para ler. Essas ações são seu comportamento visível, mas foram suas necessidades que fizeram você se comportar desse modo. Acordou porque precisava realizar suas tarefas, trabalhar, estudar. Alimentou-se porque estava com fome. Escolheu e utilizou um meio de transporte que viabiliza seu trânsito entre distâncias maiores. Está lendo porque quer acessar determinadas informações.

Nas organizações, o mesmo processo acontece diariamente. E, nesse sentido, se conhecemos as necessidades individuais, podemos estimulá-las adequadamente, visando aos objetivos organizacionais, ou seja, se fornecemos estímulos que fazem sentido para o trabalhador, a possibilidade de ele realizar tarefas com maior efetividade eleva-se significativamente. É disso que tratam as consistências sobre as quais o CHO se debruça.

Desse modo, fica claro que motivação e estímulo são coisas bem diferentes. Você pode ver um sanduíche apetitoso em uma lanchonete, mas, se não estiver com fome, dificilmente vai querê-lo. Do mesmo modo, um gestor pode oferecer um prêmio para quem atingir uma meta, um dia de folga para quem cumprir uma rotina com agilidade, por exemplo. Usualmente, você tenderia a ser mais veloz, mas se o prometido dia de folga do prêmio é nas suas férias, fará sentido se empenhar para isso?

A partir da compreensão da dinâmica da motivação, vamos apresentar algumas das teorias mais significativas sobre o assunto.

Um dos precursores no estudo da motivação foi Maslow (citado por Robbins; Judge; Sobral, 2010), que, em sua **teoria da hierarquia das necessidades**, afirma que as necessidades podem ser dispostas e devem ser saciadas em uma hierarquia, em ordem ascendente e crescente. Satisfeita uma necessidade, abre-se espaço para outras insatisfações mais "elevadas", isto é, uma necessidade satisfeita perde sua capacidade motivadora. As primeiras são as fisiológicas, seguidas das de segurança, das sociais, das de estima e, por fim, as de autorrealização.

Na Figura 3.3, a seguir, apresentamos cinco necessidades discutidas por Maslow, com suas características e seus aspectos, e os processos de GRH que podem fazer sentido para satisfazê-las.

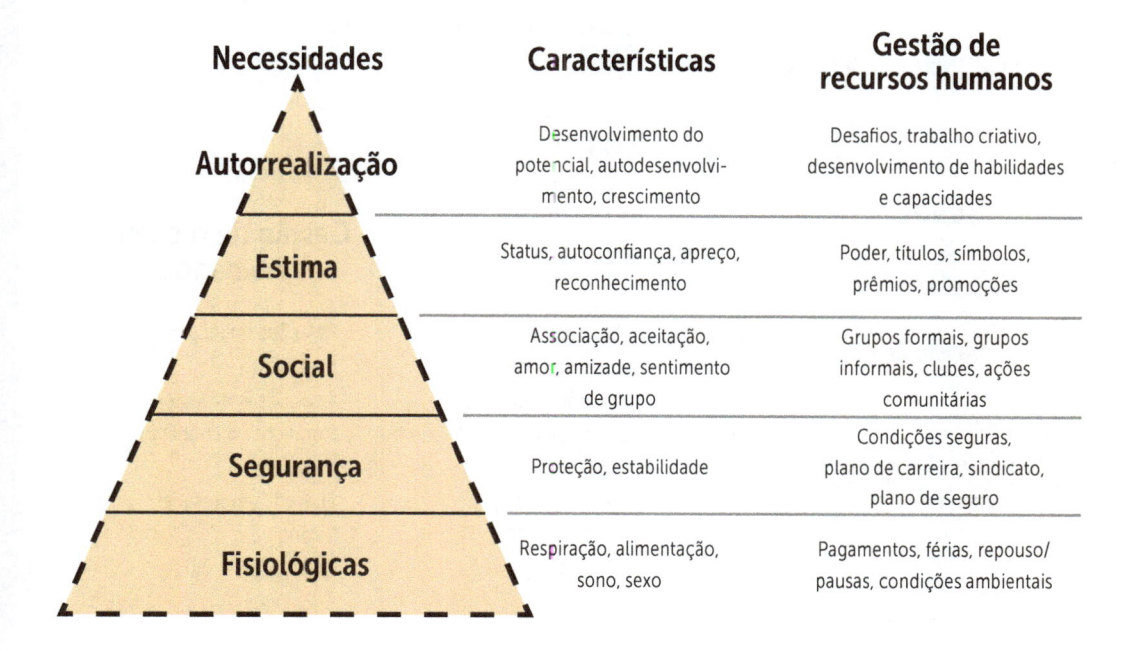

FIGURA 3.3 – HIERARQUIA DAS NECESSIDADES DE MASLOW E ASPECTOS DE GRH PERTINENTES

Necessidades	Características	Gestão de recursos humanos
Autorrealização	Desenvolvimento do potencial, autodesenvolvimento, crescimento	Desafios, trabalho criativo, desenvolvimento de habilidades e capacidades
Estima	Status, autoconfiança, apreço, reconhecimento	Poder, títulos, símbolos, prêmios, promoções
Social	Associação, aceitação, amor, amizade, sentimento de grupo	Grupos formais, grupos informais, clubes, ações comunitárias
Segurança	Proteção, estabilidade	Condições seguras, plano de carreira, sindicato, plano de seguro
Fisiológicas	Respiração, alimentação, sono, sexo	Pagamentos, férias, repouso/pausas, condições ambientais

Fonte: Elaborado com base em Robbins; Judge; Sobral, 2010.

Outro estudioso da motivação, reconhecido no campo do comportamento humano, é Herzberg (citado por Robbins; Judge; Sobral, 2010). Sua **teoria dos dois fatores** entende que fatores intrínsecos ao sujeito associam-se diretamente à sua satisfação e são estimulantes à motivação, portanto, foram nomeados *fatores motivadores*. Já fatores extrínsecos relacionam-se à insatisfação do indivíduo e sua ausência pode ampliá-la; Herzberg denominou-os de *fatores higiênicos* ou *de manutenção*.

Na proposta de Herzberg (citado por Robbins; Judge; Sobral, 2010), a atenção aos fatores higiêncos não garante satisfação, mas abre caminho para a atuação dos fatores motivadores; estes, sendo estimulados, implicam satisfação e, provavelmente, desempenho acima do entendido como mínimo necessário. Na Figura 3.4, a seguir, apresentamos os fatores de Herzberg, bem como suas características e seus aspectos, além de processos de GRH pertinentes a eles.

FIGURA 3.4 – FATORES DE HERZBERG E ASPECTOS DE GRH PERTINENTES

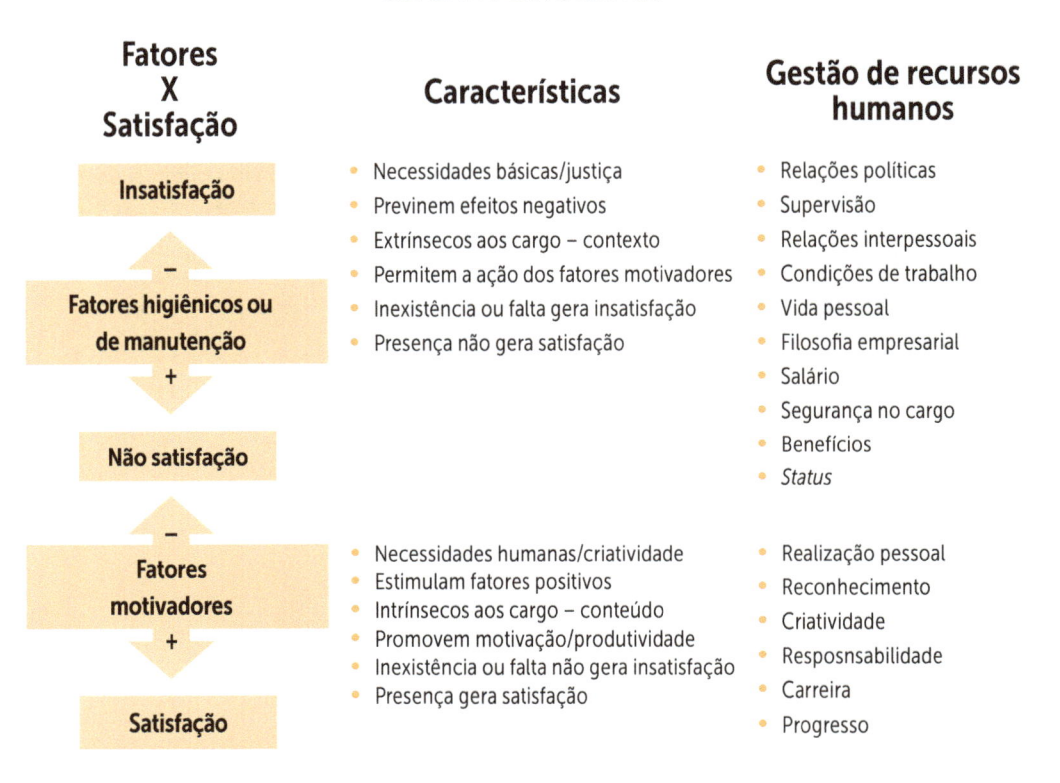

Fatores X Satisfação	Características	Gestão de recursos humanos
Insatisfação ↑ − **Fatores higiênicos ou de manutenção** + ↓ **Não satisfação**	• Necessidades básicas/justiça • Previnem efeitos negativos • Extrínsecos aos cargo – contexto • Permitem a ação dos fatores motivadores • Inexistência ou falta gera insatisfação • Presença não gera satisfação	• Relações políticas • Supervisão • Relações interpessoais • Condições de trabalho • Vida pessoal • Filosofia empresarial • Salário • Segurança no cargo • Benefícios • *Status*
↑ − **Fatores motivadores** + ↓ **Satisfação**	• Necessidades humanas/criatividade • Estimulam fatores positivos • Intrínsecos aos cargo – conteúdo • Promovem motivação/produtividade • Inexistência ou falta não gera insatisfação • Presença gera satisfação	• Realização pessoal • Reconhecimento • Criatividade • Resposnsabilidade • Carreira • Progresso

Fonte: Elaborado com base em Robbins; Judge; Sobral, 2010.

McClelland (citado por Robbins; Judge; Sobral, 2010) é mais um estudioso da motivação e sua maior contribuição nessa perspectiva é identificar uma necessidade até então não apontada por outros autores: o **poder**. Além do poder, o autor destaca as necessidades de realização e de afiliação, que podem ser inatas ou, como ele categorizou, *aprendidas*, mas também podem ser adquiridas culturalmente, por meio dos processos de socialização, ao longo da vida. Assim, para McClelland, as necessidades não são fixas, uma vez que se modificam com nossas experiências pessoais.

Na Figura 3.5, a seguir, caracterizamos as necessidades consideradas por McClelland, bem como os aspectos e os processos de GRH pertinentes.

FIGURA 3.5 – FATORES DE MCCLELLAND E ASPECTOS DE GRH PERTINENTES

Necessidades	Características	Gestão de recursos humanos
Realização	• Busca de excelência no desempenho • Busca de realização pautada em padrões • Busca de sucesso pessoal	• Desenho de cargos • Carreiras • Avaliação funcional • Treinamento • Recompensas e remuneração
Afiliação	• Busca por relacionamentos interpessoais próximos e amigáveis • Busca por aceitação • Busca por pertencimento	• Práticas de socialização • Premiações individuais e coletivas
Poder	• Busca de influência no comportamento de terceiros • Busca de monitoração e controle de pessoas, processos e resultados	• Carreira • Desenho de cargos • Liderança • Comunicação

Fonte: Elaborado com base em Robbins; Judge; Sobral, 2010.

Em suas pesquisas, McClelland (citado por Robbins; Judge; Sobral, 2010) identificou que a necessidade de poder, se comparada à de afiliação e à de realização, era maior em profissionais que exerciam cargos de níveis superiores na hierarquia organizacional, fato que dá suporte à sua teoria.

É natural que o ser humano tenha necessidades e é legítimo que ele se comporte de modo a satisfazê-las, no entanto, a maneira como elas são satisfeitas é uma escolha. Para resolver uma necessidade de realização, podemos adotar vários percursos, alguns socialmente aceitos, diferentemente de outros. Para uma atividade acadêmica, podemos dedicar horas de trabalho, o que é adequado aos fins pretendidos; mas podemos copiar o trabalho de um colega ou de outros meios, o que é inadequado e certamente trará impactos. A necessidade de poder segue a mesma lógica: na busca por poder, o gestor pode esforçar-se na organização, desenvolver suas competências e estimular seus subordinados a fazerem o mesmo, acompanhar os projetos e as demandas, fornecer apoio aos membros da equipe etc.; porém, ele pode inventar resultados, roubar ideias e sugestões, mentir, ameaçar pessoas etc., o que é condenável, mas são escolhas, e todas elas têm consequências.

A **teoria da expectativa** de Vroom é a última que vamos tratar. Esse estudioso entende que "a força da tendência para agir de determinada maneira depende da força da expectativa de que a ação trará certo resultado e da atração que este resultado exerce sobre o indivíduo" (Robbins; Judge; Sobral, 2010, p. 217). Assim, quanto maior a expectativa da pessoa de que agindo de determinada forma ela atingirá o resultado pretendido, maior a possibilidade de ela realmente envidar esforços nesse sentido, ou seja, quanto mais se deseja um resultado, maior é a dedicação à ação de alcançá-lo. Destacamos, aqui, que Vroom não identificou nem hierarquizou necessidades, ele não fez uma lista delas, por exemplo. Compreendendo que as pessoas são diferentes e complexas, a ausência de uma lista preconcebida é muito interessante, pois o que faz sentido para você, pode não fazer para mim, para um colega de trabalho ou mesmo para seu melhor amigo.

Assim, entendemos que não existe um princípio único e universal que explique a motivação de todas as pessoas. Essa conclusão é fantástica, todavia seus efeitos nas políticas e práticas de GRH podem ser complicados porque, se o que move o comportamento de um trabalhador não têm sentido para outro, as seguintes perguntas são sempre constantes: Como estabelecer políticas de remuneração igualitárias que contemplem as contribuições individuais diferenciadas? Como raciocinar em termos de carreiras se ascender pode não ser um sonho comum? Como treinar? Como promover a avaliação funcional se a raiz das causas de determinados desempenhos não são tão óbvias nem parecidas?

De fato, os valores individuais moldam essas condutas, e o comportamento efetivo é fruto de decisões conscientes e não conscientes, tema que trataremos a seguir.

3.2.2 TOMADA DE DECISÃO

Como já mencionamos, decisões são escolhas e, para poder escolher, opções passíveis de ponderação devem existir. Nas organizações, dois tipos de decisões são tomadas: (1) as programadas e (2) as não programadas. No Quadro 3.3, a seguir, podemos visualizar esses conceitos e exemplos específicos da GRH.

QUADRO 3.3 – TIPOS DE DECISÕES, SUAS CARACTERÍSTICAS E EXEMPLOS DA GRH

Tipos	Características	Exemplos da GRH
Programadas	• Rotineiras, resultados já conhecidos (formal ou informalmente), controláveis • Relação custo x benefício: previsível	• Promoção horizontal por biênio/quinquênio • Pagamento de adicional previsto na legislação • Execução do programa de treinamento
Não programadas	• Não rotineiras, resultados insuficientes (opções atuais: ineficientes) ou desconhecidos (opção atual: inexistente), não controláveis • Relação custo x benefício: alta ou desconhecida	• Definição da escala de férias • Substituição de um trabalhador por motivo emergencial de saúde • Revisão dos processos internos em razão de alterações na legislação

Independentemente do problema, o modo como as decisões são tomadas afeta seu conteúdo, ou seja, o que foi decidido efetivamente. Para decidir, algumas pessoas refletem sobre o problema, sobre suas causas, levantam opções e pedem conselhos até chegarem a uma solução que lhes dê certa segurança; outras se atêm aos conselhos, aos relacionamentos pessoais e decidem pensando mais nisso do que em uma solução que remeta a resultados positivos; outras, ainda, decidem em um piscar de olhos, às vezes por já terem alguma ideia do que deve ser feito ou mesmo por imediatismo.

Nesse sentido, os estudiosos desse tema enumeram algumas formas de se tomar decisões. Normalmente, os livros de comportamento organizacional detêm-se mais em duas delas, a racional e a comportamental, mas sabemos que não são apenas essas lógicas que permeiam as decisões tomadas dentro das organizações. Assim, apresentaremos quatro abordagens, ou seja, quatro maneiras de decidir: racional, comportamental, incremental e política.

No **processo racional**, a sensatez individual é focada, privilegiando as relações entre custos e benefícios pertinentes a cada uma das opções de solução que o indivíduo consegue acessar. Nesse processo, são considerados seis passos:

1. Definição do problema: clarear a natureza do problema e suas possíveis causas.
2. Determinação de critérios de avaliação: estabelecer parâmetros de avaliação dos custos e dos benefícios envolvidos em cada alternativa.
3. Identificação de alternativas de ação: levantar possibilidades de solução do problema. Isso pode ser feito de modo individual ou coletivamente, em reuniões com pessoas direta e/ou indiretamente envolvidas com o problema.
4. Avaliação das alternativas de ação: ponderar as alternativas levantadas com base nos critérios identificados.
5. Escolha da alternativa: selecionar a alternativa que melhor soluciona o problema em questão.
6. Implementação da alternativa de ação e controle de resultados: desenvolver os processos ou alterar os existentes relacionados ao problema, realizar a mudança e observar suas consequências na organização e nas pessoas envolvidas.

Nem sempre realizado de modo formal e objetivo, o processo racional é muito comum e considera tanto a eficiência em coordenação dos recursos e esforços quanto a congruência dos objetivos, ou seja, a eficácia. Infelizmente, pela racionalidade limitada do ser humano, esse processo sofre prejuízos em razão da impossibilidade de uma pessoa de enxergar todos os critérios de avaliação, bem como todas as alternativas de ação. Assim, a melhor alternativa, de fato, não pode ser encontrada, mas sim uma alternativa satisfatória.

Saindo da perspectiva do processo racional e adentrando no **processo comportamental**, temos a decisão vista como fruto de intuição, e as pessoas que assim atuam costumam falar de seu *feeling*, já que não conseguem explicar esse recurso imediato de proposição, como se soluções viáveis surgissem prontamente. Esse tipo de processo de tomada de decisão privilegia a congruência de objetivos em detrimento da coordenação de esforços, podendo acarretar custos maiores que os dimensionados via processo racional.

Ressaltamos que a intuição não é um dom para poucos e também não surge naturalmente. Algumas teorias de aprendizagem afirmam que ela se baseia em valores e experiências anteriores (dele mesmo ou de terceiros) às quais o indivíduo teve acesso e que, de modo instintivo, retornam à sua mente sem uma elaboração mais profunda.

Isso é bem diferente de "*apagar incêndio*", como ouvimos costumeiramente. Termo este que nos leva à terceira abordagem: o **processo incremental**. Nesse caso, a decisão tem consequências de curto prazo, resolve provisoriamente o problema e deve ser revista em um futuro próximo. Desse modo, custos evitáveis acontecem e processos de negociação entre os possíveis envolvidos na decisão tornam-se prementes, pois ela é considerada temerária e provisória desde a sua implementação. Assim, tanto a congruência de objetivos quanto a coordenação de esforços são pouco ou nada consideradas nesse modo de tomar decisão.

Finalmente, quando a coordenação de esforços é considerada preferencialmente aos objetivos em si, caracteriza-se o **processo político**. Entendendo a organização como uma arena política, em que vários interesses estão em jogo, é de se esperar que as soluções visem mais às pessoas envolvidas nelas do que à resolução do problema efetivamente.

Na Figura 3.6, a seguir, podemos observar essas quatro formas de decisão.

FIGURA 3.6 – ESQUEMA CONCEITUAL SOBRE ABORDAGENS DE PROCESSO DECISÓRIO

		Eficiência em coordenação	
		Baixa	Alta
Congruência de objetivos	Alta	Modelo organizacional ou comportamental	Modelo do ator unitário ou racional
	Baixa	Modelo contextual ou incremental	Modelo político

Fonte: Elaborado com base em Schoemaker, 1993.

Ao conferir essas abordagens, provavelmente você tenha identificado com qual delas geralmente você toma suas decisões, ou seja, como é seu modo particular de decidir. Nem sempre você vai trabalhar com pessoas que se sentem confortáveis em decidir do mesmo modo que você, então, conhecendo-se e conhecendo os outros, fica menos complexo lidar com as pessoas, tomar decisões conjuntas, comprometer-se com essas decisões e implementá-las com maior efetividade. Veja: é mais fácil convencer um decisor tipicamente incremental usando argumentos que façam sentido para ele, e não uma planilha eletrônica com dados e fórmulas, pois quem funciona bem com esses métodos são pessoas que se guiam mais pelo modelo racional, assim, sabendo dialogar, a decisão tende a resultados mais positivos. Porém, para que isso ocorra, precisamos estabelecer processos comunicativos efetivos, tema que trataremos a seguir.

PARA SABER MAIS

Os textos indicados a seguir são de estudiosos brasileiros e tratam dos temas *motivação* e *tomada de decisão*, assuntos que abordamos neste tópico, bem como os conjugam com processos de GRH, vistos no capítulo anterior.

COSTA, E. S.; MOURA, A. C. Motivação como fator de sucesso para a gestão de carreira: o papel do administrador na melhoria das relações de trabalho. **Revista de Carreiras e Pessoas,** v. 8, n. 2, p. 212-226, 2018. Disponível em: <http://www.spell.org.br/documentos/ver/49547/motivacao-como-fator-de-sucesso-para-a-gestao-de-carreira--o-papel-do-administrador-na-melhoria-das-relacoes-de-trabalho>. Acesso em: 22 jun. 2019.

FAGUNDES, E.; ENSSLIN, S. R.; SCHNORRENBERGER, D. Avaliação de desempenho dos estilos de decisão: análise da literatura e oportunidades de pesquisa. **Revista Eletrônica Científica do CRA-PR**, v. 5, n. 1, p. 93-110, 2018. Disponível em: <http://www.spell.org.br/documentos/ver/50927/avaliacao-de-desempenho-dos-estilos-de-decisao--analise-da-literatura-e-oportunidades-de-pesquisa>. Acesso em: 22 jun. 2019.

FILIPPIM, E. S. et al. Motivação e retenção de docentes em instituição de ensino superior comunitária. **Reuna**, v. 23, n. 1, p. 54-74, 2018. Disponível em: <http://www.spell.org.br/documentos/ver/49300/motivacao-e-retencao-de-docentes-em-instituicao-de-ensino-superior-comunitaria->. Acesso em: 22 jun. 2019.

GOMES, T. et al. Plano de benefícios como fator motivacional: estudo em empresa familiar do setor metalúrgico. **Revista Organizações em Contexto**, v. 14, n. 28, p. 351-375, 2018. Disponível em: <http://www.spell.org.br/documentos/ver/49918/plano-de-beneficios-como-fator-motivacional--estudo-em-empresa-familiar-do-setor-metalurgico->. Acesso em: 22 jun. 2019.

LUIZ, D. S.; BERTONI, F. A.; MACHADO, G. B. Análise do grau de motivação comparando os fatores expostos por Herzberg: estudo de caso em uma empresa de formação de condutores. **Revista de Carreiras e Pessoas**, v. 9, n. 1, p. 28-45, 2019. Disponível em: <http://www.spell.org.br/documentos/ver/52415/analise-do-grau-de-motivacao-comparando-os-fatores-expostos-por-herzberg--estudo-de-caso-em-uma-empresa-de-formacao-de-condutores>. Acesso em: 22 jun. 2019.

PINOCHET, L. H. C. et al. Fatores antecedentes da tomada de decisão na criação de startups na perspectiva de jovens estudantes universitários. **Revista da Micro e Pequena Empresa**, v. 12, n. 1, p. 33-50, 2018. Disponível em: <http://www.spell.org.br/documentos/ver/49323/fatores-antecedentes-da-tomada-de-decisao-na-criacao-de-startups-na-perspectiva-de-jovens-estudantes-universitarios>. Acesso em: 22 jun. 2019.

PUGLIESE, D.; SENNA, H. Business Decision Making: Studying the Competence of Leaders. **Revista de Gestão e Projetos**, v. 9, n. 2, p. 1-19, 2018. Disponível em: <http://www.spell.org.br/documentos/ver/50861/tomada-de-decisao-empresarial--estudando-a-competencia-dos-lideres>. Acesso em: 22 jun. 2019.

3.3 COMPORTAMENTOS EM NÍVEL COLETIVO

Tendo em vista que os relacionamentos que as pessoas desenvolvem no dia a dia de trabalho afetam a forma como elas atuam produtivamente, passamos ao estudos dos comportamentos em nível coletivo ou grupal, que têm como temas centrais a comunicação, a liderança e o conflito. Antes, porém, convém esclarecer alguns conceitos relacionados a grupos.

Consideramos *grupo* a reunião de dois ou mais indivíduos interdependentes, que trabalham em interação visando à obtenção de determinado objetivo. Esse conceito é suficientemente amplo para abarcar outras terminologias utilizadas no mercado de trabalho, como *equipes, times, times de trabalho, rede de colaboradores*, entre outras. Neste livro, temos evitado palavras e expressões temerárias, utilizadas para sugerir um sentido mais sofisticado ou diferenciado do que realmente o termo evoca. Dessa maneira, evitaremos palavras bonitas e nos manteremos nos fundamentos do comportamento organizacional, evitando expressões de ordem que, muitas vezes, com o passar do tempo, caem em desuso e, em seguida, em descrédito, para, com isso, promoverem desmotivação e insegurança.

As razões para as pessoas reunirem-se em grupos são justamente o sentimento de segurança, a obtenção de apoio social, a manutenção de *status* social, a elevação da autoestima, entre outras. Atingir metas é mais fácil quando se tem a ajuda e a contribuição de um coletivo; por outro lado, estar em grupo implica relacionamentos, o que envolve aspectos afetivos, emocionais, sociais e políticos. Esses aspectos, usualmente, influenciam a longevidade do grupo e, compreendendo como ele funciona, as possibilidades de sua manutenção no tempo elevam-se, apesar de existirem grupos temporários, com períodos definidos. Nas organizações, comissões podem ser formadas para estudar um problema, que, quando resolvido, extingue a comissão.

Outra questão significativa no trato do grupo é seu estágio de desenvolvimento. Veja: adentrar um grupo formado recentemente é diferente de entrar em um que já se encontra em fase de conformação de regras e papéis, cujo modo de funcionamento está consolidado.

Em grupos já maduros, é possível, e até desejável, deparar-se com coesão grupal, ou seja, com elevado grau de atração entre seus membros, usualmente motivados a permanecer como tal. Nessa situação, o moral dos indivíduos e da equipe é elevado, promovendo e facilitando o trabalho de cada um. No entanto, o grau de atração pode agir destrutivamente na eficácia do grupo e ocorrer o que chamamos de *pensamento grupal*, fenômeno em que as normas de consenso sobrepõem-se à análise realística da situação, com sentimentos de infalibilidade e invulnerabilidade tomando conta do coletivo. Esse é, provavelmente, um dos passos significativos para sua desintegração, pois estar em grupo envolve trocas que visam a resultados que dificilmente seriam atingidos na individualidade.

Estar em grupo envolve o desempenho de papéis que promovam: o trânsito interno e externo de informações; a preservação e a manutenção de regras e normas de conduta; a instrução sobre direções e caminhos a serem trilhados no cotidiano das ações; a disponibilização de recursos de produção; o incentivo à criatividade e à inovação; a coordenação e a integração do trabalho. Nesse sentido, a comunicação e o exercício da liderança são fundamentais no CHO.

3.3.1 COMUNICAÇÃO

De acordo com o *Dicionário etimológico*, a palavra *comunicar* "vem do Latim *communicare*, [e significa] *usar em comum, partilhar*" (Comunicar, 2019). Assim, entendemos que a comunicação diz respeito à transferência e à compreensão de mensagens entre indivíduos e grupos; e, entre seus **objetivos**, em especial dentro das organizações, podemos salientar:

- esclarecer deveres, obrigações e posturas aceitas no grupo;
- promover *feedback*, visando a melhorias nos processos e nos resultados de trabalho;
- facilitar a expressão emocional dos indivíduos;
- contribuir para o processo de tomada de decisão, promovendo o trânsito de informações.

Para tanto, esse processo conta com: fonte ou emissor; mensagem; canal; receptor; e *feedback*. A fonte ou o emissor inicia o processo, pois é o ator que tem informações e deseja transmiti-las; ele codifica a mensagem de um modo passível de compreensão pelo receptor. A mensagem, por sua vez, é o conjunto estruturado das informações que se quer compartilhar e isso se faz por meio de um canal, ou seja, por gestos, códigos, expressões faciais, palavras escritas, palavras faladas etc. Por fim, o receptor é quem recebe a informação e a decodifica, traduzindo-a com os recursos de que dispõe. Codificação e decodificação são movimentos fundamentais para a comunicação, pois, muitas vezes, emissor e receptor não comungam dos mesmos valores, do mesmo vocabulário ou são da mesma geração, o que pode colocar em risco o objetivo da comunicação.

Conceitualmente, o processo de comunicação é bem simples, mas, na prática, é bastante complicado, principalmente dentro de uma organização, havendo a necessidade de *feedback* justamente para assegurar que a mensagem codificada seja compreendida em sua plenitude.

Na Figura 3.7, a seguir, podemos observar esse processo.

FIGURA 3.7 – ELEMENTOS DO PROCESSO DE COMUNICAÇÃO

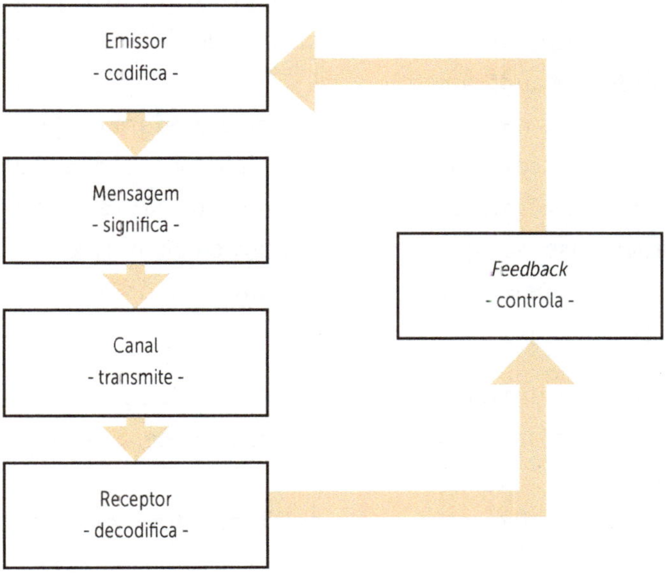

Fonte: Elaborado com base em Robbins; Judge; Sobral, 2010.

Vários fatores podem poluir a comunicação, ou seja, criar **barreiras** nesse processo de codificação e decodificação da mensangem, as mais comuns são as barreiras mecânicas, de linguagem e psicológicas. As primeiras localizam-se no ambiente físico em que a comunicação se realiza, como ruídos ou barulhos excessivos, temperaturas elevadas ou muito baixas que causam desconforto nos atores envolvidos, iluminação insuficiente quando o canal exige concentração visual etc. As barreiras de linguagem, por sua vez, são observadas quando falta vocabulário adequado ou quando as palavras utilizadas por um emissor são abstratas ou de difícil compreensão para o receptor, quando o conteúdo da mensagem traz à tona emoções que dificultam sua compreensão, bem como gírias ou regionalismos que não são comungados pelos atores envolvidos etc. Já as barreiras psicológicas perpassam questões menos tangíveis (mais complexas de se administrar), como antipatia pessoal entre os envolvidos no processo comunicativo, diferenças de *status* social ou de posição hierárquica entre emissor e receptor, emoções intensas durante o processo de trânsito de informações, tendências a fazer juízos de valor, maus hábitos de audição etc.

Diante dos riscos que essas barreiras podem trazer ao processo comunicativo e às ações que dele derivam, a realização do *feedback* toma contornos estratégicos para a eficácia do processo. Nesse sentido, é oportuno caracterizar o *feedback* para que ele não perca sua essência. Assim, consideramos que o ***feedback*** deve:

- descrever um comportamento em vez de avaliá-lo;
- focar um fato específico em vez de generalidades vagas;
- ser compatível com as necessidades dos envolvidos: receptor e emissor;
- dirigir-se a comportamentos passíveis de mudança efetiva;
- ser solicitado por uma das partes em vez de imposto por uma delas;

- considerar momento e local oportunos para sua realização;
- ser esclarecido para assegurar a comunicação.

Apesar de necessário e saudável à comunicação, o *feedback* não se caracteriza como um movimento fácil ou óbvio. Em vez de favorecer a troca de mensagens, o *feedback* pode tornar-se uma forma de demonstrar nossa inteligência e habilidade, desconsiderando sua real utilidade para os envolvidos e para a consecução dos objetivos a que se propõe. Muitas vezes, um dos envolvidos não está preparado ou mesmo não deseja ou consegue receber um *feedback* com a maturidade necessária, tomando-o como uma crítica meramente pessoal. Afinal, não é fácil aceitar e, muito menos, admitir para terceiros ineficiências pessoais; envolvimento direto com problemas complexos; falta de confiança e de maturidade; falta de autocrítica; medos de diminuição de prestígio, *status*, poder; hábitos de audição restritos etc.

É por isso que comunicações disfuncionais ou patológicas ocorrem dentro das organizações, como é o caso de fofocas e boatos. Embora não correspondam à realidade, fofocas e boatos visam diminuir o valor ou o prestígio de pessoas tidas como adversários ou concorrentes, buscando ridicularizá-las e hostilizá-las, promovendo um ambiente em que proliferam frustrações e medos. Nesses casos, o papel de pessoas legitimadas com influenciadoras é fundamental para conduzir o grupo a outros padrões de comportamento. Passemos, portanto, à análise da liderança.

3.3.2 LIDERANÇA

Liderança diz respeito a uma capacidade de influenciar o comportamento de um indivíduo ou de grupo em determinado sentido. No entanto, não deve ser confundida com o gestor, que é quem tem a autoridade formal sobre o grupo, ou seja, aquele que exerce função gerencial. Seria perfeito se todo gestor fosse um líder, mas sabemos que, no mundo real do trabalho, isso nem sempre acontece.

No processo de influência, as características pessoais do líder parecem destacar-se, principalmente no que diz respeito ao processo de comunicação. Assim, partilhar objetivos organizacionais e promover sua congruência com os interesses pessoais são ações que levam os liderados a realizar, aparentemente de bom grado, as atividades que lhe são demandadas. No caso do gestor, são desenvolvidos laços de obediência muito mais do que de lealdade, conduzindo os atos de seus subordinados por relações de obrigação, a despeito de espelharem os motivos e desejos deles mesmos.

A liderança pauta-se na compatibilidade de objetivos, em uma relação *top-down*, e conta com a adesão das pessoas às causas compartilhadas; já o poder formal denota dependência, é multidirecionado e conta com a submissão daqueles que estão em níveis inferiores na hierarquia.

Destacamos que o estudo sistemático da liderança nas organizações iniciou há quase um século atrás, com os conhecidos estudos egocêntricos, de abordagem de traço orientado. Alguns pressupostos desses estudos são: os traços psicofísicos são elementos distintivos entre líderes e não líderes; a liderança é um traço nato, não podendo ser ensinada; os líderes tendem a ser trabalhadores melhores que seus seguidores; a liderança é estática. Essas suposições foram e ainda são questionadas, já que os processos de ensino e aprendizagem têm-se sofisticado, e as pessoas, têm conseguido desenvolver novas competências; além disso, na condição de processo de influência, a liderança é dinâmica e multifocada, ainda mais considerando ambientes de mudança que carecem de inovação periodicamente.

Nesse contexto, os estudos alocêntricos, pautados em uma abordagem funcional, ganharam destaque ao retirar o foco dos líderes e colocá-lo no grupo. Considerando os papéis de líderes e liderados nesse processo de influência, os fundamentos desses estudos pautavam-se na percepção de que os atos dos membros contribuem para o desenvolvimento do grupo como um todo, denotando o caráter dinâmico da liderança.

Passaram-se anos e a percepção de que a situação influenciava o comportamento das pessoas nos grupos deu novo fôlego ao estudo da liderança, agora com os estudos contingenciais. Eles explicitam que a liderança é um processo dinâmico em que atuam três **campos de forças**: (1) do líder; (2) do subordinado; e (3) da situação; e, na interação entre esses campos, cabe ao líder conduzir tanto a situação quanto a si mesmo, visando a ações que façam sentido para os liderados, de maneira a promover integração de objetivos organizacionais e pessoais, chegando a resultados de excelência.

Destacamos alguns aspectos desses campos de forças na Figura 3.8, a seguir.

FIGURA 3.8 – CAMPOS DE FORÇAS DA LIDERANÇA NOS ESTUDOS CONTINGENCIAIS

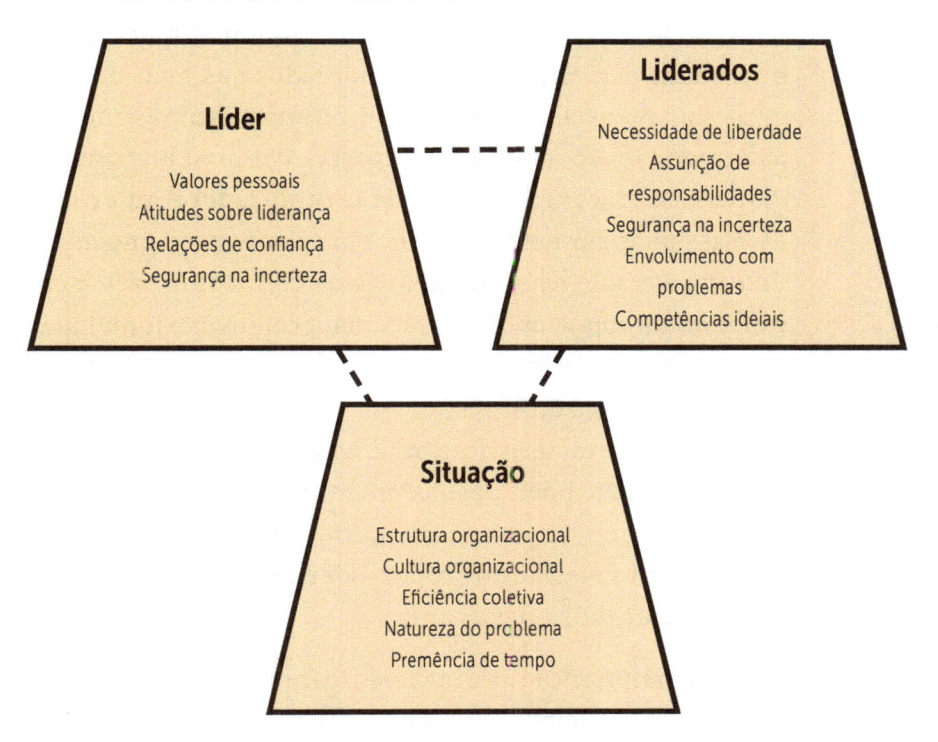

Líder
Valores pessoais
Atitudes sobre liderança
Relações de confiança
Segurança na incerteza

Liderados
Necessidade de liberdade
Assunção de responsabilidades
Segurança na incerteza
Envolvimento com problemas
Competências ideiais

Situação
Estrutura organizacional
Cultura organizacional
Eficiência coletiva
Natureza do problema
Premência de tempo

Além da natureza dos estudos sobre o tema, outro consenso na literatura são os **estilos de liderança**, a saber: o autocrático, o democrático e o conhecido por *laissez-faire*.

No autocrático, o líder prioriza as tarefas, definindo quais e como serão realizadas as atividades pelos liderados. No estilo democrático, as relações pessoais são focadas e, assim, o líder busca compartilhar interesses e responsabilidades com os liderados. Já no terceiro estilo, traduzido livremente pela expressão *deixar fazer*, o líder permite que o liderado faça o que julgar adequado. Atualmente, há um questionamento se essa forma de conduzir os liderados seria mesmo um estilo de liderança ou, exatamente, a ausência dela. Mesmo considerando a experiência e a autonomia de um trabalhador, a ausência de um norte pode provocar confusão de papéis, permitindo duplicidade de esforços, retrabalho, conflitos interpessoais etc.

E qual estilo é mais indicado para condução do trabalho de um grupo de profissionais? De fato, não existe um estilo melhor ou pior, mas talvez esteja nessa questão uma das grandes habilidades de um líder: manter os níveis de produtividade e qualidade de seus liderados nas mais diversas situações, ou seja, transitar por diferentes estilos conforme as demandas vão sendo a ele impostas. Por mais que um indivíduo se sinta confortável sendo centralizador e autoritário, às vezes pode ser necessário ser participativo e democrático. Essa capacidade de se adequar pode contribuir para a congruência de objetivos organizacionais, coletivos e individuais, demonstrando lucidez, perspicácia e astúcia de um líder que integra pessoas e tarefas.

Essas características, muitas vezes em razão dos próprios desejos dos liderados, podem ser, ingenuamente, confundidas, sustentando uma visão muito romântica do processo de liderança e mesmo do próprio líder. Entre possíveis causas para essas atitudes, destacamos:

- a manutenção de uma relação infantil entre liderado e líder, semelhante à relação de uma criança com os pais, que são vistos como figuras mágicas, dotadas de poderes quase ilimitados e que resolvem todos os problemas e dilemas;

- a necessidade de segurança dos liderados, que atribuem os papéis de pais e mães a outras pessoas na organização, isto é, desviam-se de relações adultas e maduras no ambiente laboral, identificando colegas e gestores como um *pai forte* e/ou *uma mãe protetora*;
- a necessidade de o liderado manter e justificar uma postura de seguidor, inferior e subordinado ao líder, em virtude de imaturidades ou, pelo contrário, de astúcia, de modo a não se responsabilizar pelo seu trabalho, assim, caso o fracasso ocorra, esse papel de seguidor ameniza responsabilidades;
- o distanciamento entre o líder e o seguidor, legitimando a posição e preservando a imagem do líder;
- a existência de líderes criados e mantidos pela publicidade em mídias de grande circulação (televisão, revistas de negócios etc.), bem como pelos canais internos das organizações (murais, *clippings*, intranet etc.);

Por fim, alguns estudiosos desse tema arriscam afirmar que as teorias que o envolvem são fontes de manutenção de desigualdades sociais, pois privilegiam as características pessoais do líder e, com isso, focam a liderança como traço nato e não passível de desenvolvimento via processos educativos. Nessa perspectiva, fortalece-se a ideia de que algumas pessoas são melhores que outras ou que os líderes têm um dom e, portanto, são vencedores, diferentemente dos demais.

No cotidiano das organizações, visões como essa causam divergências de opiniões entre as pessoas, podendo originar conflitos, tema que trataremos a seguir.

3.3.3 CONFLITO

Conflito pode ser conceituado como uma divergência inevitável de opiniões ou interesses entre indivíduos e/ou grupos. Retornando ao pressuposto de que as pessoas são distintas e complexas, é natural que pensem diferente, que comunguem de alguns valores e de outros não, que se comportem de modos diversificados. Assim, conflitos são inevitáveis, tanto aqueles que, quando bem gerenciados, agregam valor aos atores – denominados *funcionais* ou *positivos* – quanto os que originam consequências negativas e de difícil gestão, também conhecidos como *disfuncionais*.

Em uma perspectiva tradicional, todo conflito é disfuncional e deve ser evitado, no entanto, a visão interacionista recomenda que o conflito seja encorajado, visando desevolver a autocrítica do grupo e evitar o pensamento grupal.

Independentemente de ser categorizado como *funcional* ou *disfuncional*, observar a essência do conflito, ou seja, se está relacionado à tarefa (divergência sobre o conteúdo e/ou o objetivo do trabalho), ao relacionamento (incompatibilidades nas relações interpessoais) ou ao processo (divergência sobre como o trabalho deve ser realizado), possibilita uma administração mais efetiva.

Em uma perspectiva integrada, esses focos podem transformar-se em divergências de território e/ou de objetivos. Quando a origem do conflito reside no território ou no papel do indivíduo na organização, seus fundamentos encontram-se em um ou mais dos fatos seguintes:

- violação de papel;
- superlotação;
- inveja territorial;
- sinais evidentes de *status*;
- inveja das informações ou do acesso a elas.

Já quando as fontes do conflito são objetivos e ideologias incompatíveis, suas causas localizam-se em:

- sobreposição de objetivos formais;
- sobreposição de definições;

- relacionamento formal obscuro, quer por quebra de unidade de comando, quer por falta de unidade de direção (como enunciadas por Fayol[1], um dos precursores na sistematização do pensamento administrativo);
- realização de papéis simultâneos, como executar e coordenar tarefas ou atribuições ao mesmo tempo;
- objetivos ocultados.

Por outro lado, os conflitos não precisam ser ostensivos – comunicação deficiente; hostilidade e inveja intergrupal; formalidade acentuada; decisões de arbitragem superior; proliferação de regras, regulamentos, normas e mitos; moral baixo, principalmente em virtude da frustração diante da consequente ineficácia oriunda do conflito; entre outros são sinais de que conflitos estão em curso e precisam ser gerenciados. Nesses contextos, algumas táticas podem ser adotadas, como o controle de informações ou mesmo sua distorção; excesso ou nebulosidade de regras e regulamentos; canais de informação em paralelo e que usualmente funcionam por prestígio pessoal; controle de recompensas; difamação ou invenção de histórias visando expor falhas de terceiros etc.

Note que, em várias situações, as táticas se assemelham aos sintomas e/ou às causas, mas, ao perceber qualquer uma dessas situações, o gestor e/ou o líder deve atuar e gerenciar o conflito, de maneira que as consequências negativas, tanto nas pessoas quanto no trabalho, sejam as menores possíveis. Para isso, várias técnicas podem ser empregadas, como as dispostas no Quadro 3.4, a seguir.

---

1 Esses princípios, de unidade de comando e de unidade de direção são explicitados na obra seminal de Fayol, publicada pela primeira vez em 1916, cuja tradução para o português mais recente tem a seguinte referência: FAYOL, H. **Administração industrial e geral**. São Paulo: Atlas, 2015.

QUADRO 3.4 – TÉCNICAS DE RESOLUÇÃO DE CONFLITOS

Técnicas	Descrição
Resolução de problemas	Encontros entre as partes conflitantes com o propósito de identificar o problema e resolvê-lo por meio de uma discussão aberta.
Metas superordenadas	Criação de uma meta compartilhada que não possa ser atingida sem a cooperação entre as partes conflitantes.
Expansão de recursos	Quando o conflito é causado pela escassez de um recurso – por exemplo, dinheiro, oportunidades de promoção ou espaço físico de trabalho –, a expansão desse recurso pode criar uma solução ganha-ganha.
Não enfrentamento	Suprimir o conflito ou evadir-se dele.
Suavização	Minimizar as diferenças entre as partes conflitantes ao enfatizar seus interesses comuns.
Concessão	Cada uma das partes abre mão de algo valioso.
Comando autoritário	A administração usa sua autoridade formal para resolver o conflito e, depois, comunica seu desejo às partes envolvidas.
Alteração de variáveis humanas	Utilização de técnicas de modelagem comportamental para alterar atitudes e comportamentos que causam conflitos.
Alteração de variáveis estruturais	Mudanças na estrutura formal da organização e nos padrões de interação entre as partes conflitantes por meio de redesenho de atribuições, transferências, criação de posições coordenadas etc.

Fonte: Elaborado com base em Robbins; Judge; Sobral, 2010.

No entanto, alguns gestores têm optado por uma gestão pautada no conflito, em uma tentativa de gerar ganhos de curto e médio prazo, que, por outro lado, originam desgastes e custos posteriores. Observe algumas técnicas de estímulo a conflitos no Quadro 3.5, a seguir.

QUADRO 3.5 – TÉCNICAS DE ESTÍMULO AOS CONFLITOS

Técnicas	Descrição
Comunicação	Usar mensagens ambíguas ou ameaçadoras para aumentar os níveis de conflito.
Inclusão de estranhos	Incluir nos grupos de trabalho funcionários com históricos, valores, atitudes ou estilos gerenciais diferentes daqueles de seus membros.
Reestruturação da organização	Realinhamento dos grupos de trabalho, alteração de regras e regulamentos, aumento da interdependência e outras mudanças estruturais similares que rompam o *status quo*.
Nomear um advogado do diabo	Designar uma pessoa para o papel de crítico, que discuta, propositalmente, as posições defendidas pela maioria do grupo.

Fonte: Elaborado com base em Robbins; Judge; Sobral, 2010.

PARA SABER MAIS

Os temas de comportamento humano no nível coletivo podem ser aprofundados por meio dos estudos que seguem, todos realizados em nosso país.

AMBONI, B. F. et al. Organizational Charismatic Leadership: Levels and Challenges. **Reuna**, v. 23, n. 2, p. 77-95, 2018. Disponível em: <http://www.spell.org.br/documentos/ver/51158/lideranca-carismatica--niveis-e-desafios>. Acesso em: 22 jun. 2019.

BENEDICTO, S. C. et al. Organizational Communication: a Theoretical Discussion. **Reuna**, v. 23, n. 1, p. 20-37, 2018. Disponível em: <http://www.spell.org.br/documentos/ver/49298/comunicacao-organizacional--uma-discussao-teorica>. Acesso em: 22 jun. 2019.

CAVENAGHI, L. S.; DIAS, L. S.; MARCHIORI, M. A interação entre os sujeitos (comunicação) e o processo de construção da sustentabilidade nas organizações. **Gestão e Sociedade**, v. 12, n. 32, p. 2232-2256, 2018. Disponível em: <http://www.spell.org.br/documentos/ver/49255/a-interacao-entre-os-sujeitos--comunicacao--e-o-processo-de-construcao-da-sustentabilidade-nas-organizacoes>. Acesso em: 22 jun. 2019.

DALLABONA, L. F.; NARDELLI, L. T.; FERNANDES, A. R. V. Estilos de liderança predominantes em uma rede de supermercados do sul do Brasil. **Sinergia**, v. 22, n. 1, p. 37-50, 2018. Disponível em: <http://www.spell.org.br/documentos/ver/50405/estilos-de-lideranca-predominantes-em-uma-rede-de-supermercados-do-sul-do-brasil>. Acesso em: 22 jun. 2019.

FERREIRA, M. R. L. et al. Gestão de pessoas no setor público: um estudo dos níveis de conflito a partir da visão interacionista. **Revista Ciências Administrativas**, v. 16, n. 2, p. 510-528, 2010. Disponível em: <http://www.spell.org.br/documentos/ver/38498/gestao-de-pessoas-no-setor-publico--um-estudo-dos-niveis-de-conflito-a-partir-da-visao-interacionista>. Acesso em: 22 jun. 2019.

LUIZ, D. S.; BERTONI, F. A.; MACHADO, G. B. Análise do grau de motivação comparando os fatores expostos por Herzberg: estudo de caso em uma empresa de formação de condutores. **Revista de Carreiras e Pessoas**, v. 9, n. 1, p. 28-45, 2019. Disponível em: <http://www.spell.org.br/documentos/ver/52415/analise-do-grau-de-motivacao-comparando-os-fatores-expostos-por-herzberg--estudo-de-caso-em-uma-empresa-de-formacao-de-condutores>. Acesso em: 22 jun. 2019.

PIZZAIA, A. et al. O papel da comunicação na gestão do conhecimento: aspectos relevantes e estímulo a novas pesquisas. **Perspectivas em Gestão & Conhecimento**, v. 8, n. 2, p. 62-81, 2018. Disponível em: <http://www.spell.org.br/documentos/ver/50965/o-papel-da-comunicacao-na-gestao-do-conhecimento--aspectos-relevantes-e-estimulo-a-novas-pesquisas>. Acesso em: 22 jun. 2019.

RAPTOPOULOS, M. M. S. C.; SILVA, J. F. Estilos e atributos da liderança no terceiro setor. **Revista Pretexto**, v. 19, n. 3, p. 119-135, 2018. Disponível em: <http://www.spell.org.br/documentos/ver/51686/estilos-e-atributos-da-lideranca-no-terceiro-setor->. Acesso em: 22 jun. 2019.

RIGOLON, G. J.; SILVEIRA, M. A. P. Participação de terceiros em equipes de projetos TI: conflitos e influências nos resultados. **Revista de Gestão e Projetos**, v. 3, n. 2, p. 39-64, 2012. Disponível em: <http://www.spell.org.br/documentos/ver/8767/participacao-de-terceiros-em-equipes-de-projetos-ti--conflitos-e-influencias-nos-resultados>. Acesso em: 22 jun. 2019.

SOARES, E. D.; RAMOS, H. R. Siga o líder: a influência de uma liderança carismática religiosa no crescimento turístico da cidade de Nova Trento em Santa Catarina. **PODIUM Sport, Leisure and Tourism Review**, v. 7, n. 3, p. 390-401, 2018. Disponível em: <http://www.spell.org.br/documentos/ver/51219/siga-o-lider--a-influencia-de-uma-lideranca-carismatica-religiosa-no-crescimento-turistico-da-cidade-de-nova-trento-em-santa-catarina>. Acesso em: 22 jun. 2019.

3.4 COMPORTAMENTOS EM NÍVEL ORGANIZACIONAL

Neste tópico, vamos analisar os comportamentos em nível organizacional por meio dos temas *cultura* e *mudança organizacional*, porém não devemos perder de vista que as pessoas moldam seus comportamentos a partir de instâncias individuais (motivação e tomada de decisão) e relacionais (comunicação, liderança, conflito), implicando particularidades no cotidiano de trabalho e na vida pessoal de cada um.

Em termos de mudança organizacional, as demandas internas e externas às organizações têm sido cada vez maiores, mais rápidas e mais delicadas, demandando alterações nas formas de se fazer certas atividades ou conjunto delas. Usualmente, esses movimentos geram resistências e, do ponto de vista da GRH, essa resistência precisa ser habilmente trabalhada.

No caso da cultura organizacional, estudos têm apontado que, quando os valores formais da organização e pessoais dos trabalhadores convergem, ocorre um alinhamento em termos de atitudes e predisposição do trabalhador, que assume um caráter contributivo na organização. Todavia, a relação inversa também ocorre: se os valores pessoais não se alinham aos organizacionais, a tendência natural são comportamentos disfuncionais, como sabotagens, falhas, faltas, rotatividade, retaliações etc.

Desse modo, retomaremos os processos de GRH vistos como possíveis – e desejados – propulsores do comportamento produtivo dos indivíduos trabalhadores.

3.4.1 MUDANÇA ORGANIZACIONAL

De modo geral, *mudança* é um processo de alteração no modo de se fazer algo. Nas organizações, a mudança geralmente é planejada, sendo formal e claramente orientada para aquisição de resultados predefinidos.

Nesse contexto, usualmente, pessoas que agregam energia humana e informações em quantidade e qualidade necessárias são aquelas que respondem pela promoção da mudança. Isso quer dizer que os trabalhadores em cargos de gestão são formalmente responsáveis por mudanças em seus âmbitos de atuação, mas não podemos desconsiderar outras fontes de poder além das formais advindas da posição na hierarquia. Assim, competências reconhecidas e valorizadas podem conferir ao profissional responsabilidade por algum processo de mudança que careça de *expertises* que ele domina.

Em ambos os casos, conduzir o corpo social durante o processo de mudança não constitui atividade fácil e/ou rotineira, já que ela pode ocorrer em quatro instâncias, a saber: (1) estrutura organizacional; (2) tecnologia; (3) instalações físicas; e (4) pessoas. Quanto à **estrutura** organizacional, a mudança afeta a forma como o trabalho está dividido nos cargos e na reunião destes nas áreas funcionais (coordenações, divisões, departamentos, diretorias etc.), impactando diretamente na forma de operar das pessoas. Apesar de frontalmente voltada para questões técnicas relativas à divisão do trabalho, convém lembrarmos que as pessoas influenciam o modo formal e, muitas vezes, predefinido de se fazer as coisas com características pessoais e hábitos, o que pode gerar dificuldades relativas às novas maneiras que serão instituídas.

A segunda instância de mudança organizacional é a **tecnologia**, que engloba tanto o nível de conhecimento embutido em processos e equipamentos quanto o de domínio das pessoas. Voltando ao processo de sistemas de informação em GRH, podemos pensar na seguinte situação, muito comum no mercado: o negócio cresce e os dados das pessoas precisam de outros cuidados, visando à tomada de decisão; assim, planilhas eletrônicas são substituídas por um *software* que consegue manipular dados para realizar simulações. Mais uma vez, as pessoas vão carecer de ajustes, pois incluir e manter os dados atualizados no sistema, que certamente precisará de ajustes à realidade do negócio, não é algo que acontece sem a intervenção diária de um recurso humano.

Quanto às **instalações físicas**, mudar um escritório ou a planta de uma fábrica de lugar exige esforço humano, o que pode redundar em uma queda de produtividade no curto prazo, até que haja adaptação ao novo lugar onde fica o posto de trabalho ou ao novo leiaute de um mesmo espaço.

Com relação às **pessoas**, daremos maior foco, pois elas certamente são a questão mais importante na esfera da mudança organizacional. Mudanças nas três instâncias anteriores impactam, normalmente, as pessoas de modo indireto, mas é possível que elas sejam diretamente atingidas quando, por exemplo, precisarem aprender novas informações, desenvolver outras habilidades, mudar atitudes e/ou conceitos.

Você se lembra do que vimos sobre treinamento e desenvolvimento de pessoal? Pois é, as pessoas envidam esforços para aprender cognitivamente e, mais ainda, mudar o comportamento de modo compatível com o novo conhecimento, o que pode conferir-lhes certas dificuldades. Mudar não é fácil, por isso é natural que nosso corpo e nossa mente resistam a mudanças e, embora a resistência seja natural, não é desejável do ponto de vista organizacional. Lidar com resistências individuais e coletivas é uma tarefa importantíssima da GRH.

A literatura sobre o tema aponta que, individualmente, as pessoas resistem às mudanças por cinco motivos, descritos no Quadro 3.6, a seguir.

QUADRO 3.6 – FONTES INDIVIDUAIS DE RESISTÊNCIA

Fontes	Descrição
Hábito	Os hábitos são costumes arraigados e mudar é algo penoso e desgastante.
Medo do desconhecido	O desconhecido mexe com o imaginário das pessoas, e não ter noção das consequências que a mudança trará para si e para suas relações pode causar medo e insegurança nas pessoas.
Fatores econômicos	Fatores econômicos podem tornar-se restritivos, como diminuição de condições financeiras ou descompasso entre o que se faz e a contrapartida recebida, com impactos na vida global das pessoas.
Segurança	O "novo" sempre altera a forma usual em que as pessoas se encontram, favorecendo sentimentos de insegurança que podem desestabilizar emocionalmente o indivíduo.
Processamento seletivo de informações	Em razão da "racionalidade limitada" do ser humano, há dificuldades em se reconhecer e processar todas as informações necessárias do processo de mudança, inclusive aquelas que poderiam favorecer sentimentos de segurança, pertença, valorização etc., e isso dificulta a compreensão da complexidade da situação.

Fonte: Elaborado com base em Robbins; Judge; Sobral, 2010.

Por outro lado, as pessoas podem resistir coletivamente às mudanças, e as razões para tal são apontadas no Quadro 3.7, a seguir.

QUADRO 3.7 – FONTES COLETIVAS DE RESISTÊNCIA

Fontes	Descrição
Inércia do grupo	Os grupos têm formas usuais de se comportar, o que pode ser questionado diante de processos de mudança.
Ameaça à especialização	Quando são contratadas ou promovidas, os conhecimentos e as *expertises* das pessoas são identificados visando à adequação ao cargo; se eles são questionados ou descartados em um processo de mudança, espera-se tensão e desmotivação coletivas.
Ameaça à alocação de recursos estabelecida	A maneira tradicional de se alocar recurso dentro da organização já considera diversas restrições, pois usualmente os recursos são escassos, o que potencializa essa fonte de resistência.
Ameaça às relações de poder estabelecidas	Em uma lógica semelhante à fonte anterior, quando se questiona a forma usual de manifestação das relações de poder, o sistema social fica instável, independentemente do nível hierárquico ou da área funcional em que as pessoas se encontram.
Foco limitado de mudança	Nas organizações, toda mudança gera consequências para além de seus "limites" iniciais, configurando imprevistos que desembocam em inseguranças, desgastes, pressão e estresse nos envolvidos.
Inércia estrutural	Com a mudança, os modos convencionais de se operar que garantem certa estabilidade são rompidos, gerando incerteza e medos coletivos

Fonte: Elaborado com base em Robbins; Judge; Sobral, 2010.

Na qualidade de manifestações naturais de desconforto e de dificuldades de adaptação, essas resistências, tanto individuais quanto coletivas, não devem ser encaradas como comportamentos maldosos ou levianos dos trabalhadores. Antes, porém, a GRH deve manter-se atenta e reconhecer e gerenciar possíveis comportamentos disfuncionais, de modo a caminhar rumo à concretização da mudança.

Um dos processos de GRH normalmente utilizado para tal finalidade é o treinamento e desenvolvimento de pessoal, já que ele é prioritariamente educacional. É vital promover a educação das pessoas para o novo modo de fazer as coisas, comunicando com clareza a natureza e o conteúdo das mudanças, promovendo participação e apoio com relação a limitações e dificuldades e, caso necessário, negociando, manipulando, cooptando e coagindo (Robbins; Judge; Sobral, 2010).

Embora as últimas opções possam soar duras, ruins e eticamente questionáveis, é necessário garantir um nível mínimo de aderência e comprometimento dos trabalhadores com a organização, mesmo que perpetuando a garantia e a manutenção de seu vínculo de trabalho, ao fim e ao cabo.

Assim, gerir um processo de mudança é uma atividade complexa e desgastante, mas que pode, como sugerido por Kotter (citado por Robbins; Judge; Sobral, 2010), ser norteada por alguns passos de modo a tornar esse percurso menos árduo, como podemos verificar no Quadro 3.8, a seguir.

QUADRO 3.8 – PLANO DE OITO PASSOS PARA A IMPLEMENTAÇÃO DE MUDANÇAS, DE KOTTER

Focos	Passos
Gestão de sentido	Estabelecer um sentido de urgência por meio da criação de uma razão convincente de que a mudança é necessária.
Relações sociopolíticas	Formar uma coalização com força suficiente para liderar a mudança.
Aspectos operacionais	Criar uma visão para direcionar a mudança, bem como estratégias para atingir essa visão.
Comunicação	Comunicar a visão a toda a organização.

(continua)

(Quadro 3.8 – conclusão)

Incentivo à autonomia	Dar autonomia a outros para buscar a visão, removendo barreiras à mudança e incentivando riscos e busca de soluções criativas para os problemas.
Reconhecimento e valorização de pessoal	Criar, planejar e recompensar "vitórias" de curto prazo que encaminhem a organização para a nova visão.
Controles do processo	Consolidar as melhorias, reavaliar as mudanças e fazer os ajustes necessários nos novos programas.
Relações causa x efeitos	Reforçar as mudanças por meio da demonstração do relacionamento entre os novos comportamentos e o sucesso da organização.

Fonte: Elaborado com base em Robbins; Judge; Sobral, 2010.

Para tanto, é necessário que certos valores sejam compartilhados pelas pessoas, de modo a sustentar simbolicamente o processo de mudança.

3.4.2 CULTURA ORGANIZACIONAL

Uma primeira conceituação de *cultura organizacional* leva-nos a uma percepção compartilhada pelos membros de uma organização, um sistema de valores comungado pelas pessoas que compõem seu quadro funcional, mas o cotidiano das organizações é sabidamente envolto de contradições e heterogeneidades. Nesse contexto, pensar a cultura como algo homogêneo e estático pode ser perigoso. Estudos recentes indicam que uma análise minuciosa dessa questão deve considerar as seguintes instâncias para uma compreensão mais refinada da cultura organizacional: cultura dominante, subculturas e contraculturas, descritas no Quadro 3.9, a seguir.

QUADRO 3.9 – INSTÂNCIAS DE ANÁLISE DA CULTURA ORGANIZACIONAL

Instâncias	Conceitos
Cultura dominante	Expressa os valores essenciais compartilhados pela maioria dos membros da organização.
Subculturas	Miniculturas dentro da organização, geralmente definidas por designações de departamento e separação geográfica.
Contraculturas	Miniculturas dentro da organização, cujos valores essenciais se opõem aos compartilhados pela maioria de seus membros.

Fonte: Elaborado com base em Morgan, 1996.

Observando os conceitos, fica claro que **cultura dominante** e **subculturas** promovem união e sentimento de pertença entre os tabalhadores, pois favorecem os processos de institucionalização, mantêm a organização coesa e colaboram na estabilidade do sistema social, embora também favoreçam o pensamento grupal.

No contexto organizacional, os membros que compartilham da **contracultura** tendem a funcionar como solventes, ou seja, dissipam energias. A despeito disso, eles são fundamentais no cotidiano produtivo, pois colaboram em processos de mudança, propiciam inovação e promovem adaptação.

Para apreender a cultura organizacional em suas três instâncias, alguns elementos são passíveis de análise, como os rituais que são realizados e reproduzidos periodicamente, bem como histórias que são contadas e recontadas por anos. Assim, a comunicação é um processo vital para a manutenção da cultura, já que valores e símbolos são fortalecidos (ou enfraquecidos) por meio de linguagens e expressões peculiares de seus membros, configurando-se como outro elemento observável da cultura no nível organizacional.

Dessa maneira, uma compreensão mais acurada da organização tem como referência sua cultura, pois são os valores que viabilizam o planejamento e a organização de seus recursos (Quinn et al., 2003).

Trata-se, portanto, de um recurso intangível (Aktouf, 2005) pautado no arcabouço simbólico, que, por sua vez, busca harmonizar e efetivar as relações entre o modelo de gestão da organização e seus recursos tangíveis.

Assim, independentemente de porte ou setor, toda organização é um fenômeno cultural particular atrelado ao estágio de desenvolvimento da sociedade em que se encontra. No caso específico do Brasil, visando à análise organizacional, podemos identificar os seguintes traços de personalidade preponderantes nos brasileiros: hierarquia, personalismo, malandragem, sensualismo e aventureiro. Observe como esses traços são caracterizados no Quadro 3.10, a seguir.

QUADRO 3.10 – TRAÇOS DE PERSONALIDADE PARA ANÁLISE ORGANIZACIONAL E SUAS CARACTERÍSTICAS-CHAVE

Traço	Características-chave
Hierarquia	• Tendência a centralização do poder dentro dos grupos sociais. • Distanciamento nas relações entre diferentes grupos sociais. • Passividade e aceitação dos grupos inferiores.
Personalismo	• Sociedade embasada em relações pessoais. • Busca de proximidade e afeto nas relações. • Paternalismo: domínio moral e econômico.
Malandragem	• Flexibilidade e adaptabilidade como meio de navegação social. • "Jeitinho".
Sensualismo	• Gosto pelo sensual e pelo exótico nas relações sociais.
Aventureiro	• Mais sonhador que disciplinado. • Tendência à aversão ao trabalho manual ou metódico.

Fonte: Elaborado com base em Freitas, 1997.

Assim como mudar é difícil, a gestão da cultura também é uma atribuição muito delicada e significativa, porém possível, mas que carece de uma atenção muito centrada. Pettigrew (2007) informa que os seguintes pontos devem ser acompanhados de perto pelos gestores dos diversos níveis hierárquicos:

- o problema dos níveis, que refletem profundidade dos elementos culturais;
- o problema da infiltração, dada a extensão desses elementos;
- o problema do implícito, já que seus repositórios são de outra ordem em termos de visibilidade;
- o problema do impresso, que impregna a história do negócio;
- o problema do político, que versa sobre como as relações de poder mantêm conexões com os valores comungados na organização;
- o problema da pluralidade, que diz respeito à sobreposição de valores e às dificuldades que ela impõe;
- o problema da interdependência, notadamente na interpelação dos valores que sustentam as instâncias da cultura.

Para os gestores de RH, tais questões são significativas, afinal, eles são os responsáveis pela cultura organizacional (Quinn et al., 2003).

Ressaltamos que cultura organizacional não se trata de clima organizacional, pois este inclui "percepções comuns que os funcionários de uma organização têm com relação à empresa e ao ambiente de trabalho" (Robbins; Judge; Sobral, 2010, p. 505). Desse modo, o clima relaciona-se aos níveis de satisfação e motivação dos trabalhadores, impactando diretamente nos resultados individuais e coletivos. Já a cultura organizacional é algo mais amplo, profundo e permanente, indo além de um estado momentâneo de satisfação dos trabalhadores.

Nesse sentido, promover uma **cultura organizacional positiva** possibilita ganhos razoáveis de produtividade e qualidade. Esclarecemos que uma cultura organizacional positiva é aquela que enfatiza os pontos fortes e diferenciais do trabalhador, recompensa mais que pune e privilegia o bem-estar e o desenvolvimento das pessoas. Para os que conseguem adaptar-se e manter a objetividade característica das organizações, essa possibilidade parece ter fundamento (Robbins; Judge; Sobral, 2010).

PARA SABER MAIS

Mudança e cultura são temas preciosos para o estudo do CHO. Indicamos, a seguir, algumas das diversas perspectivas adotadas em pesquisas realizadas no Brasil.

GAVIRAGHI, M.; LAZZARI, F.; MILAN, G. S. A influência das características culturais brasileiras na negociação internacional. **Revista Eletrônica de Estratégia & Negócios**, v. 9, n. 1, p. 58-94, 2016. Disponível em: <http://www.spell.org.br/documentos/ver/41217/a-influencia-das-caracteristicas-culturais-brasileiras-na-negociacao-internacional->. Acesso em: 22 jun. 2019.

LIMA, N.; PATAH, L. A. A questão cultural e sua influência na gestão de equipes de projetos globais. **Future Studies Research Journal: Trends and Strategies**, v. 8, n. 1, p. 90-112, 2016. Disponível em: <http://www.spell.org.br/documentos/ver/41978/a-questao-cultural-e-sua-influencia-na-gestao-de-equipes-de-projetos-globais->. Acesso em: 22 jun. 2019.

MOURA, R. L. Análise da motivação dos colaboradores do Batalhão de Operações Policiais Especiais – Bope. **Revista de Administração, Sociedade e Inovação**, v. 3, n. 1, p. 24-33, 2017. Disponível em: <http://www.spell.org.br/documentos/ver/46112/analise-da-motivacao-dos-colaboradores-do-batalhao-de-operacoes-policiais-especiais-----bope>. Acesso em: 22 jun. 2019.

OLIVEIRA, J. M. et al. Para além de meras presunções, são os servidores públicos resistentes a mudanças?. **Contextus: Revista Contemporânea de Economia e Gestão**, v. 15, n. 3, p. 91-114, 2017. Disponível em: <http://www.spell.org.br/documentos/ver/48440/para-alem-de-meras-presuncoes--sao-os-servidores-publicos-resistentes-a-mudancas-->. Acesso em: 22 jun. 2019.

OLIVEIRA, R. R.; OLIVEIRA, R. R.; LIMA, J. B. Reflexão sobre a relação entre a mudança de cultura organizacional e a gestão do conhecimento. **Perspectivas em Gestão & Conhecimento**, v. 6, n. 1, p. 19-35, 2016. Disponível em: <http://www.spell.org.br/documentos/ver/41697/reflexao-sobre-a-relacao-entre-a-mudanca-de-cultura-organizacional-e-a-gestao-do-conhecimento>. Acesso em: 22 jun. 2019.

PAUL, R. C. Z. R.; CLARO, J. A. C. D. S.; PAUL, N. L. F. Treinamento como fator de mudança de atitude dos profissionais de uma operadora portuária. **Revista de Carreiras e Pessoas**, v. 4, n. 3, p. 250-270, 2014. Disponível em: <http://www.spell.org.br/documentos/ver/40312/treinamento-como-fator-de-mudanca-de-atitude-dos-profissionais-de-uma-operadora-portuaria>. Acesso em: 22 jun. 2019.

POLICARPO, R. V. S.; BORGES, R. S. G.; ALMADA, L. Liderança e reações individuais à mudança organizacional. **Revista Ciências Administrativas**, v. 24, n. 2, p. 1-19, 2018. Disponível em: <http://www.spell.org.br/documentos/ver/50100/lideranca-e-reacoes-individuais-a-mudanca-organizacional->. Acesso em: 22 jun. 2019.

3.5 TEMAS EMERGENTES DO CHO

Neste momento, vamos aprofundar a análise de algumas temáticas do campo do CHO que vêm sendo alvo de interesse de estudiosos da GRH, bem como de profissionais e gestores do mercado.

3.5.1 VALORES NAS ORGANIZAÇÕES

Valores são crenças fundamentais que balizam o julgamento pessoal de eventos e comportamentos e direcionam a ação das pessoas mediante sua hierarquização, ou seja, conforme a avaliação pessoal a respeito do que é mais importante e significativo na vida. Assim, os valores concretizam-se como pilares motivacionais para todos os comportamentos efetivos de um sujeito (Schwartz, 2005a, 2005b, 2008), sendo esses sustentáculos mais rígidos e duradouros, porém passíveis de alteração ao longo da vida. Afinal, valores são uma construção social (Berger; Luckmann, 1985) e, portanto, mutáveis, a partir das experiências concretas e simbólicas das pessoas que os expressam nas diversas situações de seu cotidiano (Rokeach, 1973).

Os comportamentos observáveis são frutos dessas metas motivacionais que, conforme estudo inicial de Schwartz (2005a, 2005b, 2008), foram sintetizadas nos seguintes tipos: poder; realização; hedonismo; estimulação; autodeterminação; universalismo; benevolência; tradição; conformidade; e segurança. Esse estudo validou os dez valores citados e os alinhou a duas dimensões, que funcionam como pólos de dois contínuos, quais sejam: autopromoção ou autotranscendência e abertura à mudança ou conservação (Ros; Schwartz; Surkiss, 1999; Schwartz, 2005a, 2005b, 2008; Porto, 2005). A Figura 3.9, a seguir, mostra os pólos e os valores neles distribuídos, de acordo com os conceitos apresentados no Quadro 3.11, apresentado na sequência.

FIGURA 3.9 – MODELO TEÓRICO DAS RELAÇÕES ENTRE OS TIPOS MOTIVACIONAIS, OS TIPOS DE VALORES DE ORDEM SUPERIOR E AS DIMENSÕES DE VALORES BIPOLARES

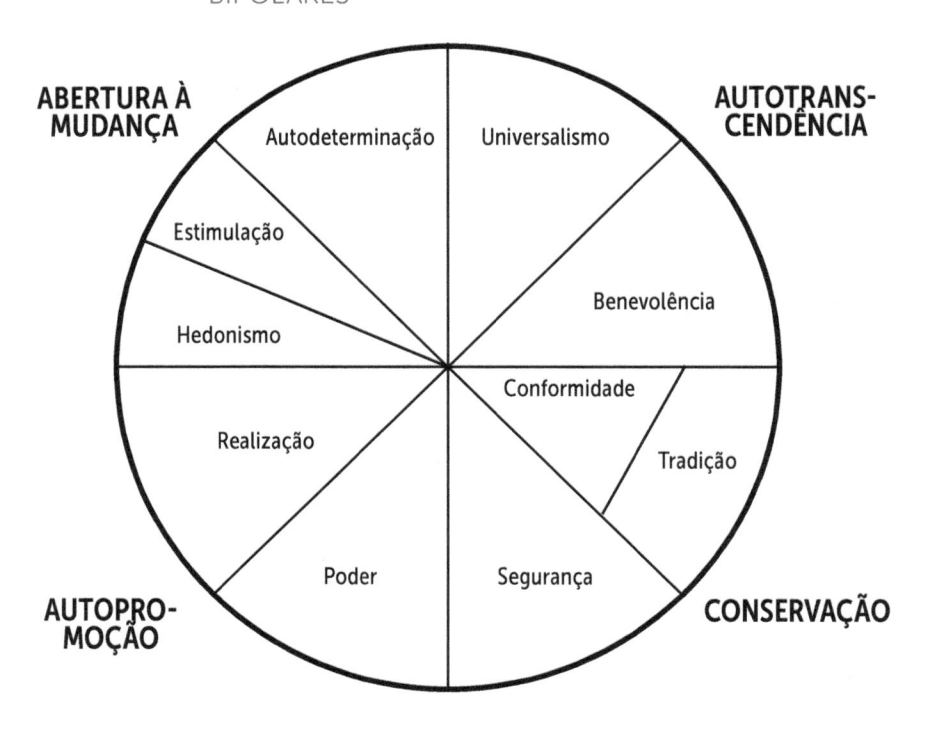

Fonte: Schwartz, 2005a, p. 30.

QUADRO 3.11 – TIPOS MOTIVACIONAIS DE SCHWARTZ (SVS)

Tipo motivacional	Definição
Poder	*Status* social das pessoas e recursos (no que tange à busca e à preservação da posição social inserida em um sistema social).
Realização	Sucesso pessoal mediante a demonstração de competência segundo critérios sociais.
Hedonismo	Prazer e senso de gratificação para consigo.
Estimulação	Entusiasmo, novidade e desafio na vida.
Autodireção	Pensamento independente e escolha da ação, criatividade e exploração.
Universalismo	Compreensão, apreciação, tolerância e proteção do bem-estar de todas as pessoas e da natureza.
Benevolência	Preservação e intensificação do bem das pessoas com quem se mantém contatos pessoais frequentes.
Tradição	Respeito aos costumes e ideias providos pela cultura tradicional e pela religião, comprometimento com eles e sua aceitação.
Conformidade	Restrições das ações, inclinações e impulsos que podem perturbar e ferir os outros ou violar as expectativas e normas sociais.
Segurança	Segurança, harmonia e estabilidade, da sociedade, dos relacionamentos e de si mesmo.

Fonte: Teixeira; Monteiro, 2008, p. 207.

Assim, uma pessoa que se motiva por poder em nível mais elevado guia seu comportamento, de modo geral, visando à manutenção de seu *status* social; por outro lado, um indivíduo que valoriza o universalismo tende a considerar os outros (pessoas e/ou natureza) antes de si mesmo, compreendendo, apreciando, tolerando e protegendo o bem-estar de terceiros.

No Brasil, esses valores foram estudados nos níveis da organização e do trabalho. No primeiro, eles espelham as crenças compartilhadas nas políticas e nas práticas de gestão da organização, entendendo que essas duas instâncias não são absolutamente coincidentes, ou melhor, nem sempre o que está definido como regra é, de fato, praticado na organização (Tamayo, 2005). Assim, pesquisas foram realizadas e observou-se que certos valores pessoais sustentavam essas crenças comungadas como sendo da organização. O Inventário de Perfis de Valores Organizacionais (IPVO) foi validado no estudo de Oliveira e Tamayo (2004), excluindo o valor segurança e sintetizando em oito fatores os dez tipos motivacionais de Schwartz (2005a, 2005b, 2008). No Quadro 3.12, a seguir, apresentamos uma síntese dos valores e seus correspondentes na teoria de Schwartz, bem como uma breve descrição deles.

QUADRO 3.12 – FATORES DO IPVO, CORRESPONDÊNCIA COM OS TIPOS MOTIVACIONAIS DE VALORES E METAS DOS VALORES ORGANIZACIONAIS

Fatores	Correspondência	Metas
Autonomia	Autodeterminação Estimulação	Oferecer desafios e variedade no trabalho, estimular a curiosidade, a criatividade e a inovação.
Bem-estar	Hedonismo	Promover a satisfação, o bem-estar e a qualidade de vida no trabalho.
Realização	Realização	Valorizar a competência e o sucesso dos trabalhadores.
Domínio	Poder	Obter lucros, ser competitiva e dominar o mercado.
Prestígio	Poder	Ter prestígio, ser conhecida e admirada por todos, oferecer produtos e serviços satisfatórios para os clientes.
Tradição	Tradição	Manter a tradição e respeitar os costumes da organização.
Conformidade	Conformidade	Promover a correção, a cortesia e as boas maneiras no trabalho e o respeito às normas da organização.
Preocupação com a coletividade	Benevolência Universalismo	Promover a justiça e a igualdade na organização, bem como a tolerância, a sinceridade e a honestidade.

Fonte: Oliveira; Tamayo, 2004, p. 137.

Nessa linha de raciocínio, uma pessoa que percebe que a organização valoriza poder e comunga desse valor, conformará seu comportamento validando ações que visem lucros, competitividade, domínio de mercado (domínio no nível organizacional), bem como mantendo prestígio, boa imagem no mercado e produtos e/ou serviços bem avaliados pelos clientes (prestígio no nível organizacional).

No segundo nível de análise, os valores do trabalho refletem as crenças sobre aquilo que é compartilhado no desempenho das atividades do dia a dia do trabalhador (Porto; Tamayo, 2003, 2008; Porto, 2005). Notamos que os valores pessoais influenciam diretamente os valores do trabalho (Ros; Schwartz; Surkiss, 1999). O questionário mais recentemente construído e validado para identificação desses valores é a

Escala de Valores relativos ao Trabalho (EVT) (Porto; Tamayo, 2003, 2008; Porto, 2005), também norteada pela teoria de valores de Schwartz (2005a, 2005b, 2008), porém focando suas dimensões. No Quadro 3.13, a seguir, os valores do trabalho são denominados *fatores* e suas correspondências com os pólos das duas dimensões foram explicitados, bem como uma breve descrição elucidativa de cada um deles.

QUADRO 3.13 – FATORES DA EVT, CORRESPONDÊNCIAS COM OS PÓLOS DAS DIMENSÕES E DESCRIÇÕES

Fatores	Correspondência	Descrição
Realização	Abertura à mudança	Mudança por meio do trabalho autônomo e criativo.
Relações sociais	Autotranscendência	Relacionamento social positivo favorecendo o bem-estar das pessoas próximas e da sociedade.
Prestígio	Autopromoção	Metas de sucesso pessoal e influência sobre os outros.
Estabilidade	Conservação	Segurança e manutenção do *status quo* por meio do trabalho.

Fonte: Elaborado com base em Porto; Tamayo, 2003; Porto, 2005.

Dessa maneira, o trabalhador que pende para o polo da autopromoção terá, nas tarefas diárias de seu posto de trabalho, uma tendência a valorizar o prestígio (no nível do trabalho), buscando atingir suas metas pessoais e influenciar atitudes e comportamentos dos demais.

Recentemente, outro estudo promoveu uma **revisão dos valores pessoais**, considerando os seguintes deles: autodireção de pensamento e de ação; estimulação; hedonismo; realização; poder de domínio e poder sobre recursos; segurança pessoal e social; tradição; conformidade com regras e conformidade interpessoal; benevolência; dependência e cuidado; compromisso; universalismo natureza e universalismo tolerância; face; e humildade. Esses valores estão norteados pelas mesmas dimensões, autopromoção *versus* autotranscendência e conservação *versus* abertura à mudança (Schwartz et al., 2012). Tendo sido realizada uma pesquisa no Brasil (Torres; Schwartz; Nascimento, 2016), os resultados mantiveram tais valores, os quais podem ser visualizados na Figura 3.10, a seguir, e compreendidos a partir das definições apresentadas no Quadro 3.14, apresentado na sequência.

FIGURA 3.10 – O CÍRCULO MOTIVACIONAL DOS VALORES DE ACORDO COM A TEORIA DE VALORES BÁSICOS REFINADA

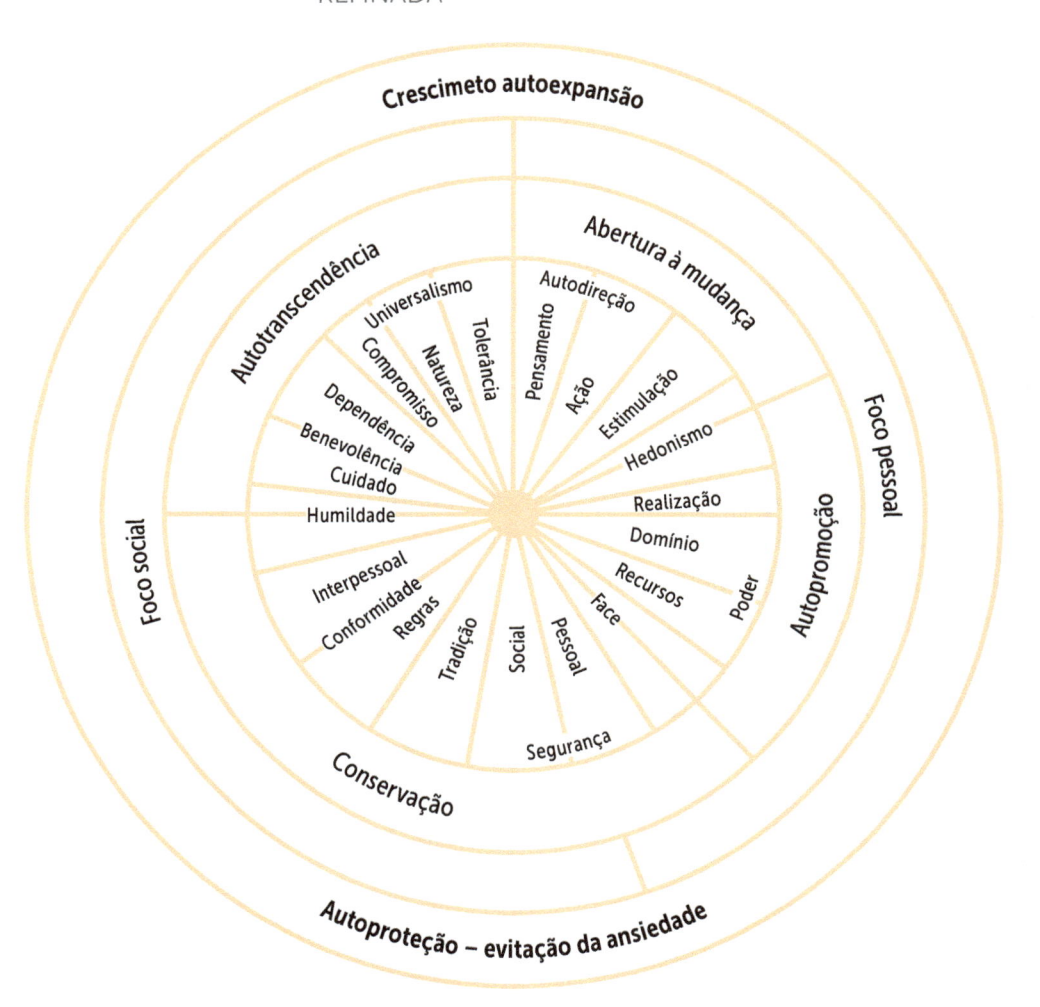

Fonte: Torres; Schwartz; Nascimento, 2016, p. 343.

QUADRO 3.14 – OS 19 VALORES DA TEORIA REFINADA

Valores	Definições conceituais em termos de metas motivacionais
Autodireção – pensamento	Liberdade para cultivar as próprias ideias e habilidades
Autodireção – ação	Liberdade para determinar suas próprias ações
Estimulação	Excitação, novidade e mudança
Hedonismo	Prazer e senso pessoal de gratificação
Realização	Sucesso de acordo com padrões sociais
Poder – domínio	Poder por meio de exercer controle sobre as pessoas
Poder – recursos	Poder por meio do controle de recursos materiais e sociais
Face	Segurança e poder por meio da manutenção de sua imagem pública e da evitação da humilhação
Segurança – pessoal	Segurança no seu ambiente imediato
Segurança – social	Segurança e estabilidade na sociedade em geral
Tradição	Manutenção e preservação de tradições familiares, religiosas ou culturais
Conformidade – regras	Conformidade com regras, leis e obrigações formais
Conformidade – interpessoal	Evitação de perturbar ou prejudicar outras pessoas
Humildade	Reconhecimento da sua insignificância no esquema maior das coisas
Benevolência – dependência	Existência como um membro leal e confiável do grupo
Benevolência – cuidado	Devoção ao bem-estar dos membros do grupo
Universalismo – preocupação	Compromisso com a igualdade, justiça e proteção de todas as pessoas
Universalismo – natureza	Preservação do ambiente natural
Universalismo – tolerância	Aceitação e compreensão daqueles que são diferentes de si mesmo

Fonte: Schwartz et al., 2012, p. 669.

Esses valores pessoais começaram a ser pesquisados em nosso país e, certamente, gerarão outras escalas nos níveis do trabalho, da organização, da profissão que o indivíduo exerce, enfim, nas diversas esferas de sua vida que refletem direta e indiretamente nas atividades laborais.

Em termos do CHO, identificar tais crenças no nível pessoal e como elas refletem no cotidiano organizacional pode redundar em informações úteis nas políticas e práticas de GRH. Por exemplo: dependendo do que é efetivamente valorizado pelo trabalhador, pode ser mais rentável investir em desenhos de cargos e em políticas de carreira que facilitem o exercício do poder do que um plano de benefícios que lhe soe individualmente benéfico.

Desse modo, notamos a importância dos valores no dia a dia das pessoas e das organizações, por isso tratamos esse tema com mais profundidade. Sua conexão com a GRH, bem como com outras temáticas do CHO, é inegável e profunda, afinal, "independentemente do seu caráter pessoal ou coletivo, as recompensas percebidas, econômicas ou subjetivas (de reconhecimento), estão ancoradas em valores que satisfazem os indivíduos" (Paiva; Leite, 2011, p. 55).

Passemos, então, à questão da justiça nas organizações.

3.5.2 JUSTIÇA NAS ORGANIZAÇÕES

Para iniciar este tópico, vamos destacar a reflexão de Greenberg (1996 citado por Rego et al., 2002, p. 116): "poucos conceitos como a justiça são tão fulcrais à interação social humana". Os julgamentos de certo ou errado, adequado ou inadequado, igualitário ou discriminatório refletem a percepção de justiça das pessoas no seu dia a dia, o que inclui as relações sociais e políticas, dentro e fora das organizações.

No âmbito do mundo do trabalho, os estudos pioneiros de Adams (1963) associaram percepção individual de justiça à manutenção de relacionamentos sociais. Posteriormente, a justiça foi analisada à luz de possíveis relações com desempenho coletivo e com critérios de alocação de recompensas. Esses critérios são entendidos por Rawls (1971) como precondições para a percepção de justiça, podendo esta ser discutida a partir de dois vértices: a justiça de distribuição, que foca a escassez dos bens; e a justiça dos procedimentos, cuja atenção está centralizada nos meios que arbitram sobre os referidos critérios.

Objetivamente, o conceito de **justiça distributiva**, segundo Pereira (2008, p. 76), refere-se à "percepção de justiça sobre as recompensas que alguém recebe de uma troca ou de uma interação social", a qual inclui distribuição econômica "de condições e recompensas que afetam o bem-estar, que incluem aspectos psicológicos, fisiológicos, econômicos e sociais". No entanto, conforme sugere Rego (2000), ao pesquisar a percepção de justiça na organização, não se deve separar a justiça de procedimentos da justiça de distribuição para se obter uma perspectiva interativa de análise.

Nesse sentido, entendemos **justiça de procedimentos** como a "crença do empregado de que são justos os meios utilizados na determinação do montante que receberá em consequência do seu trabalho e contribuição para a empresa" (Gomide Júnior, 1999, p. 46). O caráter de imparcialidade adotado pela organização, quando percebido pelo trabalhador, minimiza desconfianças e facilita as relações entre empregado e organização, abrangendo a "oportunidade das pessoas expressarem suas opiniões no processo decisório e influenciar nos resultados" (Paiva; Leite, 2011, p. 55), afinal, regras e normas conduzem à igualdade de tratamento e de oportunidades.

Além do julgamento de como é realizada e percebida a distribuição de recursos e recompensas às pessoas (justiça distributiva) e a análise de regras e protocolos relativos a tais distribuições (justiça procedimental), podemos também considerar a qualidade da relação entre subordinados e superiores, que conformam a **justiça interacional** (Rego et al., 2002).

Essa dimensão interacional de justiça organizacional foca o modo como os procedimentos são implementados, enfatizando, portanto, aspectos sociais, comunicacionais e interativos da organização (Skarlicki; Folger, 1997). Destacando o papel do gestor, o tratamento dispensado aos subordinados pode influenciar positivamente o grau de aceitação das decisões tomadas, atentando para duas faces, a interpessoal, que reflete a qualidade de tratamento que as pessoas (individual e coletivamente) recebem nos procedimentos organizacionais, e a informacional, que se refere ao trânsito, à clareza e à transparência de informações e explicações sobre as decisões tomadas (Assmar; Ferreira; Souto, 2005). Importante destacarmos que a dicotomia da justiça interacional não se encontra consolidada em pesquisas no Brasil, o que nos leva a refletir sobre a necessidade de mais pesquisas que contemplem essa temática, bem como da justiça organizacional como um todo, ampliando a anteriormente mencionada perspectiva interativa de análise.

Para a análise da justiça organizacional, podemos utilizar as escalas de percepção de justiça distributiva (EPJD) e de percepção de justiça de procedimentos (EPJP), ambas validadas por Gomide Júnior e Siqueira (2008), além da proposta por Rego et al. (2002) para análise da justiça interacional, ainda que bipartida em interpessoal e informacional.

Para finalizar esse tema, é oportuno refletir sobre possíveis desdobramentos das percepções de justiça. Por exemplo: em uma organização onde as políticas de gestão de pessoas são igualitárias (justiça procedimental), é de se esperar que a percepção de justiça quanto às oportunidades de treinamento e desenvolvimento de pessoas sejam observadas como justas pelos empregados, principalmente se eles têm livre acesso (justiça interacional, dimensão informacional) a como elas são concebidas formalmente, notadamente se isso for alvo de diálogo promovido pela chefia no interior das equipes de trabalho (justiça interacional, dimensão interpessoal) e, mais que isso, como se efetivam na prática (justiça distributiva). Em um ambiente onde a justiça é percebida, os trabalhadores costumam comprometer-se com as decisões tomadas, envidando esforços rumos aos objetivos institucionais.

Por outro lado, se as experiências e percepções forem de justiça comprometida, ou seja, de injustiças no ambiente de trabalho, são desencadeados sentimentos e/ou posicionamentos contraproducentes nos trabalhadores e, até mesmo, situações de sofrimento em decorrência das consequências de um tratamento não igualitário no cotidiano laboral, o que coloca em risco a efetividade organizacional. Oriundas desse contexto, podem surgir atitudes retaliatórias e retaliação, tema que trataremos na sequência.

3.5.3 ATITUDES RETALIATÓRIAS E RETALIAÇÃO NO TRABALHO

Os comportamentos considerados contraproducentes nas organizações têm ganhado destaque nos estudos e nas intervenções realizadas no âmbito do trabalho, pois podem causar prejuízos às próprias organizações e aos indivíduos trabalhadores (Michalak; Ashkanasy, 2018). Essas condutas negativas são adotadas pelos trabalhadores para contrabalançar as injustiças percebidas no ambiente laboral mediante a punição de pessoas e da própria organização (Skarlicki; Folger, 1997). Usualmente, os indivíduos não assumem sua face retaliatória, mas têm facilidade em comentar sobre como terceiros atuam nesse sentido (Skarlicki; Folger; Tesluk, 1999).

As **emoções** que originam tais comportamentos podem ser analisadas a partir de perspectiva multinível, que considera: a organização (culturas de medo, silêncio e/ou toxicidade, espirais emocionais, climas antiéticos); o grupo (supervisão abusiva, clima afetivo do grupo, contágio emocional, diferença entre líder e grupo em termos de inteligência emocional); o interpessoal-diádico (trocas sociais assimétricas, supervisão abusiva, exibição emocional, regulamentação e trabalho); o interpessoal-individual (traços pessoais de agressor/vítima, raiva, agressividade e estabilidade emocional, resposta emocional da vítima, avaliação e enfrentamento emocional, inteligência emocional do agressor/vítima); e a intrapessoal (eventos afetivos, comportamento impulsivo, percepções de injustiça, contratos psicológicos) (Michalak; Ashkanasy, 2018).

Quanto à retaliação, a literatura aponta dois fatores da **personalidade** que influenciam esse tipo de comportamento: estados emocionais negativos, que são mediadores das relações de trocas entre o indivíduo e a organização; e capacidade de concordância, que predispõe (ou não) para o enfrentamento (Skarlicki; Folger; Tesluk, 1999). Assim, um estado emocional positivo de felicidade, por exemplo, pode minimizar a predisposição à retaliação, mesmo com certa disposição para o enfrentamento de alguma injustiça percebida.

No Brasil, a maior parte das pesquisas sobre comportamentos contraproducentes focam atitudes e ações efetivamente retaliatórias. Entre os estudiosos precursores, citamos Mendonça e Tamayo (2004) e Mendonça (2008), que observaram modos diferenciados de se manifestar a retaliação, quer explicitamente, "por meio de atos agressivos e flagrantes" (Mendonça, Tamayo, 2004, p. 192), como é o caso de agressões verbais, furtos, sabotagens (Jermier; Knights; Nord, 1994), fraudes, desperdícios (Mendonça, Tamayo, 2004), quer sutilmente, o que pode ser verificado em atos como boicotes e omissões.

Sustentando essas formas de expressão, sublinhamos dois componentes e duas dimensões da retaliação, descritas no Quadro 3.15, a seguir.

QUADRO 3.15 – COMPONENTES E DIMENSÕES DA RETALIAÇÃO

Componentes	Definições
Afetivo	Nível de indignação diante de retaliação advinda de percepção de injustiça que pode resultar em ressentimento, decepção e desprezo.
Conativo	Nível de propensão consciente à retaliação, resultante da percepção de injustiça.
Dimensões	**Definições**
Perceptiva	Frequência observada de comportamentos retaliatórios derivados de injustiças percebidas.
Avaliativa	Nível de justiça do comportamento retaliatório como resposta à injustiça percebida.

Fonte: Elaborado com base em Mendonça, 2008.

A título de exemplo, um trabalhador pode ficar indignado com as retaliações que ele percebe em sua organização (componente afetivo elevado), mesmo que percebidas esporadicamente (dimensão perceptiva baixa) e oriundas de injustiças também observadas; ele pode achar injusto que retaliações sejam efetivadas (dimensão avaliativa baixa), pois acredita que não é correto revidar ou pagar à organização ou aos seus representantes do mesmo modo inadequado, ou seja, discordando da máxima *olho por olho, dente por dente*, o que também miniminiza sua propensão a agir de modo semelhante (componente conativo baixo). Foi isso que pesquisadores brasileiros encontraram em investigações realizadas com jovens aprendizes de uma grande organização brasileira (Paiva; Fujihara; Reis, 2017). Os jovens aprendizes, em razão de seus contratos temporários e do interesse em desenvolver suas habilidades e seus conhecimentos em uma oportunidade de trabalho que lhes é muito significativa, são comedidos no que tange à retaliação. À medida que o tempo passa e que eles ganham experiência no mercado de trabalho, esse comportamento pode mudar.

Nesse sentido, estudar o tempo como uma dimensão de análise organizacional é algo importante, e é o que trataremos a seguir.

3.5.4 DIMENSÕES TEMPORAIS NAS ORGANIZAÇÕES

Vários campos do conhecimento têm-se ocupado com a compreensão do tempo, sendo a física e a filosofia os mais profícuos (Klein, 1995; Elias, 1998), pois tratam do tempo que se esvai, que não volta atrás, que é um recurso que se consome independentemente de qualquer vontade humana e, portanto, está fora de seu controle.

Desse modo, o tempo funciona como um meio "de regulação da conduta e da sensibilidade humanas" (Elias, 1998, p. 30), ou seja, um forte determinante da ação humana dentro dos limites físico-cronológicos, não se constituindo o ambiente laboral uma exceção, mas um espaço privilegiado de observação e manutenção das pessoas no que tange ao tempo. Afinal, o tempo de trabalho é destinado à consecução de certas atividades produtivas, o que exige dos trabalhadores esforços diferenciados para se adequarem. Nesse sentido, experiências de aceleração do tempo (Virilio, 1996), de compressão (Harvey, 2009), de elasticidade (Butler, 1995) e de fragmentação (Gurvitch, 1964) são vivenciadas diariamente, em razão das exigências do trabalho e das preferências e capacidades de cada pessoa.

No Brasil, os estudos do tempo e de como ele é percebido e vivenciado nas organizações vêm crescendo em várias frentes, relacionando o tempo com os processos de mudança organizacional, com as formas de controle efetivadas nas organizações, com as políticas de GRH e com o tipo de função exercida, como é o caso da função gerencial (Paiva; Souza, 2016).

Diante das demandas externas, o indivíduo posiciona-se de acordo com seu repertório, ou seja, com suas preferências e capacidades individuais para lidar com o tempo. Afinal, nem sempre podemos nos comportar do modo que julgamos mais confortável ou menos arriscado. Assim, recorremos ao estudo de Bluedorn e Jaussi (2007), que apresentaram cinco dimensões temporais que podem ser alvo de identificação e gerenciamento, as quais estão detalhadas no Quadro 3.16, a seguir.

QUADRO 3.16 – DIMENSÕES TEMPORAIS DE BLUEDORN E JAUSSI

Dimensões	Preferência da pessoa em...
Policronicidade	Envolver-se em duas ou mais tarefas ou eventos simultaneamente.
Velocidade	Realizar atividades em um ritmo mais acelerado ou mais lentamente.
Pontualidade	Finalizar atividade no tempo adequado ou esperado.
Profundidade temporal	Estabelecer conexões entre o presente e o futuro e/ou entre o presente e o passado.
Arrastamento	Ajustar seu ritmo em função de outra pessoa ou evento. Modos: a. sincronia: ajuste do tempo individual, simultaneamente ao tempo determinante; b. liderança: ajuste do tempo individual, anteriormente ao tempo determinante; c. condução: ajuste do tempo individual, posteriormente ao tempo determinante.

Fonte: Elaborado com base em Bluedorn; Jaussi, 2007.

Nesse sentido, um sujeito pode preferir realizar mais de uma atividade ao mesmo tempo (policronicidade elevada), o que usualmente pode acontecer em um tipo de trabalho em que a pessoa utiliza e mantém várias janelas abertas quando navega na internet. Essa mesma pessoa pode preferir realizar tais atividades rapidamente (velocidade elevada), o que, em sua percepção, facilita a entrega de tarefas finalizadas dentro dos prazos estipulados (pontualidade elevada). Isso pode acontecer com maior desenvoltura em um trabalho em que os processos já estão claramente definidos e estabilizados, pois o passado garante uma conexão segura com o presente (profundidade temporal passada), como é o caso de corretores de uma bolsa de valores, que já conhecem como o sistema de informação opera e, por ele, norteiam seu comportamento em relação ao relógio, trabalhando depois que o sinal da bolsa soa (arrastamento por condução).

Tendo em mente que um relógio é um medidor de tempo, que estrutura as ações das pessoas no cotidiano, dentro e fora das organizações, é necessário esclarecer que há um tempo sentido, vivenciado, um tempo simbólico (Hassard, 2001, 2002) ou orgânico (Butler, 1995), que nem sempre é coincidente com o do relógio. Desse modo, podemos compreender que atividades prazerosas parecem transcorrer mais rapidamente do que outras mais maçantes ou cansativas, nas quais o indivíduo tem a sensação de que o tempo não passa (Vasile, 2015).

Assim, promover o **alinhamento temporal** dos subordinados é uma tarefa árdua para gestores, pois isso traz implicações em termos de coesão social do grupo de trabalho, necessária ao alcance dos fins organizacionais, como já observado em estudos sobre tempo e função gerencial no Brasil (Paiva; Mageste, 2008; Paiva et al., 2011).

Quando as preferências do indivíduo coincidem com as demandas da organização, há integração de interesses entre esses atores sociais, promovendo prazer no trabalho; mas quando isso não ocorre, o trabalho passa a ser potencial fonte de sofrimento, como detalharemos na próxima seção.

3.5.5 PRAZER E SOFRIMENTO NO TRABALHO

O estudo da dinâmica das vivências de prazer e de sofrimento é objeto de análise da psicodinâmica do trabalho, campo do conhecimento que se preocupa com as conexões entre os processos de subjetivação do trabalhador e a forma como o trabalho é organizado, sendo seu precursor o francês Christophe Dejours (Mendes; Ferreira, 2007).

Atualmente, o trabalho tem posição de centralidade na vida das pessoas e implica paradoxos em termos psíquicos, físicos e sociais, afinal, tanto influencia a formação da identidade do trabalhador, garantindo sua saúde e promovendo prazer, quanto desencadeia adoecimento, em razão do contexto laboral a que ele é submetido, traduzindo-se em sofrimento (Mendes; Cruz, 2004), nesse contexto, ambientes de pressão, de desgaste físico e/ou emocional, de interações socias desgastantes e/ou conflituosas podem gerar sofrimento (Pereira; Vieira, 2011).

De modo bem sintético, entendemos prazer no trabalho como "um princípio mobilizador que coloca o sujeito em ação para a busca da gratificação, realização de si e reconhecimento pelo outro" (Mendes; Muller, 2013, p. 290). Na sua ausência, o sofrimento pode emergir, dado o desequilíbrio entre as demandas da produção e as demandas do trabalhador e, também, a impossibilidade de negociação entre elas, que geralmente conduz à instabilidade psicológica (Mendes; Ferreira, 2007).

Retornando à temática focada na seção anterior, quando o sujeito não consegue conciliar seu comportamento dentro de suas preferências temporais com as demandas temporais de produção, ou seja, prazos de entrega, por exemplo, isso bloqueia suas "possibilidades de adaptação espontânea" (Torres; Abrahao, 2006, p. 115), acarretando sofrimento e, possivelmente, desestabilização de identidade e personalidade, culminando em problemas mentais (Mendes; Cruz, 2004).

No entanto, se os indivíduos desenvolvem estratégias defensivas, ou seja, atitudes e ações que reduzam a percepção do sofrimento, e utilizam-nas como suporte para lidar com situações danosas à sua psique, é possível ressignificar tal sofrimento e transformá-lo em prazer, mantendo um equilíbrio dinâmico em sua integridade psíquica, de modo a evitar o adoecimento de fato (Mendes, 2008).

Com base nesses pressupostos, Mendes e Ferreira (2007) desenvolveram e validaram o inventário de trabalho e riscos de adoecimento (ITRA). Esse inventário conta com quatro escalas independentes que buscam avaliar, na perspectiva do trabalhador, as seguintes dimensões:

1. **Contexto de trabalho** – subdividido em organização do trabalho, condições de trabalho e relações socioprofissionais no trabalho, considerados antecedentes ao processo saúde-adoecimento.
2. **Custos ou riscos** – físicos, cognitivo e afetivo, que representam as exigências advindas do referido contexto.
3. **Prazer e sofrimento no trabalho** – o prazer é subdividido em realização profissional e liberdade de expressão, e o sofrimento é subdividido em esgotamento profissional e falta de reconhecimento, permitindo e promovendo uma análise conjunta dessas vivências no trabalho.
4. **Danos** – físicos, psíquicos e sociais, reais impactos percebidos pelo trabalhador como frutos das exigências e vivências mecionadas nas dimensões anteriores.

Quanto às estratégias defensivas e de enfrentamento, a literatura ainda não apresenta uma escala consolidada. Por outro lado, pesquisas recentes no país indicaram outros aspectos que devem ser levados em consideração na análise do prazer no trabalho, como comunicação e compartilhamento de experiências e interações socioprofissionais. No que diz respeito ao sofrimento no trabalho, situações de insegurança e atividades empobrecidas foram apontadas pelos trabalhadores como causa de sofrimento (Paiva et al., 2018).

3.5.6 ESTRESSE OCUPACIONAL E SÍNDROME DE BURNOUT

No campo do CHO, o *estresse ocupacional* "é amplamente compreendido como uma necessidade de adaptação ou ajustamento de um organismo frente às pressões que o ambiente impõe" (Zanelli, 2010, p. 47) e esse fenômeno tem sido analisado à luz de uma abordagem interacionista, que enfatiza a forma como as pessoas percebem e reagem às situações no ambiente de trabalho (Travers; Cooper, 1996). Quanto às origens e aos resultados do processo de ajustamento, as categorizações presentes no Quadro 3.17, a seguir, são esclarecedoras.

QUADRO 3.17 – ORIGENS E RESULTADOS DO PROCESSO DE AJUSTAMENTO DO ESTRESSE OCUPACIONAL

Origens	Definições (Lazarus, Folkman, 1984)
Sobrecarga	Pressões advindas de demandas excessivas.
Monotonia	Pressões advindas de demandas escassas.
Resultados	**Definições (Selye, 1974)**
Eustress	Ajuste com resultado positivo, no qual o organismo volta a um estado de equilíbrio.
Distress	Tentativa de ajuste frustrada, total ou parcialmente, no qual o organismo não retorna a um estado de equilíbrio.

Fonte: Elaborado com base em Lazarus; Folkman, 1984; Selye, 1974.

No caso do ajustamento falho, "a tensão (*distress*) decorrente da discrepância entre as fortes motivações do indivíduo e o ambiente de trabalho leva ao burnout" (Tamayo, 2008, p. 97).

Alguns estudiosos advogam pela similaridade entre os fenômenos do estresse e do burnout na qualidade de conjuntos de reações capazes de gerar prejuízos significativos para a saúde de indivíduos, de organizações e da sociedade como um todo; outros pesquisadores entendem que o estresse crônico é uma causa do burnout, responsabilizando este pela diminuição dos níveis de satisfação, de comprometimento e de produtividade nas organizações, tendo em vista a elevação dos níveis de absenteísmo, rotatividade, ansiedade, depressão, distúrbios de sono, queixas etc. (Ferreira; Assmar, 2008). Notemos que o burnout "ocorre em trabalhadores altamente motivados, que reagem ao estresse laboral trabalhando ainda mais até que entram em colapso" (Codo; Menezes, 2006, p. 241), já "o estresse pode ser vivenciado apenas por indivíduos com baixa motivação no trabalho", tendo em vista sua reação aos "fatores de pressão e/ou insatisfação" (Tamayo, 2008, p. 101) nele presentes, o que nos remete à questão da motivação do sujeito, assunto do qual já tratamos anteriormente.

É justamente a percepção do trabalhador a respeito desses fatores que o leva a reações particulares, dependendo de suas características de personalidade que definem se ele tem uma propensão ao estresse, tornando a vivência desse fenômeno única para cada indivíduo (Cooper; Sloan; William, 1988; Johnson et al., 2009). Dependendo dos sintomas físicos e mentais de estresse observados, a pessoa vai desenvolver estratégias de combate e/ou defesa contra eles. Esse ciclo traduz-se no modelo dinâmico do estresse ocupacional de Cooper, Sloan e William (1988), reconhecido nos estudos do estresse laboral.

Para esclarecer tais variáveis que compõem esse modelo internacionalmente conhecido, apresentamos detalhes específicos do **estresse ocupacional** no Quadro 3.18, a seguir.

QUADRO 3.18 – VARIÁVEIS DE ANÁLISE DO ESTRESSE OCUPACIONAL

Fontes de pressão e insatisfação	Definições
Fatores intrínsecos ao trabalho	Fatores relacionados ao ambiente físico, à quantidade de trabalho e ao controle sobre ele (Ferreira; Assmar, 2008).
Papel do indivíduo na organização	Fatores que refletem responsabilidades, conflitos e ambiguidades do papel individual (Ferreira; Assmar, 2008).
Relacionamentos interpessoais	Fatores sociais relacionados a oportunidades de expor problemas, receber apoio (Ferreira; Assmar, 2008).
Carreira e perspectivas futuras	Fatores relacionados à estabilidade, à segurança, às perspectivas futuras (Ferreira; Assmar, 2008).
Clima e estrutura organizacionais	Fatores relacionados a relações de poder, tomada de decisão, nível de formalização, de reconhecimento e valorização (Ferreira; Assmar, 2008).
Interface casa-trabalho do indivíduo	Fatores relacionados à invasão de aspectos do trabalho no espaço e no tempo da família do trabalhador (Ferreira; Assmar, 2008).

(continua)

(Quadro 3.18 – conclusão)

Propensão ao estresse	Definições
Tipo de personalidade	Tipo A x Tipo B (Friedman; Rosenman, 1974). Tipo A, mais propenso ao estresse: pessoas impacientes, apressadas, competitivas, ansiosas, perfeccionistas, aceleradas, pouco dadas ao relaxamento ou ao descanso. Tipo B, menos propenso ao estresse: indivíduos mais tranquilos, com baixa necessidade de impressionar terceiros, pacientes.
Lócus de controle	Interno x Externo (Rotter, 1966). Lócus de controle interno, menos propenso ao estresse: pessoas que acreditam ter domínio sobre seu ambiente. Lócus de controle externo, mais propenso ao estresse: indivíduos que acreditam ter pouca ou nenhuma influência no meio que os rodeia.
Sintomas de estresse	**Definições**
Tipo de manifestação	Nível individual: aumento da pressão arterial, dores nos ombros e coluna, ansiedade, apatia, choro, depressão, alcoolismo, dependência química/física, irritabilidade, alienação etc. Nível organizacional: aumento de absenteísmo, rotatividade, dificuldades nos relacionamentos pessoais e hierárquicos, diminuição na qualidade e na produtividade etc. (Cooper; Sloan; William, 1988; Travers; Cooper, 1996).
Consequências	Desenvolvimento de doenças físicas e mentais: problemas coronarianos e gastrintestinais, estafa, esgotamento etc. Surgimento de disfunções organizacionais: greves, acidentes, sabotagem etc. (Cooper; Sloan; William, 1988; Travers; Cooper, 1996).
Estratégias de combate e defesa contra o estresse percebido	**Definições**
Racionalizar Receber apoio social	Possibilidades mais subjetivas de lidar com estresse percebido, dentro e fora do ambiente de trabalho (Cooper; Sloan; William, 1988).
Hobbies ou passatempos Gerenciar seu tempo	Possibilidades mais objetivas de lidar com estresse percebido, dentro e fora do ambiente de trabalho (Cooper; Sloan; William, 1988).

Fonte: Elaborado com base em Ferreira; Assmar, 2008; Friedman; Rosenman, 1974; Rotter, 1966; Cooper; Sloan; William, 1988; Travers; Cooper, 1996.

Por outro lado, o burnout está mais relacionado à natureza do trabalho do que às características individuais da pessoa, representando um fator de risco significativo para problemas relacionados à saúde mental, cujas consequências abrangem a vida pessoal, social e laboral do indivíduo. Ao passo que o estresse pode advir tanto da sobrecarga de tarefas quanto da monotonia da natureza vazia das atividades envolvidas, o burnout é marcado pelo excesso de atividades e de envolvimento do trabalhador (Maslach, 2005).

O fenômeno do burnout pode ser compreendido à luz de três dimensões interrelacionadas: a exaustão emocional leva o sujeito a alterar sua forma de se relacionar com o trabalho, distanciando-se dele e caracterizando a despersonalização ou o cinismo, o que pode ocasionar a baixa realização pessoal/profissional ou o ceticismo, que, por sua vez, impacta o desempenho, a saúde e o bem-estar do trabalhador (Maslach, 2005; Maslach; Jackson, 1981; Maslach; Schaufeli; Leiter, 2001). O Quadro 3.19, a seguir, detalha essas dimensões do **burnout**.

QUADRO 3.19 – DIMENSÕES DE ANÁLISE DA SÍNDROME DE BURNOUT

Dimensões	Definições
Exaustão emocional	• Componente individual do estresse crônico. • "Refere-se ao sentimento do indivíduo de estar sendo hiperexigido e reduzido nos seus recursos emocionais e físicos" (Tamayo, 2008, p. 79). • Caracteriza-se pela falta de energia e pela "sensação de que os recursos emocionais estão exauridos" (Johnson et al., 2009, p. 67).
Despersonalização ou cinismo	• "Representa o componente do contexto interpessoal do burnout" (Tamayo, 2008, p. 79). • Trata-se de uma resposta do indivíduo permeada de negativismo, dureza, aspereza e distanciamento exacerbado de diversos aspectos do trabalho, incluindo-se pessoas, como colegas, chefias, subordinados, clientes (Maslach; Schaufeli; Leiter, 2001; Tamayo, 2008), que são coisificadas (Johnson et al., 2009).
Realização pessoal/ profissional ou ceticismo	• Reflete a dimensão de autoavaliação do burnout. • Relaciona-se a sentimentos voltados para o reconhecimento da competência e da produtividade no trabalho (Maslach; Schaufeli; Leiter, 2001; Tamayo, 2008). • Tem efeito mediador inversamente proporcional ao burnout, ou seja, em caso de burnout elevado, sentimentos de realização usualmente são diminuídos (Johnson et al., 2009).

Fonte: Elaborado com base em Maslach; Schaufeli; Leiter, 2001; Tamayo, 2008; Johnson et al., 2009.

Quanto às manifestações do burnout, elas podem externalizar-se em diversas faces da vida das pessoas, como está sintetizado no Quadro 3.20, a seguir.

QUADRO 3.20 – ESFERAS DE MANIFESTAÇÃO DA SÍNDROME DE BURNOUT

Esferas	Manifestações ou sintomas
Afetivas	"humor depressivo, desesperança, ansiedade, sentimentos de impotência no trabalho, baixa autoestima, baixa tolerância à frustração, hipersensibilidade a crítica, atitude de hostilidade e de desconfiança com clientes, colegas e supervisores"
Cognitivas	"dificuldade de concentração, perda de memória, dificuldade para tomar decisões, e provável aparição de sintomas sensório-motores"
Físicas	"distúrbios gastrintestinais, dores de cabeça, fadiga, insônia, sensação de esgotamento, tremores e falta de ar"
Comportamentais	"dificuldade para controlar as emoções, condutas de fuga ou evitação, absenteísmo, queda na produtividade, atrasos para chegar ao trabalho, acidentes de trabalho, roubos, negligência"
Sociais	"problemas com clientes, colegas, superiores e subalternos, evitação dos contatos sociais no trabalho e tendência ao isolamento, interferência dos problemas do trabalho na vida familiar"
Atitudinais	"frieza, insensibilidade, distanciamento, indiferença e cinismo no relacionamento com os clientes"
Organizacionais e do trabalho	"intenção de abandonar o emprego, diminuição do envolvimento com os clientes, com o trabalho e com a organização"

Fonte: Elaborado com base em Tamayo, 2008, p. 80.

Salientamos que muitas dessas manifestações são comuns ao estresse ocupacional, caracterizando mais um ponto de tangência entre ambos (Cooper; Sloan; William, 1988; Johnson et al., 2009; Moraes; Kilimnik, 1994; Schonfeld; Farrel, 2009; Travers; Cooper, 1996).

Destacamos, ainda, que a exaustão psíquica é considerada em ambos os fenômenos, porém, a compreensão do estresse ocupacional também aborda fatores de pressão e insatisfação no ambiente de trabalho que, mediados por tipos de personalidade e lócus de controle que retratam a propensão ao estresse percebido, podem levar a níveis diferenciados de sintomas físicos e mentais, dependendo de como são levadas a cabo as estratégias de defesa e combate contra o estresse percebido (Moraes; Kilimnik, 1994; Paiva; Couto, 2008; Swan; Moraes; Cooper, 1993); já o estudo do burnout considera, além da exaustão emocional, uma consequência peculiar, a despersonalização, que, por sua vez, afeta de modo inversamente proporcional a realização pessoal e profissional (Benevides-Pereira, 2002; Carlotto; Câmara, 2007; Maslach, 2005).

Uma proposta de análise conjunta desses fenômenos foi apresentada por estudiosos brasileiros, conforme podemos observar na Figura 3.11, a seguir.

FIGURA 3.11 – MODELO INTEGRADO DE ANÁLISE DO ESTRESSE OCUPACIONAL E DA SÍNDROME DE BURNOUT

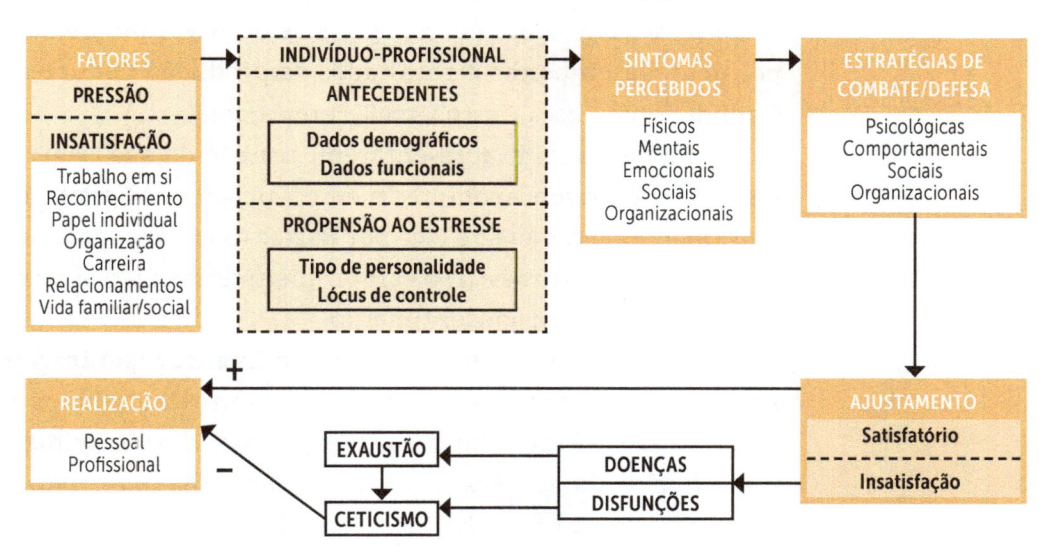

FATORES	INDIVÍDUO-PROFISSIONAL	SINTOMAS PERCEBIDOS	ESTRATÉGIAS DE COMBATE/DEFESA
PRESSÃO	ANTECEDENTES	Físicos	Psicológicas
INSATISFAÇÃO	Dados demográficos	Mentais	Comportamentais
Trabalho em si	Dados funcionais	Emocionais	Sociais
Reconhecimento		Sociais	Organizacionais
Papel individual	PROPENSÃO AO ESTRESSE	Organizacionais	
Organização	Tipo de personalidade		
Carreira	Lócus de controle		
Relacionamentos			
Vida familiar/social			

REALIZAÇÃO			AJUSTAMENTO
Pessoal	EXAUSTÃO	DOENÇAS	Satisfatório
Profissional	CETICISMO	DISFUNÇÕES	Insatisfação

Fonte: Paiva; Gomes; Helal, 2015, p. 301.

Essa perspectiva integrada dos fenômenos em tela indicam que, quando o sujeito percebe e experimenta pressões e insatisfações no ambiente de trabalho, ele reage e se comporta de maneira a se adequar e a retornar a um estado de equilíbrio, tanto físico quanto psíquico. Caso isso não ocorra, isto é, o processo de ajustamento não seja satisfatório, há uma tendência de desenvolvimento da síndrome de burnout.

Note que tanto o estresse ocupacional quanto o burnout originário do âmbito do trabalho podem levar à fragilização dos vínculos entre o sujeito e a organização, último tema que trataremos neste capítulo.

3.5.7 VÍNCULOS ORGANIZACIONAIS

Nesta última seção, analisaremos um tema que tem sido objeto de investigação dos pesquisadores internacionais há quase trinta anos (Silva; Bastos, 2010): os vínculos que as pessoas estabelecem com as organizações, a partir de seu trabalho cotidiano, enfatiando que eles determinam atitudes e comportamentos organizacionais (Rodrigues, 2009).

Entendemos *vínculo organizacional* como o tipo e o grau de ligação que o empregado constitui com a organização, refletindo em seu envolvimento com projetos, objetivos, problemas, políticas, desempenho e resultados de produção (Siqueira; Gomide Júnior, 2004; Pessoa, 2008; Pereira, 2011).

Da forma como apresentaremos esse tema, sua origem está nos estudos sobre compretimento, iniciados no Brasil pioneiramente na década de 1990 por Bastos (Bastos et al., 2008), e abrange três padrões: (1) o comprometimento; (2) o entrincheiramento; e (3) o consentimento.

No que diz respeito ao **comprometimento organizacional**, este trata da força que promove união entre indivíduos e organizações, dá estabilidade ao comportamento dos primeiros e direciona suas ações no desenvolvimento de suas atividades produtivas do dia a dia. Seus primeiros estudos partiram de uma perspectiva unidimensional, na qual era enfatizado o caráter afetivo do vínculo, entendendo-o como um estado no qual o sujeito se identifica com uma organização e seus objetivos e tem interesse em manter-se como membro dela (Mowday; Steers; Porter, 1979).

O modelo tridimensional de Meyer e Allen (1991) também atingiu notoriedade, tendo como premissa o fato de que certos processos psicológicos baseiam-se em uma ligação do trabalhador com a sua organização. As três dimensões propostas são:

1. **afetiva** – pela qual os indivíduos permanecem na organização porque desejam;
2. **normativa** – na qual permanecem na organização porque se sentem em débito moral com ela;

3. **continuação, calculativa ou instrumental** – segundo a qual eles permanecem na organização porque precisam.

Apesar de hegemônica por décadas, essa perspectiva tridimensional do comprometimento passou a ser alvo de alguns questionamentos envolvendo problemas conceituais e empíricos, desnudando ambiguidades e imprecisões do construto (Moscon, 2009; Rodrigues; Bastos, 2009, 2010; Solinger; Olffen; Roe, 2008; Silva; Bastos, 2010), voltados a questões que envolvem dificuldade de adaptação em diferentes culturas, sobreposição conceitual e empírica entre as suas dimensões e a falta de limites claros entre os construtos correlatos (Pinho; Bastos; Rowe, 2010).

Dessa forma, o comprometimento retorna para uma abordagem unidimensional, em que a base afetiva é priorizada (Aguiar, 2016). Nesse sentido, o comprometimento assume uma nuança positiva tanto para o indivíduo quanto para a organização, resultando em autoestima elevada do trabalhador e resultados organizacionais de destaque (Bastos; Pinho; Rowe, 2011).

Já o **entrincheiramento organizacional** foi aprofundado pioneiramente nos estudos de Carson e Bedeian (1994) e Carson, Carson e Bedeian (1995), que focavam a escolha de um trabalhador em continuar na mesma linha de ação profissional por falta de opções, pela sensação de perda dos investimentos já realizados ou pela percepção de um preço emocional muito alto a pagar para mudar. Pensar sobre entrincheiramento na carreira levou à necessidade de confrontar esse construto com a base de continuação do comprometimento (Blau; Holladay, 2006; Scheible; Bastos; Rodrigues, 2007).

Assim, foi proposto um ajuste no entrincheiramento para o contexto organizacional, composto por três dimensões que seriam avaliadas em termos do risco de perdas, caso o sujeito optasse por sair da organização onde atua (Pinho; Bastos; Rowe, 2010). As dimensões são:

1. **ajustamentos à posição social** – incluem investimentos adaptativos do indivíduo, como cursos e treinamentos para realização de atividades específicas, construção de relacionamentos com colegas de trabalho, visando ao reconhecimento na organização;
2. **arranjos burocráticos impessoais** – presumem estabilidade financeira e avaliam possíveis perdas de benefícios, como pagamento de férias e feriados, participação nos lucros, acesso à assistência médica e à previdência privada, aproximação e preparação para aposentadoria etc.;
3. **limitações de alternativas** – refletem percepções de restrições no mercado de trabalho e de falta de alternativas de recolocação decorrentes de seu perfil profissional, por exemplo.

Nesse sentido, sair da "trincheira" pode causar uma exposição perigosa ao trabalhador, já que a saída dessa zona de conforto poderia gerar danos, contribuindo para sua permanência quase obrigatória na organização (Rodrigues; Bastos, 2009) em razão da proteção, da segurança e da estabilidade que lhe são salvaguardadas.

Por fim, o **consentimento organizacional** foca as relações de controle e autoridade que influenciam o sujeito a se comportar como trabalhador obediente e cumpridor de seus papéis, atrelados à hierarquia a que pertence (Pinho; Bastos; Rowe, 2010). Diferentemente de uma vertente psicológica observada nos vínculos anteriores, a natureza sociológica do consentimento vai além da face normativa do comprometimento (Meyer; Allen, 1991) ou de um comprometimento passivo (Bar-Hayim; Berman, 1992), caracterizando-se como vínculo embasado na obediência a um superior hierárquico e no cumprimento de ordens, regras ou normas organizacionais (Silva, 2009).

A análise do consentimento organizacional pressupõe atenção a dois fatores analíticos: a aceitação íntima e a obediência cega. Desse modo, o cumprimento das ordens origina-se da compreensão de que a chefia sabe melhor o que o trabalhador deve fazer e que a concordância decorre de processos de identificação entre os valores individuais e organizacionais, dificultando uma avaliação ou um julgamento a respeito da tarefa *per se* e mesmo da forma como operacionalizá-la, implicando uma desconsideração da responsabilidades por qualquer consequência, principalmente negativa, originada de seu comportamento consentido (Pinho; Bastos; Rowe, 2010).

Note que os vínculos guardam certa interdependência, pois é possível um trabalhador ser comprometido, entrincheirado e com comportamento de consentimento, ou seja, ele permanece na organização porque gosta dali, de seu trabalho, das pessoas com quem lida diariamente e preza tanto tais relacionamentos sociais que teme perdê-los; caso surgisse uma oportunidade interessante que lhe fizesse pensar e, até mesmo, deixar efetivamente a empresa. Esses relacionamentos são tão significativos que ele, inclusive, obedece à chefia sem questionamentos, em razão da elevada identificação com ela.

PARA SABER MAIS

Neste último item do capítulo, indicamos, a seguir, artigos com resultados de pesquisas que tratam dos temas aqui abordados, tanto individualmente quanto em conexões com outros assuntos já discutidos anteriormente.

Sobre valores, nos diversos níveis de análise, listamos as seguintes leituras:

CERIBELI, H. B.; GONÇALVES, D. C. S. Uma análise da relação entre valores organizacionais, motivação e intenção de abandono da organização. **Reuna**, v. 20, n. 4, p. 51-66, 2015. Disponível em: <http://www.spell.org.br/documentos/ver/39291/uma-analise-da-relacao-entre-valores-organizacionais--motivacao-e-intencao-de-abandono-da-organizacao-->. Acesso em: 22 jun. 2019.

DEMO, G.; FERNANDES, T.; FOGAÇA, N. A influência dos valores organizacionais na percepção de políticas e práticas de gestão de pessoas. **REAd: Revista Eletrônica de Administração**, v. 23, n. 1, p. 89-117, 2017. Disponível em: <http://www.spell.org.br/documentos/ver/45578/a-influencia-dos-valores-organizacionais-na-percepcao-de-politicas-e-praticas-de-gestao-de-pessoas>. Acesso em: 22 jun. 2019.

MELLO, A. M. G.; SANT'ANNA, A. S. Valores pessoais e organizacionais em diferentes grupamentos geracionais. **Revista Ciências Administrativas**, v. 22, n. 1, p. 255-282, 2016. Disponível em: <http://www.spell.org.br/documentos/ver/40216/valores-pessoais-e-organizacionais-em-diferentes-grupamentos-geracionais->. Acesso em: 22 jun. 2019.

PAIVA, K. C. M.; DUTRA, M. R. S. Valores organizacionais e valores do trabalho: um estudo com operadores de call center. **Cadernos EBAPE.BR**, v. 15, n. 1, p. 40-62, 2017. Disponível em: <http://www.spell.org.br/documentos/ver/44701/valores-organizacionais-e-valores-do-trabalho--um-estudo-com-operadores-de-call-center>. Acesso em: 22 jun. 2019.

Sobre justiça, considerando as dimensões de análise no campo organizacional, sugerimos os seguintes artigos para aprofundamento no tema:

FIUZA, G. D. Políticas de gestão de pessoas, valores pessoais e justiça organizacional. **Revista de Administração Mackenzie**, v. 11, n. 5, p. 55-81, 2010. Disponível em: <http://www.spell.org.br/documentos/ver/4231/politicas-de-gestao-de-pessoas--valores-pessoais-e-justica-organizacional>. Acesso em: 22 jun. 2019.

JESUS, R. G.; ROWE, D. E. O. Justiça organizacional percebida por professores do ensino básico, técnico e tecnológico. **Revista de Administração Mackenzie**, v. 15, n. 6, p. 172-200, 2014. Disponível em: <http://www.spell.org.br/documentos/ver/34593/justica-organizacional-percebida-por-professores-do-ensino-basico--tecnico-e-tecnologico>. Acesso em: 22 jun. 2019.

SANTOS, V. D.; BEUREN, I. M.; HEIN, N. Relação da percepção de justiça na avaliação de desempenho com folga organizacional dos controllers. **Advances in Scientific and Applied Accounting**, v. 8, n. 1, p. 63-87, 2015. Disponível em: <http://www.spell.org.br/documentos/ver/35056/relacao-da-percepcao-de-justica-na-avaliacao-de-desempenho-com-folga-organizacional-dos-controllers>. Acesso em: 22 jun. 2019.

VESCO, D. G. D.; BEUREN, I. M.; POPIK, F. Percepção de justiça na avaliação de desempenho e satisfação do trabalho. **Enfoque Reflexão Contábil**, v. 35, n. 3, p. 121-138, 2016. Disponível em: <http://www.spell.org.br/documentos/ver/42850/percepcao-de-justica-na-avaliacao-na-avaliacao-de-desempenho-e-satisfacao-do-trabalho->. Acesso em: 22 jun. 2019.

A questão da retaliação no ambiente organizacional, aliada a outras temáticas comportamentais, também tem sido alvo de estudos mais recentes no Brasil, como podemos observar nos seguintes estudos:

FRANCO, D. S.; PAIVA, K. C. M. Justiça organizacional e comportamentos retaliatórios: como jovens aprendizes (não) se posicionam? **Revista Gestão & Planejamento**, v. 19, n. 1, p. 331-349, 2018. Disponível em: <http://www.spell.org.br/documentos/ver/51283/justica-organizacional-e-comportamentos-retaliatorios--como-jovens-aprendizes-nao--se-posicionam >. Acesso em: 22 jun. 2019.

MACHADO, D. Q.; IPIRANGA, A. S. R.; MATOS, F. R. N. "Quero matar meu chefe": retaliação e ações de assédio moral. **Revista Pretexto**, v. 14, n. 1, p. 52-70, 2013. Disponível em: <http://www.spell.org.br/documentos/ver/10036/---quero-matar-meu-chefe-----retaliacao-e-acoes-de-assedio-moral>. Acesso em: 22 jun. 2019.

PAIVA, K. C. M.; LEITE, N. E. Justiça no trabalho e atitudes retaliatórias: um estudo com servidores técnico-administrativos de uma instituição federal de ensino superior. **Revista Gestão & Tecnologia**, v. 11, n. 1, p. 1-11, 2011. Disponível em: <http://www.spell.org.br/documentos/ver/3413/justica-no-trabalho-e-atitudes-retaliatorias--um-estudo-com-servidores-tecnico-administrativos-de-uma-instituicao-federal-de-ensino-superior>. Acesso em: 22 jun. 2019.

PAIVA, K. C. M. et al. Gender and Experiences of Retaliation. **Tourism & Management Studies**, v. 14, n. 2, p. 53-62, 2018. Disponível em: <http://www.tmstudies.net/index.php/ectms/article/view/1063>. Acesso em: 22 jun. 2019.

Já as percepções temporais dos trabalhadores e suas relações com o mundo do trabalho podem ser mais bem compreendidas a partir da leitura dos seguintes estudos realizados no Brasil:

AGUIAR, A. B.; OYADOMARI, J. C. T.; ZARO, C. S. Escolhas intertemporais: o papel da frequência de feedback e momento de remuneração. **Revista Brasileira de Gestão de Negócios**, v. 21, n. 2, p. 274-290, 2019. Disponível em: <http://www.spell.org.br/documentos/ver/53177/escolhas-intertemporais--o-papel-da-frequencia-de-feedback-e-momento-de-remuneracao->. Acesso em: 22 jun. 2019.

FARIA, J. H.; RAMOS, C. L. Tempo dedicado ao trabalho e tempo livre: os processos sócio-históricos de construção do tempo de trabalho. **Revista de Administração Mackenzie**, v. 15, n. 4, p. 47-74, 2014. Disponível em: <http://www.spell.org.br/documentos/ver/33204/tempo-dedicado-ao-trabalho-e-tempo-livre--os-processos--socio-historicos-de-construcao--do-tempo-de-trabalho>. Acesso em: 22 jun. 2019.

FRANCO, D. S.; PAIVA, K. C. M.; DUTRA, M. R. S. Percepções temporais e controle: um estudo com trabalhadores de call center. **Revista Interdisciplinar de Gestão Social**, v. 7, n. 2, p. 75-97, 2018. Disponível em: <http://www.spell.org.br/documentos/ver/51072/percepcoes-temporais-e-controle--um-estudo-com-trabalhadores-de-call-center>. Acesso em: 22 jun. 2019.

LANA, J. et al. O tempo como legitimador da causa: implicações temporais em pesquisas de administração. **Revista Alcance**, v. 25, n. 1, p. 106-119, 2018. Disponível em: <http://www.spell.org.br/documentos/ver/50624/o-tempo-como-legitimador-da-causa--implicacoes-temporais-em-pesquisas-de-administracao->. Acesso em: 22 jun. 2019.

ROCHA, M. S. et al. Comprometimento organizacional e percepções temporais: um estudo sobre jovens trabalhadores. **Teoria e Prática em Administração**, v. 9, n. 1, p. 29-48, 2019. Disponível em: <http://www.spell.org.br/documentos/ver/52903/comprometimento-organizacional-e-percepcoes-temporais--um-estudo-sobre-jovens-trabalhadores>. Acesso em: 22 jun. 2019.

Por sua vez, as vivências de prazer e sofrimento têm sido analisadas em diversos grupos ocupacionais e setores produtivos brasileiros, como podemos observar nas pesquisas apresentadas nos artigos a seguir:

NASCIMENTO, M.; DELLAGNELO, E. H. L. Entre a obrigação e o prazer de criar: uma análise psicodinâmica do prazer-sofrimento no trabalho artístico. **REAd: Revista Eletrônica de Administração**, v. 24, n. 2, p. 135-166, 2018. Disponível em: <http://www.scielo.br/scielo.php?script=sci_arttext&pid=S1413-23112018000200135&lng=pt&nrm=iso>. Acesso em: 22 jun. 2019.

OLIVEIRA, W. S. M.; GARCIA, F. C. Poder e trabalho: prazer ou sofrimento? **Revista de Administração FACES Journal**, v. 10, n. 4, art. 6, p. 131-148, 2011. Disponível em: <http://www.spell.org.br/documentos/ver/242/poder-e-trabalho--prazer-ou-sofrimento->. Acesso em: 22 jun. 2019.

SARTORI, S. D.; SOUZA, E. M. Entre sofrimento e prazer: vivências no trabalho de intervenção em crises suicidas. **REAd: Revista Eletrônica de Administração**, v. 24, n. 2, p. 106-134, 2018. Disponível em: <http://www.scielo.br/scielo.php?script=sci_arttext&pid=S1413-23112018000200106&lng=pt&nrm=iso>. Acesso em: 22 jun. 2019.

SILVA, A.; GONÇALVES, M.; ZONATTO, V. C. S. Determinantes de prazer e sofrimento no trabalho hospitalar: uma análise à luz da teoria da psicodinâmica do trabalho. **BASE: Revista de Administração e Contabilidade da UNISINOS**, v. 14, n. 3, p. 197-212, 2017. Disponível em: <http://www.spell.org.br/documentos/ver/47426/determinantes-de-prazer-e-sofrimento-no-trabalho-hospitalar--uma-analise-a-luz-da-teoria-da-psicodinamica-do-trabalho>. Acesso em: 22 jun. 2019.

A respeito do estresse ocupacional e da síndrome de burnout, fenômenos cada vez mais presentes na realidade do mercado de trabalho brasileiro, recomendamos as seguintes leituras:

BERND, D. C.; BEUREN, I. M. A Síndrome de Burnout está associada ao trabalho dos auditores internos? **Gestão & Regionalidade**, v. 33, n. 99, p. 146-169, 2017. Disponível em: <http://www.spell.org.br/documentos/ver/46798/a-sindrome-de-burnout-esta-associada-ao-trabalho-dos-auditores-internos-->. Acesso em: 22 jun. 2019.

FELIX, D. B.; MACHADO, D. Q.; SOUSA, E. F. Análise dos níveis de estresse no ambiente hospitalar: um estudo com profissionais da área de enfermagem. **Revista de Carreiras e Pessoas**, v. 7, n. 2, p. 530-543, 2017. Disponível em: <http://www.spell.org.br/documentos/ver/45120/analise-dos-niveis-de-estresse-no-ambiente-hospitalar--um-estudo-com-profissionais-da-area-de-enfermagem>. Acesso em: 22 jun. 2019.

FERREIRA, J. M. P. et al. Estresse, retaliação e percepção de injustiça nas organizações: proposição de modelo teórico integrativo. **Cadernos EBAPE.BR**, v. 16, n. 4, p. 774-787, 2018. Disponível em: <http://www.spell.org.br/documentos/ver/51710/estresse--retaliacao-e-percepcao-de-injustica-nas-organizacoes--proposicao-de-modelo-teorico-integrativo>. Acesso em: 22 jun. 2019.

NASSAR, L. M.; PEREIRA JÚNIOR, G. A.; PORTO, G. S. Inovação para redução da Síndrome de 'Burnout' em estudantes e profissionais da medicina: uma revisão sistemática da literatura. **Revista de Administração, Contabilidade e Economia da FUNDACE**, v. 9, n. 3, p. 1-11, 2018. Disponível em: <http://www.spell.org.br/documentos/ver/52670/inovacao-para-reducao-da-sindrome-de--burnout--em-estudantes-e-profissionais-da-medicina--uma-revisao-sistematica-da-literatura>. Acesso em: 22 jun. 2019.

Por fim, sobre vínculos organizacionais, e mais especificamente sobre comprometimento, entrincheiramento e consentimento, os estudos a seguir permitem explorar conexões com outros temas comportamentais, bem como com os processos de GRH:

CABRAL, P. M. F. et al. Motivação, comprometimento e exaustão no trabalho: uma análise sobre o trabalhador bancário. **Revista Alcance**, v. 24, n. 4, p. 535-553, 2017. Disponível em: <http://www.spell.org.br/documentos/ver/49710/motivacao--comprometimento-e-exaustao-no-trabalho--uma-analise-sobre-o-trabalhador-bancario->. Acesso em: 22 jun. 2019.

FALCE, J. L. et al. Organizational Commitment: Longitudinal Study in a Public Higher Education Organization. **Revista de Administração Mackenzie**, v. 18, n. 6, p. 124-148, 2017. Disponível em: <http://www.spell.org.br/documentos/ver/48429/organizational-commitment--longitudinal-study-in-a-public-higher-education-organization>. Acesso em: 22 jun. 2019.

MILHOME, J. C.; ROWE, D. E. O.; SANTOS, M. G. D. Existem relações entre qualidade de vida no trabalho, comprometimento organizacional e entrincheiramento organizacional? **Contextus: Revista Contemporânea de Economia e Gestão**, v. 16, n. 3, p. 232-252, 2018. Disponível em: <http://www.spell.org.br/documentos/ver/52278/existem-relacoes-entre-qualidade-de-vida-no-trabalho--comprometimento-organizacional-e-entrincheiramento-organizacional--->. Acesso em: 22 jun. 2019.

RODRIGUES, A. C. A.; BASTOS, A. V. B.; MOSCON, D. C. B. Delimitando o conceito de comprometimento organizacional: evidências empíricas de sobreposição entre o entrincheiramento e a base de continuação. **Organizações & Sociedade**, v. 26, n. 89, p. 338-358, 2019. Disponível em: <http://www.spell.org.br/documentos/ver/53058/delimitando-o-conceito-de-comprometimento-organizacional--evidencias-empiricas-de-sobreposicao-entre-o-entrincheiramento-e-a-base-de-continuacao>. Acesso em: 22 jun. 2019.

SÍNTESE

Neste capítulo, detalhamos os fundamentos do CHO e comentamos sobre questões atuais que ensejam um pensamento crítico, contextualizado e pragmático de fenômenos da realidade organizacional. Destacamos as consistências de comportamentos em três níveis e aprofundamo-nos nas seguintes temáticas: motivação e tomada de decisão no nível individual; comunicação, liderança e conflito no nível grupal ou coletivo; e cultura e mudança no nível organizacional. Além desses temas clássicos, detivemo-nos em outros assuntos pertinentes à agenda desse campo de conhecimento, que podem trazer informações úteis à GRH, a saber: valores em vários níveis de análise, justiça organizacional, atitudes retaliatórias e retaliação, percepções temporais, prazer e sofrimento no trabalho, estresse ocupacional, síndrome de burnout e vínculos organizacionais.

4

RELAÇÕES DE TRABALHO

CONTEÚDOS DO CAPÍTULO:

- Conceitos e abordagens das relações de trabalho.
- Relações entre interesses, conflito e poder nas organizações.
- Relações de trabalho e suas estratégias.
- Temas emergentes nas relações de trabalho – assédio e terceirização.

APÓS O ESTUDO DESTE CAPÍTULO, VOCÊ SERÁ CAPAZ DE:

1. refletir sobre questões que afetam o cotidiano dos trabalhadores;
2. compreender as relações de trabalho em uma perspectiva social;
3. verificar estratégias presentes no cotidiano das relações de trabalho;
4. analisar questões relacionadas a assédio moral e sexual, bem como a terceirizações e precarização do trabalho.

Neste capítulo, vamos refletir sobre o outro lado da organização, ou seja, o lado do empregado.

Esta unidade não tem, de fato, um caráter gerencial, pois sua essência é muito mais reflexiva. Ela visa abrir nossos olhos para outras formas de enxergar a realidade, além de aspectos técnicos, adentrando questões políticas e sociais que afetam diretamente o cotidiano dos trabalhadores. Conforme Costa (2011, p. 202),

> Como ciência social aplicada, a Administração se nutre permanentemente da experiência empírica para refletir sobre suas práticas e desenvolver novos processos organizacionais. No campo da Gestão de Pessoas, e em especial das relações de trabalho, essa práxis apresenta contornos particulares, por envolver uma dimensão humana que, em outras áreas de gestão, está usualmente à sombra de uma racionalidade impessoal e pragmática.

Assim, para iniciarmos esse diálogo, temos de pensar além das questões técnicas e operacionais da organização. Afinal, a própria hierarquia implica diferentes níveis e esferas de poder, o que nos leva a compreender a organização como um espaço privilegiado de manifestação dessas relações. Consideramos que as relações intraorganizacionais espelham o macrocontexto e estão embebidas em relações de poder assimétricas e desiguais, por isso a importância de se compreender essa outra face da organização.

Essa compreensão pode conduzi-lo a dois caminhos: uma gestão de recursos humanos (GRH) mais humana ou uma GRH discriminatória e exploratória.

Qual caminho você quer seguir? Essa decisão é apenas sua!

4.1 RELAÇÕES DE TRABALHO: CONCEITOS E ABORDAGENS

Inicialmente, já esclarecemos que não estamos falando, aqui, de questões puramente legais, que usualmente advêm do termo *relações trabalhistas*, em nossa perspectiva de relações de trabalho, a sociedade, de modo geral, está submersa em relações de poder, já que, no sistema capitalista de produção e acumulação de riqueza, alguns agentes são mais beneficiados que outros, ou melhor, alguns são privilegiados e outros não, sendo deliberadamente colocados à deriva.

Nesse contexto, as relações tramadas no interior das organizações espelham essas relações sociais mais amplas e profundas, ou seja, o microespaço reflete o macroespaço, alimentando-o e reproduzindo-o. As relações de poder desse macrocontexto incluem as relações profissionais, que são compreendidas como aquelas constituídas de atores sociais, contextos específicos (internos e externos), certa ideologia e determinado corpo de regras (negociação coletiva) (Dunlop, 1958). Essas regras podem facilitar ou dificultar a ação do indivíduo, pessoal ou coletivamente, em seu peculiar cotidiano de trabalho; elas normalmente são sustentadas por um aparato legal, popularmente denominado *relações trabalhistas*[1].

Os representantes das relações profissionais são as categorias econômicas (empregadores), as categorias profissionais (empregados) e o Estado, que objetiva defender e ajustar os interesses dos agentes, sem perder de vista o contexto e a ideologia que os permeiam, focando o citado conjunto de regras, que vai sustentar as situações e as condições de trabalho e de vida dos indivíduos-trabalhadores.

São nessas situações e condições reais do dia a dia das organizações que as relações de trabalho se constituem como parte do sistema de relações profissionais, apresentando características próprias de cada contexto, em razão da impossibilidade de se separar as relações sociais das políticas.

Quando falamos de relações de trabalho, portanto, estamos tratando de quatro aspectos interdependentes:

---

[1] Destacamos que as relações trabalhistas em seu aspecto essencialmente técnico, isto é, legal, a princípio, não é o foco desta unidade, mas trataremos dessa perspectiva na última seção do capítulo, quando apresentarmos alguns dos temas emergentes que tangenciam as relações de trabalho, como é o caso da terceirização e do assédio moral.

1. arranjos institucionais (leis trabalhaistas, órgãos de fiscalização etc.) e informais (costumes, valores e culturas, no macro e microcontexto de trabalho) que atuam como sustentáculos das relações sociais no ambiente de trabalho;
2. conjuntos de ações que visam estabelecer regras que fundamentam a realização do trabalho, bem como formas de efetivá-lo, com seus responsáveis e alvos;
3. diversas técnicas relativas à GRH, que garantam a manutenção da assimetria entre os agentes de produção e o controle da produção em um ambiente considerado uma verdadeira arena política;
4. pontos de intersecção entre a organização do processo de trabalho e a organização política de produção, que pode assumir diversas faces, do despotismo à hegemonia da proteção pública (Ferraz; Oltramari; Ponchirolli, 2011).

Desse modo, as relações de trabalho dizem respeito às relações entre os atores sociais da ação coletiva produzida e vivenciada nas organizações, ao enquadramento do assalariado em um estatuto ou código de trabalho determinado, à produção e à reprodução de regras, bem como às políticas de GRH que corporificam questões relacionadas à motivação e à liderança, entendendo a organização como um local privilegiado da manifestação das relações de poder.

Para compreender as relações de trabalho, podemos considerar algumas instâncias de análise que abrangem macro, meso e microcontextos laborais. Tais esferas foram alvo de diversos estudos no Brasil, iniciados no final da década de 1980, por estudiosos do campo da administração, cuja interface com a sociologia é inegável.

Os principais modelos analíticos desenvolvidos no Brasil contemplavam instâncias diferenciadas, conforme sintetizado no Quadro 4.1, a seguir.

QUADRO 4.1 – AS DIFERENTES VISÕES SOBRE RELAÇÕES DE TRABALHO NO BRASIL

Fleury (1989)	Melo (1991)	Siqueira (1991)	Fischer (1987)
1. Político-econômico (contextos externos) 2. Organização de processo de trabalho 3. Políticas de RH (PRH) 4. Simbólico	1. Processos de regulação 2. Organização de processo de trabalho 3. Gestão da força de trabalho (PRH, relações chefia / subordinado, formas de controle) 4. Condições de trabalho e saúde	1. Macrossociais (tecnologia, mercado de trabalho, organização sindical) 2. Organizacionais (Estado, Organização Pública) 3. Microssociais (1, 2, 3 e 4)	1. Político (semelhante a 1 e 2 de Siqueira, exceto tecnologia) 2. Organização de processo de trabalho 3. PRH

Fonte: Melo; Carvalho-Neto, 1998, p. 24.

Observando tais instâncias, percebemos que algumas delas representam dificuldades do ponto de vista da GRH. Como atuar, por exemplo, diante do contexto político-econômico em que ele está submersa? Ou da tecnologia disponível no mercado? Ou, ainda, da composição do mercado de trabalho?

Sendo bem pragmáticos e considerando as possibilidades de atuação de um gestor, focar as relações de trabalho nos leva ao modelo de Melo (1991), que considera quatro instâncias, a saber:

1. **Organização do processo de trabalho** – essa instância espelha a determinação do conteúdo do trabalho, as atividades e as tarefas a serem desenvolvidas, os métodos utilizados e as inter-relações entre os cargos, o que inclui os relacionamentos hierárquicos e o conjunto de normas e regras que especificam o modo como se executa a produção, ou seja, a forma como se efetiva a divisão do trabalho. Tal conteúdo, presente usualmente nas descrições e análises dos cargos, visa satisfazer as demandas tecnológicas, sociais e individuais do sujeito que ocupa referido cargo. Inclui-se, também, a tecnologia de produção, as formas de organização do trabalho e as formas de controle da produção.

2. **Gestão da força de trabalho** – essa instância é o elemento ativador do processo de trabalho, visto que inclui as práticas organizacionais e instrumentais da GRH, utilizando-se de todos os seus processos e técnicas (vistos no Capítulo 2), assim como as relações entre chefia e subordinado e o meios disponíveis para o controle da força de trabalho.
3. **Condições de trabalho e saúde do trabalhador** – essa terceira instância diz respeito diretamente ao ambiente de trabalho, aos desgastes físico, mental e emocional que o trabalho impõe aos ocupantes do cargo e, também, à subjetividade dos sujeitos. Nesse escopo, são considerados os ambientes físico, químico e biológico, que usualmente são analisados nos processos de saúde (higiene, medicina) e segurança no trabalho. Importante frisarmos que a saúde mental do trabalhador resulta, basicamente, de cinco fatores, que são: a divisão do trabalho do conteúdo do cargo; o tempo e o ritmo de produção; o sistema hierárquico; as modalidades de comando; e as relações de poder (Dejours, 1997).
4. **Processos de regulação de conflitos** – essa última instância também se constitui de práticas inerentes à estrutura social de produção. Os processos de regulação têm por objetivo promover o equilíbrio e garantir o funcionamento de um sistema social complexo, inundado de divergências de interesses e assimetrias na alocação do poder. Para tanto, referidas práticas podem ser institucionalizadas (formais, como os instrumentos jurídico-legais utilizados pelos atores: as relações sindicais, as negociações coletivas, a atuação de comissões de empregados e de delegados sindicais) ou não (informais, como as formas de racionalidade nos níveis da organização, do grupo e do indivíduo, assim como a participação nos processos produtivos), a depender dos contextos interno e externo à organização. Destacamos que os processos de regulação de conflitos são formados tanto pela ação da organização quanto pela ação do empregado no dia a dia de trabalho. Algumas dessas estratégias serão detalhadas adiante.

É também importante ressaltar que as quatro instâncias são interdependentes, sendo os processos de regulação presentes nas outras três. Isso significa que, dependendo de como se dividem as tarefas dentro de um departamento, os processos de controle são efetivados e podem comprometer os interesses pessoais, gerando uma necessidade de mediação de conflitos com vistas a garantir que a produção de determinado setor se concretize dentro dos prazos e padrões de qualidade esperados. Em um setor comercial, por exemplo, as metas traçadas para um vendedor podem ser monitoradas pelo gestor diariamente por meio de um sistema de informação gerencial e, dependendo da evolução individual de cada subordinado, pode-se pensar em benefícios, como prêmios de vendas, de modo a atingir e superar as expectativas formais.

Assim, sob a égide das relações de trabalho, percebermos a impossibilidade de separação entre as relações produtivas (econômicas), as relações sociais e as relações políticas que ocorrem dentro de qualquer organização, independentemente de porte e setor de atuação. Com isso, destacamos outros aspectos, como as assimetrias de poder e/ou de autoridade nas políticas e práticas de GRH, tendo em vista os interesses diversificados das pessoas que compõem a organização e as forças potenciais de conflitos.

Além disso, as instâncias de análise das relações de trabalho promovem a possibilidade de leituras em diversos níveis da organização do trabalho – macro (organização), meso (gerência) e micro (trabalhador) –, bem como nos ambientes interno e externo em que atuam diferentes atores sociais, como é o caso do trabalhador (individual e coletivamente), do empregador (individual e coletivamente), do Estado, da sociedade etc.

Tais leituras podem guiar outras intervenções nas organizações, a partir de uma visão que reconheça os interesses diversificados dos atores sociais, que são inerentes a qualquer estrutura organizacional, os conflitos que podem advir de tais diferenças e as relações de poder que as reproduzem e, talvez, as administrem.

PARA SABER MAIS

Os estudos sobre as relações de trabalho no Brasil têm avançado em diversas frentes. Para compreender melhor aspectos que as perpassam, recomendamos os artigos a seguir.

CONCOLATTO, C. P.; RODRIGUES, T. G.; OLTRAMARI, A. P. Mudanças nas relações de trabalho e o papel simbólico do trabalho na atualidade. **Farol: Revista de Estudos Organizacionais e Sociedade**, v. 4, n. 9, p. 340-389, 2017. Disponível em: <http://www.spell.org.br/documentos/ver/50203/mudancas-nas-relacoes-de-trabalho-e-o-papel-simbolico-do-trabalho-na-atualidade>. Acesso em: 22 jun. 2019.

COSTA, E. S.; MOURA, A. C. Motivação como fator de sucesso para a gestão de carreira: o papel do administrador na melhoria das relações de trabalho. **Revista de Carreiras e Pessoas**, v. 8, n. 2, p. 212-226, 2018. Disponível em: <http://www.spell.org.br/documentos/ver/49547/motivacao-como-fator-de-sucesso-para-a-gestao-de-carreira--o-papel-do-administrador-na-melhoria-das-relacoes-de-trabalho>. Acesso em: 22 jun. 2019.

MENDES, L.; CAVEDON, N. R. "Território como ordem e caos": relações de poder entre camelôs, poder público e comerciantes. **BASE: Revista de Administração e Contabilidade da UNISINOS**, v. 12, n. 1, p. 15-26, 2015. Disponível em: <http://www.spell.org.br/documentos/ver/34915/----territorio-como-ordem-e-caos-----relacoes-de-poder-entre-camelos--poder-publico-e-comerciantes>. Acesso em: 22 jun. 2019.

SANTOS, L. S. S.; ALVARENGA, G. I. A lógica contemporânea das relações de trabalho e o discurso proferido por uma empresa de cosméticos brasileira: legitimando uma ideologia. **Revista de Administração, Sociedade e Inovação**, v. 5, n. 1, p. 6-20, 2019. Disponível em: <http://www.spell.org.br/documentos/ver/52399/a-logica-contemporanea-das-relacoes-de-trabalho-e-o-discurso-proferido-por-uma-empresa-de-cosmeticos-brasileira--legitimando-uma-ideologia>. Acesso em: 22 jun. 2019.

4.2 PODER, INTERESSES E CONFLITO NAS ORGANIZAÇÕES

Reconhecendo as organizações como sistemas políticos, três conceitos se mostram imprescindíveis para reconhecê-las: (1) poder; (2) interesses; e (3) conflitos. Esses três elementos estão inter-relacionados, afinal, interesses pessoais divergentes podem levar a conflitos, que, por sua vez, podem ser resolvidos ou simplesmente gerenciados até que outra situação imponha-lhes limites, embebidas nas relações de poder naturais de qualquer organização (Morgan, 1996).

Vejamos cada um deles, porém nos atentando a dois pontos:

1. Na perspectiva das relações de trabalho, o conflito é inerente às organizações, tendo em vista que a hierarquia corporifica uma distribuição assimétrica do poder formalmente.
2. Poder e liderança são percebidas como *faces de uma mesma moeda*, já que ambos referem-se a processos de influência sobre comportamentos esperados, isto é, papéis cujo desempenho leva a resultados acordados, previamente ou não. No entanto, parece haver estereótipo na compreensão de poder, contornando esse tema de um tom negativo, pejorativo, impositivo, sutil e formalmente atribuído; já liderança se apresenta como algo positivo, valorizado e desejoso de

desenvolvimento entre as pessoas no interior das organizações, algo que se exerce por meio de consenso, tratado explicitamente no dia a dia do trabalho e legitimado informalmente.

Essa visão estereotipada do **poder**, como se ele tivesse sua legitimidade apenas em fontes formais ou ideais, como a estrutura organizacional, a hierarquia é estudada por autores como Bennis et al. e Mechanic (Hardy; Clegg, 2001). No entanto, precisamos considerar também fontes informais e mais realísticas do poder, como o conhecimento técnico (Thompson), o fluxo produtivo (Dubin), o controle da incerteza (Crozier), as contingências estratégicas (Collinson), a dependência de recursos em variados contextos, o controle de recursos (Pettigrew), a participação na tomada de decisão (Bachrach e Baratz), a própria não necessidade de poder (Ranson et al.) e o cerceamento organizacional (Mann), quer derivado do consentimento por ignorância (desconhecimento), quer por liberdade (desprendimento) (Hardy; Clegg, 2001).

Dessa maneira, o poder não está depositado nas pessoas, mas passa por elas, e cada uma o manipula de um modo peculiar. Sua ação usualmente não se conforma em um único sentido e/ou direção, mas funciona em rede, em uma teia complexa e delicada na qual os sujeitos – no caso das organizações, os sujeitos-trabalhadores – circulam, transitam e funcionam como centros nervosos, centros de transmissão que exercem e sofrem suas ações, sem renderem-se como alvos fáceis, inertes ou ainda consentidos do poder (Foucault, 1992).

Desse modo, todos os seres humanos são passíveis de experiências relacionadas ao poder na sociedade, afinal, como sublinham Greene e Elffers (2000, p. 19):

> A sensação de não ter nenhum poder sobre as pessoas e acontecimentos é, em geral, insuportável – quando nos sentimos impotentes, ficamos infelizes. Ninguém quer menos poder; todos querem mais. No mundo atual, entretanto, é perigoso parecer ter muita fome de poder, ser

muito premeditado nos seus movimentos para conquistar o poder. Temos de parecer justos e decentes. Por conseguinte precisamos ser sutis – agradáveis porém astutos, democráticos mas não totalmente honestos.

Para lidar com o poder, Greene e Elffers (2000) sugerem 48 leis (recheadas de bom humor e sarcasmo e oriundas de exemplos de situações e personagens históricos) a serem seguidas pelas pessoas no seu dia a dia, de modo a transitarem com astúcia e versatilidade nas questões que lhes dizem respeito. Podemos conferir essas leis no Quadro 4.2, a seguir.

QUADRO 4.2 – AS 48 LEIS DO PODER

1) Não ofusque o brilho do mestre.	25) Recrie-se.
2) Não confie demais nos amigos, aprenda a usar os inimigos.	26) Mantenha as mãos limpas.
3) Oculte suas intenções.	27) Jogue com a necessidade que as pessoas têm de acreditar em alguma coisa para criar um séquito de devotos.
4) Diga sempre menos do que o necessário.	28) Seja ousado.
5) Muito depende da reputação dê a própria vida para defendê-la.	29) Planeje até o fim.
6) Chame atenção a qualquer preço.	30) Faça suas conquistas parecerem fáceis.
7) Faça os outros trabalharem por você, mas sempre fique com o crédito.	31) Controle as opções: quem dá as cartas é você.
8) Faça as pessoas virem até você – use uma isca se for preciso.	32) Desperte a fantasia das pessoas.
9) Vença por suas atitudes, não discuta.	33) Descubra o ponto fraco de cada um.
10) Contágio: evite o infeliz e o azarado.	34) Seja aristocrático ao seu próprio modo; aja como um rei para ser tratado como tal.
11) Aprenda a manter as pessoas dependentes de você.	35) Domine a arte de saber o tempo fácil.
12) Use a honestidade e a generosidade seletivas para desarmar sua vítima.	36) Despreze o que não puder ter: ignorar é a melhor vingança.
13) Ao pedir ajuda, apele para o egoísmo das pessoas, jamais para sua misericórdia ou gratidão.	37) Crie espetáculos atraentes.
14) Banque o amigo, aja como espião.	38) Pense como quiser, mas comporte-se como os outros.
15) Aniquile totalmente o inimigo.	39) Agite as águas para atrair os peixes.
16) Use a ausência para aumentar o respeito e a honra.	40) Despreze o que vier de graça.
17) Mantenha os outros em um estado latente de terror: cultive uma atmosfera de imprevisibilidade.	41) Evite seguir as pegadas de um grande homem.

(continua)

(Quadro 4.2 – conclusão)

18) Não construa fortalezas para se proteger – o isolamento é perigoso.	42) Ataque o pastor e as ovelhas se dispersam.
19) Saiba com quem está lidando – não ofenda a pessoa errada.	43) Conquiste corações e mentes.
20) Não se comprometa com ninguém.	44) Desarme e enfureça com o efeito espelho.
21) Faça-se de otário para pegar os otários – pareça mais bobo que o normal.	45) Pregue a necessidade de mudança, mas não mude muita coisa ao mesmo tempo.
22) Use a tática da rendição: transforme a fraqueza em poder.	46) Não pareça perfeito demais.
23) Concentre suas forças.	47) Não ultrapasse a meta estabelecida; na vitória, aprenda a parar.
24) Represente o cortesão perfeito.	48) Evite ter uma forma definida.

Fonte: Elaborado com base em Greene; Elffers, 2000.

Como sugerem tais leis, o poder não tem existência primeira, não é uma capacidade ou habilidade por si mesmo, assim, é mais apropriado tratarmos de relações de poder, já que elas institucionalizam a existência de arenas políticas com diferentes recursos e valores. Concebendo essas relações de poder em seu exercício social, elas não podem ser vistas como totais ou plenas, mas passíveis de contraponto e questionamento o tempo todo, dados os **interesses** diversificados dos atores nas referidas arenas.

Esses interesses, usualmente, não são coincidentes nem permanentes, potencializando os conflitos, que, aqui, são compreendidos como todas as relações contraditórias, originadas, estruturalmente, de normas e expectativas, instituições e grupos. Observamos que "o indivíduo vive um conflito permanente entre seu desejo e os limites deste, colocados pela existência dos outros e dos seus desejos próprios. Este conflito é, ao mesmo tempo, o afrontamento com os limites internos do indivíduo. O confronto com a morte, a sua e a dos seres desejados" (Pagès et al., 1987, p. 176).

Além dos desejos pessoais, alguns elementos da estrutura social podem promover conflitos que influenciem as mudanças na sociedade. Dahrendorf (1982) lista os seguintes:

1. a capacidade explosiva de funções sociais dotadas de expectativas contraditórias;
2. a incompatibilidade de normas vigentes;
3. as diferenças regionais e confessionais;
4. o sistema de desigualdade social (estratificação);
5. a universal barreira entre dominadores e dominados.

Seguindo esse raciocínio, o **conflito** sempre se refere à distribuição de poder (Dahrendorf, 1982), decorrendo disso a necessidade de sua domestificação por parte das organizações (Dahrendorf, 1992). Para tanto, o gestor se conforma como o principal ator na cena organizacional, já que é privilegiado em termos de acesso à informação e poder decisório (Reed, 1997), devendo permanecer atento às diversas fontes de conflito.

Destacamos que, nem sempre, os conflitos assumem uma forma de manifestação violenta; podendo apresentar-se sob outros formatos, latentes ou manifestos, pacíficos ou violentos, suaves ou intensos (Dahrendorf, 1981).

De todo modo, os processos de mediação tornam-se imprescindíveis para a condução da organização e estendem-se a basicamente quatro campos (Pagès et al., 1987):

1. **Campo econômico** – inclui salários, carreira e garantia no emprego aliados à exigências de qualificação e resultados; nesse campo, as políticas e práticas de GRH (PPGRH) gerenciam vantagens concedidas às pessoas em contraposição ao seu trabalho.
2. **Campo político** – inclui autonomia controlada por meio da eliminação do papel autoritário da chefia; nesse campo, as PPGRH asseguram o controle da conformidade às regras e aos princípios que pautam o comportamento dos trabalhadores, bem como a divisão destes e dos grupos de trabalho e o comando de suas relações.

3. **Campo ideológico** – promove a integração a outras instâncias de produção ideológica (família, escola, igreja etc.); nesse campo, as PPGRH corporificam os valores das pessoas e os relativos ao serviço e à eficácia, legitimando tais políticas e práticas e ocultando os objetivos de lucro e dominação.
4. **Campo psicológico** – favorece a adaptação e a identificação do indivíduo com a organização, visível por meio de benefícios, tanto os tangíveis quanto os não tangíveis, utilizados pela organização com vistas a aproximar mais profundamente as pessoas às dimensões simbólicas de seu ser; nesse campo, as PPGRH buscam gerenciar afetos que promovem o investimento inconsciente massivo da organização e sua dominação sobre o aparelho psíquico de seus trabalhadores.

Assim, essas PPGRH caracterizam-se como pluridmensionais, buscando satisfazer os imperativos da produção por meio de articulações que visam à economicidades entre tais campos.

PARA SABER MAIS

Sobre conflitos, interesses e poder, os estudos realizados no Brasil também têm-se mostrado profundos e com certo caráter de denúncia, ou seja, desnudando como as organizações desenvolvem políticas e práticas de GRH, visando ocultar as relações de poder existentes. Sugerimos, nessa linha, a leitura dos artigos listados a seguir.

AMORIM, W. A. C. et al. Certificação bancária e regulação de mercado: relações de trabalho e (pouca) negociação. **Revista de Administração da UFSM**, v. 10, n. 2, p. 204-222, 2017. Disponível em: <http://www.spell.org.br/documentos/ver/45763/certificacao-bancaria-e-regulacao-de-mercado--relacoes-de-trabalho-e--pouca--negociacao->. Acesso em: 22 jun. 2019.

CORREA, M. V. P.; LOURENÇO, M. L. A constituição da identidade dos professores de pós-graduação stricto sensu em duas instituições de ensino superior: um estudo baseado nas relações de poder e papéis em organizações. **Cadernos EBAPE.BR**, v. 14, n. 4, p. 858-871, 2016. Disponível em: <http://www.spell.org.br/documentos/ver/43834/a-constituicao-da-identidade-dos-professores-de-posgraduacao-stricto-sensu-em-duas-instituicoes-de-ensino-superior--um-estudo-baseado-nas-relacoes-de-poder-e-papeis-em-organizacoes->. Acesso em: 22 jun. 2019.

MAITAN FILHO, P. L.; SIMÕES, J. M. Relações de poder e controle na indústria automobilística. **Revista Pensamento Contemporâneo em Administração**, v. 9, n. 2, p. 129-141, 2015. Disponível em: <http://www.spell.org.br/documentos/ver/36847/relacoes-de-poder-e-controle-na-industria-automobilistica->. Acesso em: 22 jun. 2019.

PINTO, V. D. S.; VOGT, R. S. Relações de poder e conflitos organizacionais entre gestores e colaboradores da área contábil. **Revista de Carreiras e Pessoas**, v. 8, n. 2, p. 172-197, 2018. Disponível em: <http://www.spell.org.br/documentos/ver/49545/relacoes-de-poder-e-conflitos-organizacionais-entre-gestores-e-colaboradores-da-area-contabil>. Acesso em: 22 jun. 2019.

4.3 ESTRATÉGIAS NAS RELAÇÕES DE TRABALHO

As formas de atuação dos agentes das relações de trabalho – empregadores e empregados – no cotidiano das organizações e instituições têm sido as mais diversas possíveis, dados os desafios atuais em termos de manutenção dos empregos e outras formas de contratação de pessoal no mercado de trabalho.

No caso dos **empregadores**, os detentores do capital, o patronato, suas estratégias resumem-se a tentar retirar os conflitos do local de trabalho, da organização onde tal trabalho se realiza e remetê-los à instância legal, no caso, a Justiça do Trabalho. Os empregadores e seus representantes no espaço intraorganizacional são considerados atores privilegiados nas relações de trabalho, já que detêm os meios de produção e determinam resultados e processos. Além disso, eles desenvolvem e implementam políticas e práticas de GRH, que incluem, segundo Lima (1996):

- política de altos salários;
- recompensas econômicas aliadas a recompensas simbólicas;
- prioridade aos objetivos financeiros;
- competição acentuada;
- estabilidade no emprego;
- individualização;
- reconhecimento da existência do outro;
- valorização do consenso;
- tentativa de síntese dos modelos americano e japonês (esforço individual × trabalho em equipe);
- valorização da estratégia;
- mudança e renovação constantes;
- exigência de qualidade total;
- medidas para aumentar o fluxo de informação;
- busca de relação de confiança;
- linguagem particular;
- utilização de modelos heróicos;
- tentativa de criar uma comunidade global;
- grande importância à formação;
- intelectualização das tarefas, entre outros.

Além disso, por meio dos processos formais de GRH, é possível privilegiar políticas e práticas efetivas que visem demitir e/ou contratar externamente, com o intuito de enfraquecer o moral dos grupos e das pessoas, bem como favorecer a formação de equipes de trabalho fortemente diferenciadas, de modo que o conflito seja a base das relações sociais, prejudicando a integração de interesses e a formação de laços afetivos que possam minar a união entre os trabalhadores, entre outras (Dejours, 1997).

Já o **trabalhador**, o sujeito da ação produtiva, o fator trabalho, utiliza de outros artifícios mais individuais, que são, segundo Lima (1996):

- evitação fóbica;
- racionalização;
- idealização;
- deslocamento;
- isolamento;
- recusa;
- negação.

Esses mecanismos geralmente são acionados em um processo de ressignificação do trabalho para garantir a integridade psíquica e, por conseguinte, física do indivíduo-trabalhador.

Caminhando para o escopo das relações sociais, outras possibilidades de resistência no cotidiano do trabalhador podem ocorrer por meio do distanciamento entre os atores – o que, no dia a dia de trabalho, acaba reforçando a hierarquia – ou da persistência em determinados modos de operar, visando minar a autoridade formal (Collinson, 1994).

Outros expedientes que os trabalhadores utilizam, alargando a face social e coletiva de sua atuação em termos de resistência e combate ao sofrimento percebido e oriundo de relações de trabalho assimétricas, podem estar alinhados às seguintes ações:

- atuar de modo agressivo, a despeito de possibilidades mais fraternas e humanas;
- jogar com rivalidades, individuais e grupais, visando à discórdia em detrimento da coesão grupal;
- reter informação, guardando segredo no que pode interessar a terceiros;

- diminuir as manifestações coletivas no local de trabalho;
- evitar ocasiões de discussão, privilegiando o trabalho, em um comportamento conhecido como *ativismo defensivo*;
- protestar contra regras e normas pública ou privadamente;
- atuar privilegiando a morosidade em detrimento da agilidade;
- favorecer o desânimo em vez de promover um ambiente alegre e instigador;
- fomentar boatos, fazendo circular informações duvidosas, com vistas a minar pessoas e instituições;
- realizar denúncias, fundamentadas ou não em fatos e de difícil comprovação, de modo a promover a dúvida e causar estresse;
- promover o silêncio, na condição de ausência de defesa coletiva, dificultando o trânsito de informações e minando relações sociais;
- alimentar a desconfiança, questionando fatos e razões subjacentes, instigando as pessoas umas contra as outras;
- encorajar a desunião, ostensiva ou insidiosamente, favorecendo os processos de individualiação;
- impelir tensões, retirando ou deslocando apoio moral, enfraquecendo a maior parte dos envolvidos;
- engendrar conflitos entre equipes, apoiando-se na máxima maquiavélica do *dividir para reinar*;
- instigar a falta de solidariedade em vez do apoio mútuo e respeito às pessoas;
- manter o individualismo nas relações sociais;
- recusar envolvimento social, mantendo distanciamentos protetores;

- instigar comportamentos contraproducentes, como sabotagem, greves, roubos, atrasos, absenteísmo, insubordinação, sob a ótica do retribuir na mesma moeda;
- lançar mão do *humor subversivo* (Rodrigues; Collinson, 1995), utilizando a ironia e o sarcasmo para chamar atenção para fatos e pessoas que se pretende questionar; entre outros.

Por fim, em termos de atuação de **agente coletivo**, podemos considerar os sindicatos, as associações e os conselhos profissionais, principalmente. No Brasil, em razão da própria história dessas instituições ao longo do último século, com rupturas e ações deliberadas do Estado para desmobilizá-las, quer em torno de uma agenda em comum, quer em virtude de interesses profissionais distintos, entendemos que elas se encontram despreparadas, tanto política quanto socialmente, para lidar com as demandas do mercado de trabalho e da sociedade, de modo mais amplo.

No caso dos sindicatos, também observamos dificuldades no exercício da participação e da autonomia ante à qualificação crescente da massa trabalhadora, o que não redundou em ganhos financeiros, bem como da delegação de responsabilidade e de poder. Esse fato é notoriamente observado nos instrumentos normativos, nos quais a manutenção de ganhos ou privilégios é vista como vitória relativa à negociação. Além disso, sua atuação enfatiza uma transição em termos de políticas e práticas remuneratórias, deslocando a discussão dos salários para os benefícios, as condições de trabalho e a participação nos lucros e resultados, sendo esta bem incipiente, apesar de alguns avanços na legislação.

Esses fatos têm implicações mais amplas, que

> se refletem nos movimentos sindicais em termos de descentralização das negociações coletivas e da dificuldade de "recrutar" trabalhadores que se encontram dispersos e receosos quanto ao movimento. Os sindicatos necessitam de legitimação, de conquista de espaço, para

> que possam atuar e fazer valer seus princípios. Dessa forma, o processo de participação se torna central para a discussão na medida em que, por meio desse conceito, pode-se ampliar o espaço de poder ou de atuação do movimento sindical. (Pereira; Tavares, 2006, p. 2)

Assim, as estratégias utilizadas nas arenas políticas que envolvem as organizações são as mais diversas e, considerando o cenário atual, têm contribuído para a desmobilização coletiva, bem como para o mal-estar e o adoecimento dos trabalhadores. Para sintetizar, encerramos esta seção com o questionamento proposto por Mendes e Fontoura (2011, p. 31): "O que estamos fazendo com nós mesmos?".

PARA SABER MAIS

No Brasil, as estratégias de resistência dos agentes das relações de trabalho também têm sido alvo de pesquisas acadêmicas, demonstrando uma ampla preocupação com os desdobramentos na saúde do trabalhador. Nesse sentido, sugerimos consultar os estudos a seguir indicados.

BRETAS, P. F. F. Relações de poder e resistências em uma organização pública: um caso de ensino. **Administração Pública e Gestão Social**, v. 10, n. 3, p. 222-226, 2018. Disponível em: <http://www.spell.org.br/documentos/ver/50025/relacoes-de-poder-e-resistencias-em-uma-organizacao-publica--um-caso-de-ensino>. Acesso em: 22 jun. 2019.

CARRIERI, A. P. et al. Estratégias e táticas empreendidas nas organizações familiares do Mercadão de Madureira (Rio de Janeiro). **Revista de Administração Mackenzie**, v. 13, n. 2, art. 109, p. 196-226, 2012. Disponível em: <http://www.spell.org.br/documentos/ver/7034/estrategias-e-taticas-empreendidas-nas-organizacoes-familiares-do-mercadao-de-madureira--rio-de-janeiro->. Acesso em: 22 jun. 2019.

GOUVÊA, J. B.; ICHIKAWA, E. Y. Alienação e resistência: um estudo sobre o cotidiano cooperativo em uma feira de pequenos produtores do oeste do Paraná. **Gestão & Conexões**, v. 4, n. 1, p. 68-90, 2015. Disponível em: <http://www.spell.org.br/documentos/ver/41196/alienacao-e-resistencia--um-estudo-sobre-o-cotidiano-cooperativo-em-uma-feira-de-pequenos-produtores-do-oeste-do-parana>. Acesso em: 22 jun. 2019.

SOUZA, E. M.; BIANCO, M. F.; SILVA, P. O. M. Análise arqueológica das estratégias utilizadas por homossexuais no trabalho bancário. **Farol: Revista de Estudos Organizacionais e Sociedade**, v. 3, n. 6, p. 13-65, 2016. Disponível em: <http://www.spell.org.br/documentos/ver/50263/analise-arqueologica-das-estrategias-utilizadas-por-homossexuais-no-trabalho-bancario>. Acesso em: 22 jun. 2019.

4.4 TEMAS EMERGENTES NAS RELAÇÕES DE TRABALHO

Entre os temas emergentes que se destacam no estudo das relações de poder e das relações de trabalho no Brasil, vamos nos deter em basicamente dois: assédio moral e sexual e terceirização. Esses temas têm composto a agenda de pesquisadores, bem como de profissionais, gestores e executivos de mercado, dados seus desdobramentos, inclusive em termos legais.

4.4.1 ASSÉDIO NAS ORGANIZAÇÕES

O assédio é considerado uma prática e um comportamento antiético e desrespeitoso (Nunes; Tolfo; Espinosa, 2019) que se concretiza em uma das expressões de relações de poder que permeiam a sociedade, em especial, relações de trabalho travadas nas organizações; estas mantêm seu norte de assimetria e desigualdade quando um trabalhador age violentamente contra outro, colocando em risco sua permanência no posto de trabalho ou, ainda, suas possibilidades em termos de carreira.

De modo mais sistemático, entendemos o *assédio moral* como um conjunto de ações hostis, repetitivas e públicas envidadas por um ou mais sujeitos contra outro(s), com o objetivo de coagir sua conduta e debilitar sua estrutura psicológica (Leymann, 1990). Podemos também concebê-lo como qualquer prática abusiva manifestada por meio de "comportamentos, palavras, atos, gestos, escritos que possam trazer dano à personalidade, à dignidade ou à integridade física ou psíquica de uma pessoa, pôr em perigo seu emprego ou degradar o ambiente de trabalho" (Hirigoyen, 2005, p. 65).

Nesse sentido, podemos enumerar quatro elementos constitutivos do assédio, conforme delineia Ramos (2013): (1) conduta abusiva do assediador; (2) natureza psicológica da conduta agressiva; (3) continuidade e repetitividade da conduta ofensiva ao longo de um período de tempo; e (4) finalidade de exclusão da vítima no ambiente de trabalho.

Quanto às atitudes hostis praticadas pelos assediadores, Hirigoyen (2011), uma das precursoras no estudo desse tema, destaca quatro grupos, exemplificados no Quadro 4.3, a seguir.

QUADRO 4.3 – ATITUDES HOSTIS RELACIONADAS AO ASSÉDIO NAS ORGANIZAÇÕES

Atitudes hostis	Exemplos nas organizações
Deterioração proposital das condições de trabalho	1. Retirar a autonomia da vítima. 2. Não lhe transmitir mais as informações úteis para a realização de tarefas. 3. Contestar sistematicamente todas as suas decisões. 4. Criticar seu trabalho de forma injusta ou exagerada. 5. Privá-la do acesso aos instrumentos de trabalho: telefone, fax, computador etc. 6. Retirar o trabalho que normalmente lhe compete. 7. Dar-lhe permanentemente novas tarefas. 8. Atribuir-lhe proposital e sistematicamente tarefas inferiores às suas competências. 9. Atribuir-lhe proposital e sistematicamente tarefas superiores às suas competências. 10. Pressioná-la para que não faça valer seus direitos (férias, horários, prêmios). 11. Agir de modo a impedir que obtenha promoção. 12. Atribuir à vítima, contra a vontade dela, trabalhos perigosos. 13. Atribuir à vítima tarefas incompatíveis com sua saúde. 14. Causar danos em seu local de trabalho. 15. Dar-lhe deliberadamente instruções impossíveis de executar. 16. Não levar em conta recomendações de ordem médica indicadas pelo médico do trabalho. 17. Induzir a vítima ao erro.

(continua)

(Quadro 4.3 – conclusão)

Atitudes hostis	Exemplos nas organizações
Isolamento e recusa de comunicação	1. Interromper a vítima constantemente. 2. Superiores hierárquicos ou colegas não dialogarem com a vítima. 3. A comunicação com ela é unicamente por escrito. 4. Recusar todo o contato com a vítima, mesmo o visual. 5. Separar a vítima dos outros. 6. Ignorar sua presença, dirigindo-se apenas aos outros. 7. Proibir o colega de lhe falar. 8. Não deixar a vítima falar com ninguém. 9. A direção recusa qualquer pedido de entrevista.
Atentado contra a dignidade	1. Utilizar insinuações desdenhosas para qualificar a vítima. 2. Fazer gestos de desprezo (suspiros, olhares desdenhosos, levantar de ombros). 3. Desacreditar a vítima diante de colegas, superiores ou subordinados. 4. Espalhar rumores a seu respeito. 5. Atribuir-lhe problemas psicológicos (dizem que é doente mental). 6. Zombar de suas deficiências físicas ou de seu aspecto físico; é imitada ou caricaturada. 7. Criticar sua vida privada. 8. Zombar de sua origem ou de sua nacionalidade. 9. Implicar com suas crenças religiosas ou convicções políticas. 10. Atribuir-lhe tarefas humilhantes. 11. Injuriar a vítima com termos obscenos ou degradantes.
Violência verbal, física e sexual	1. Ameaçar a vítima de violência física. 2. Agredi-la fisicamente, mesmo que de leve. 3. Falar aos gritos com a vítima. 4. Invadir sua vida privada com ligações telefônicas ou cartas. 5. Seguir pelas ruas e espionar diante do domicílio. 6. Fazer estragos em seu automóvel. 7. Assediar ou agredir sexualmente (gestos ou propostas). 8. Não levar em conta problemas de saúde da vítima.

Fonte: Elaborado com base em Guimarães, 2018.

Quanto às consequências do assédio, diversos autores mencionam seus impactos sobre, basicamente, três envolvidos: (1) a vítima; (2) a organização; e (3) a sociedade. No Quadro 4.4, a seguir, apresentamos uma síntese dos estudos sobre o tema.

QUADRO 4.4 – CONSEQUÊNCIAS DO ASSÉDIO NAS ORGANIZAÇÕES

Envolvidos	Consequências
Vítima	1. Físicas: alteração no sono, aumento da pressão arterial, cefaleia, consumo excessivo de álcool, dores generalizadas e esporádicas, enjoos, falta de apetite, tensões musculares (Nunes; Tolfo, 2013), sofrimento e transtornos psíquicos (Dejours, 1998; Freitas, 2007), estresse (Hirigoyen, 2005), reações e doenças físicas (Santos, 2000; Hirigoyen, 2005). 2. Psíquicas: insegurança, raiva, vontade de chorar, desejo de suicídio (Nunes, Tolfo, 2013), perda de sentido e agressividade (Hirigoyen, 2005), desilusões e recalques (Hirigoyen, 2005), manifestações depressivas e depressão (Nunes; Tolfo, 2013; Hirigoyen, 2005), psicoses (Hirigoyen, 2005). 3. Sociais: abandono das relações pessoais (Nunes, Tolfo, 2013), vergonha e humilhação (Hirigoyen, 2005). 4. Laborais: descontentamento com o trabalho, dificuldade de concentração (Nunes; Tolfo, 2013). 5. Financeiras: perda de renda no caso de desemprego, despesas médicas, despesas farmacêuticas, despesas com advogado (Martiningo Filho; Siqueira, 2008).
Organização	1. Queda de produtividade: absenteísmo, desmotivação, insatisfação de empregados (Martiningo Filho; Siqueira, 2008; Rodrigues; Aaltonen, 2013; Nunes; Tolfo, 2013). 2. Aumento de custos: aposentadorias prematuras, absenteísmo, imagem negativa no mercado, rotatividade de pessoal (Nunes; Tolfo, 2013), indução ao erro (Freitas, 2007), indução à demissão (Freitas, 2007).
Sociedade	1. Aumento de despesas: saúde, seguridade oficial, hospitalizações, indenizações de desemprego, aposentadorias antecipadas (Martiningo Filho; Siqueira, 2008).

Fonte: Elaborado com base em Dejours, 1998; Freitas, 2007; Hirigoyen, 2005; Martiningo Filho; Siqueira, 2008; Nunes; Tolfo, 2013; Rodrigues; Aaltonen, 2013; Santos, 2000.

Note que é mais comum que os gestores assediem os subordinados (Nunes; Tolfo; Espinosa, 2019), usualmente em busca de resultados mais significativos (Saraiva, 2010) ou, simplesmente, pela humilhação de um outro que pode, de algum modo, colocar em risco sua permanência ou mesmo sua ascenção na organização, desqualificando-o publicamente para retirar de cena um possível competidor interno.

Quando observadas as possíveis direções das violências, podemos enumerar seis tipos de assédio, descritos no Quadro 4.5, a seguir.

QUADRO 4.5 – DIREÇÕES DO ASSÉDIO NAS ORGANIZAÇÕES

Direção do assédio	Descrição
Horizontal	Praticado entre colegas do mesmo nível hierárquico movidos por disputas relacionadas ao cumprimento de metas, à posição hierárquica e às promoções (Parreira, 2010; Alkimin, 2013) ou por inveja, intolerância e discriminação (Correa; Carrieri, 2007).
Vertical ascendente	Tipo mais raro de ocorrência, praticado por um subordinado sobre uma chefia, podendo ocorrer falsas denúncias de assédio sexual ou, no âmbito coletivo, em desaprovação a um estilo de liderança ou gestão (Hirigoyen, 2002; Freitas, 2007). Essa direção de assédio moral é caracterizada quando um superior é agredido pelos subordinados, por meio de chantagens ou outra forma de pressão que denigra a imagem do assediado.
Vertical descendente	Tipo mais comum de assédio, realizado por um superior a um subordinado (Hirigoyen, 2002), buscando eliminá-lo do ambiente laboral (Correa; Carrieri, 2007).
Misto	Realizado por colegas e chefia, visando isolar a vítima (Hirigoyen, 2011).
Estratégico	Empetrado pela organização contra empregados que não lhe são mais lucrativos (Hirigoyen, 2011).
Coletivo	Realizado contra grupos de empregados, por meio de políticas "motivacionais" que visem ao atingimento de metas comuns, porém com punição caso elas não sejam atingidas, submetendo os trabalhadores ao psicoterror e ao pagamento de "prendas" (Melo, 2008).

Fonte: Elaborado com base em Alkimin, 2013; Correa; Carrieri, 2007; Freitas, 2007; Hirigoyen, 2002; 2011; Melo, 2008; Parreira, 2010.

Não se pode negar o imperativo de produção que inunda toda e qualquer organização com fins lucrativos, principalmente após a crise do capital a partir dos anos 1970 (Antunes, 2007). Porém, a ocorrência e os diálogos acerca do assédio moral não têm-se restringido apenas a esse tipo de estrutura; pelo contrário, tais atos de violência têm sido registrados em organizações públicas (Barreto; Heloani, 2015; Ferraz; Emmendoerfer, 2015; Tolfo; Silva; Krawulski, 2015) e discutidos em outras sem fins lucrativos, como os sindicatos (Barreto; Heloani, 2015; Ferraz; Emmendoerfer, 2015).

Soma-se a esse vértice econômico um norte axiológico, especialmente no caso brasileiro, em que perduram expressões de cultura nacional, como a valorização da hierarquia, dos laços pessoais e sociais, do formalismo e do gosto pelo exótico (Freitas, 1997), inclusive em organizações públicas, marcadas por conservadorismo, formalismo, centralização, morosidade etc. (Tolfo; Silva; Krawulski, 2015).

Além disso, a legislação brasileira é omissa em relação ao assédio nas organizações, apesar de o assédio sexual ser considerado crime desde o ano de 2001, tendo em vista que o Código Penal Brasileiro (Brasil, 1940) foi atualizado com a inclusão do artigo 216-A (Brasil, 2001), que caracteriza o assédio sexual como o ato de "Constranger alguém com o intuito de obter vantagem ou favorecimento sexual, prevalecendo-se o agente da sua condição de superior hierárquico ou ascendência inerentes ao exercício de emprego, cargo ou função. Pena – detenção, de 1 (um) a 2 (dois) anos".

No cruzamento do aparato jurídico com as questões culturais, percebemos um vácuo de atuação do Poder Público, já que "muitos dos humilhados e assediados que vão às portas dos tribunais em busca de seus direitos e da dignidade atingida, com certa frequência são incompreendidos e mais uma vez humilhados" (Heloani; Barreto, 2015, p. 14).

Desse modo, propomos uma análise do assédio moral em uma perspectiva multinível que incorpore os vértices:

- **interpessoal** – que privilegie relações entre indivíduos e que usualmente é o mais abordado nas pesquisas e no debate do assunto, tendo em vista os impactos nos indivíduos, principalmente na vítima;
- **econômico-organizacional** – que considere as demandas e as imposições oriundas de contextos econômicos competitivos ou de elevada pressão social e/ou política sobre as organizações;
- **cultural** – com raízes profundas no âmbito nacional; que, no caso brasileiro, sublinha uma face permissiva, tendo em vista a naturalização de diferenças e discriminações;
- **institucional** – que contemple o aparato legal que trata formalmente do fenômeno, ainda incipiente no caso brasileiro.

Podemos verificar essa perspectiva integrada na Figura 4.1, a seguir.

FIGURA 4.1 – ASSÉDIO NAS ORGANIZAÇÕES: INSTÂNCIAS DE ANÁLISE

```
    Instância                    Instância
   interpessoal                   cultural
        |                            |
        |                            |
        |         ASSÉDIO            |
        |                            |
        |                            |
    Instância                    Instância
   econômica                   institucional
```

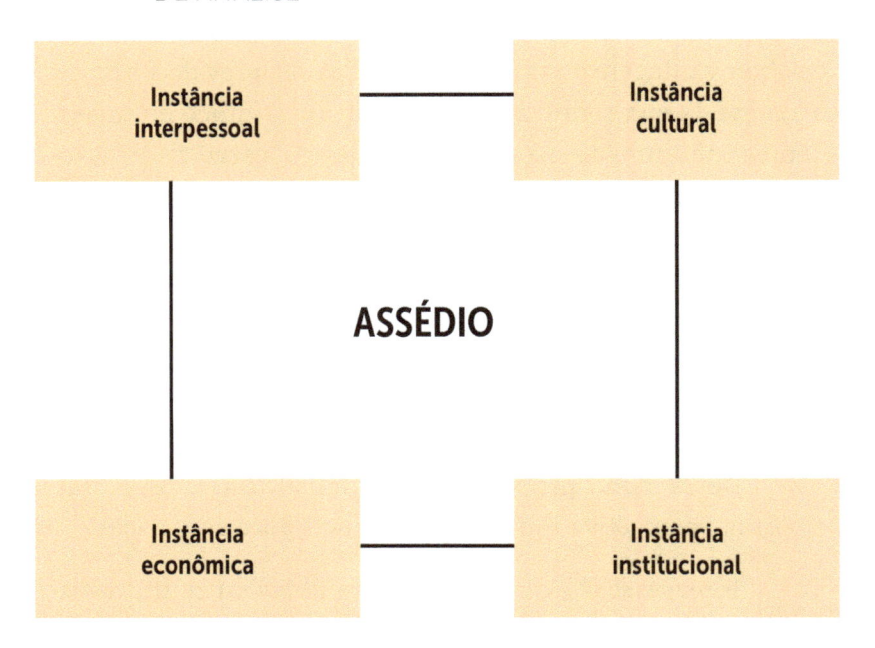

Assim, o assédio é um ato de violência simbólica, podendo se efetivar até a violência física, com consequências negativas para todos os envolvidos. Apesar das dificuldades que uma leitura mais ampla e profunda impõe à compreensão de suas origens, lidar, minimizar e eliminar o assédio dos meandros organizacionais são ações necessárias e desejosas.

Outra questão cara para as relações de trabalho na atualidade são as mudanças estruturais que têm ocorrido nas organizações, com vistas à diminuição de custos. É comum, durante esses processos de mudança, a instabilidade emocional e as cobranças incessantes por resultados, potencializando os casos de assédio, como vimos anteriormente. Entre esses processos de reestruturação, vamos refletir, a seguir, sobre a terceirização, incluindo sua face que repercute na precarização do e no trabalho.

4.4.2 TERCEIRIZAÇÃO NAS ORGANIZAÇÕES

Entendemos terceirização – ou *outsourcing* – como o "processo administrativo e organizacional de definir o foco de negócio da empresa e repassar para terceiros os setores de produtos e de apoio que sejam secundários aos objetivos da empresa" (Heloani, 2003, p. 224), possibilitando redução de custos advindos de um maior número de empregados e de uma estrutura hierárquica menos enxuta. Segundo Moura Júnior (2017, p. 234),

> O outsourcing como estratégia corporativa surgiu na década de 1950, mas só veio a se tornar prática estratégica na década de 1980 [...] com as primeiras terceirizações de serviços em operações não pertencentes ao core business organizacional, como call centers [...]. Daí em diante, a delegação de funções de negócio (business process outsourcing, BPO), de gestão da TI (information technology outsourcing, ITO), de processos legais (legal process outsourcing, LPO), de relacionamentos com clientes (customer process outsourcing, CPO) e de processos de uso intensivo do conhecimento (knowledge process outsourcing, KPO), por exemplo, a provedores externos terceirizados, passou a ser uma prática comum e crescente [...].

Esse processo de reestruturação começou a ganhar vulto nas organizações brasileiras principalmente a partir do início da década de 1990, em razão de mudanças no âmbito da produção e do trabalho, viabilizadas por meio "de inovações tecnológicas, da implementação de novos padrões de gestão e organização do trabalho e do estabelecimeto de novas relações políticas entre o patronato e os sindicatos" (Druck; Borges, 2002, p. 112).

Nesse sentido, a terceirização é o processo de reestruturação mais bem sucedido em termos de seus objetivos, tendo em vista a viabilização do contrato flexível, ou seja, com tempo determinado, sem proteção legal e sob responsabilidade de terceiros. Com isso, diminuem-se os postos de trabalho formais, bem como coloca-se em xeque a qualidade dos que permanecem, abrindo uma discussão em torno da precarização do trabalho (Druck; Borges, 2002).

Assim, o fenômeno da terceirização traz, em seu bojo, outras discussões que precisam ser alvo de reflexão da GRH. Precisamos, nesse sentido, ponderar os ganhos de produtividade e competitividade a partir da redução dos custos do trabalho via subcontratação, já que tal processo está embebido em um contexto mais amplo e profundo de desverticalização e desterritorialização da atividade produtiva, que, em última análise, finda em enfraquecimento político da força de trabalho e das possibilidades e efetividades em torno de sua ação coletiva. Com espaço político diminuído, a individualização passa a imperar e alimentar ações em torno de desvalorização salarial, bem como de precarização das condições laborais e de uma questionável distribuição de renda. Ao fim e ao cabo, a terceirização concretiza a acumulação por meio da exploração, e "as noções de globalização, reestruturação produtiva, neoliberalismo estão no centro dessas transformações [do sistema capitalista], remetendo a novas e não tão novas formas de organização do trabalho e de relações sociais organizadas em torno da ideologia do mercado" (Costa, 2017, p. 117).

Assim, a acumulação flexível que a terceirização alimenta, fundamenta-se na instabilidade e na insegurança do trabalhador, bem como em negócios de menor porte (as empresas terceirizadas), cujos membros têm dificuldades de organização coletiva e de sindicalização, além de estarem, usualmente, à mercê de contratos que envolvem termos de exclusividade do destino dos produtos, quer formais, quer informais, por meio das exigências de produção (Costa, 2017).

Por outro lado, existem situações de terceirização que lidam com a convivência diária de trabalhadores com vínculos formais diferenciados, ou seja, empregados e terceirizados cujos contratos e proteções legais diferem bastante entre si, apesar da similaridade das atividades que realizam no ambiente laboral. Essas situações têm-se mostrado discriminatórias e excludentes aos terceirizados, que são invisibilizados por uma cultura e uma identidade corporativista mantida a duras penas pelos membros efetivos do quadro de pessoal da contratante, os quais buscam se salvaguardar em um espaço de manobra, evitando tornar-se terceirizados (Costa, 2017).

Essas contradições agravaram-se a partir do ano de 2015, com a finalização do trâmite do Projeto de Lei n. 4.330, proposto em 2004, que versava sobre a terceirização. Antes de sua aprovação, os impactos nos trabalhadores e na gestão estratégica de RH foram alvo de discussões e pesquisas acadêmicas. Amorim, Caldeira e Ferraz (2015), por exemplo, avaliaram a percepção de professores, profissionais e estudantes envolvidos com a área de GRH a respeito de possíveis impactos na sua própria carreira. Os cenários vislumbrados pelos futuros profissionais da área incluíam condições de trabalho piores, salários diminuídos e, até mesmo, a própria extinção da área.

Com sua aprovação em 2015, o debate em torno do Projeto de Lei n. 4.330/2004 e mesmo sobre o tema ganhou projeção midiática nacional, e as exposições de interesses ocorreram por parte de todos os envolvidos, principalmente por meio de suas representações coletivas. Na leitura de Souza e Lemos (2016), o empresariado entendia a necessidade de ampliação dos processos de terceirização, negando sua face deterioradora das relações e das condições de trabalho, já que precarização é, para esse grupo, sinônimo de trabalho informal; além disso, o discernimento entre atividade-meio e atividade-fim também colocava entraves à contratação de terceirizados, bem como já era o centro da maioria dos argumentos de contenciosos na Justiça.

Já as instituições de interesse coletivo representativas dos trabalhadores (centrais sindicais) manifestaram-se contrariamente ao projeto, pois suas consequências eram vistas como nefastas: sofrimento, adoecimento e morte de empregados. Além disso, de acordo com Souza e Lemos (2016, p. 1.047), esse grupo alegava que a aprovação do projeto de lei resultaria na institucionalização da rotatividade e também pode contribuir para um cenário de maior insegurança dos trabalhadores em decorrência das piores condições de trabalho às quais os terceirizados usualmente estão sujeitos, da redução de salários e benefícios e da ampliação das jornadas de trabalho. Alertam, ainda, para o risco de maior nível de inadimplência no cumprimento das obrigações trabalhistas, assim como para a ampliação do contingente de trabalhadores discriminados.

Por fim, o terceiro grupo observado por Souza e Lemos (2016) foi constituído por entidades representativas do direito. Para elas, referido projeto de lei representa uma regressão dos direitos trabalhistas no país, além de impedir qualquer harmonia constitucional entre princípios da livre-iniciativa e aqueles que regem o valor social e a dignidade humana, já que não assegura condições honrosas de existência aos indivíduos.

Além desse debate sobre as, então, "novas" regras de terceirização no país, a questão da precarização não se encerrou nem deu trégua aos trabalhadores, pelo contrário, a aprovação do Projeto de Lei n. 4.330 em 2015 deu fôlego para uma proposta de reforma trabalhista, que acabou concretizando-se dois anos depois.

Divulgada como a possibilidade de enfrentamento de todos os males da economia brasileira e do desemprego; um verdadeiro dínamo do crescimento econômico em contraposição aos altos índices de desemprego e de recessão econômica, oriundos do excesso de proteção social e trabalhista, que oneram o custo de qualquer atividade produtiva no país, estimulando o patronato a despedir ou a não contratar pessoas (Fleury, 2018), a Reforma Trabalhista foi aprovada sob os termos da Lei n. 13.467, de 13 de julho de 2017 (Brasil, 2017). Nela, consolida-se mais um passo de deterioração de proteção legal dos trabalhadores, promovendo a terceirização, conforme Krein et al. (2018, p. 109), nos seguintes termos:

> A reforma trabalhista estimula a terceirização ao (1) estabelecer maior distanciamento entre as responsabilidades legais do tomador do serviço e do contratante e (2) permitir que ocorra em qualquer nível de atividade. Com isso, a terceirização, dada a forma de organização das cadeias globais de produção, pode ganhar vestes de "quarteirização", "quinteirização" etc., e ainda manter a subordinação estrutural das empresas intermediárias que estarão sob o seu jugo.

Soma-se a isso a perspectiva de que, até no setor público, a terceirização vem alcançando resultados que interessam ao fator capital, já que esvazia o conteúdo social do Estado e fortalece "a lógica privada de gestão e prestação dos serviços essenciais para toda a sociedade" (Krein et al., 2018, p. 109), mesmo que as reduções de custos não tenham sido auferidas com precisão, conforme outros estudiosos já haviam observado ao longo das duas últimas décadas no país (Druck, 2016).

Enfim, diante dessa nova legislação, precisamos ter cautela na avalição de seus impactos nos diversos atores envolvidos, sem perder de vista que, na ótica das relações de trabalho, privilegia-se a voz (e a vez) do trabalhador por sua condição de agente ativador do processo de produção. Assim, pensar na terceirização como uma saída econômica pode levar a riscos de outras ordens, por isso, como recomendam Amorim, Caldeira e Ferraz (2015, p. 13), "Há de ficar-se atento!".

PARA SABER MAIS

Indicamos a seguir referenciais e resultados de pesquisas realizadas no Brasil com o objetivo de fomentar uma reflexão sobre nossa própria atuação como trabalhadores (atuais e potenciais) e sobre nossas escolhas em termos de GRH.

Como vimos, o fenômeno do assédio moral trata de questões muito delicadas, sobre as quais a GRH não pode deixar de discutir. Esse tema é alvo de inúmeras pesquisas no país e, para sua leitura, destacamos os artigos a seguir.

EL-AOUAR, W. A. et al. Interpretações do olhar sindical sobre o assédio moral. **Desafio Online**, v. 7, n. 1, p. 89-113, 2019. Disponível em: <http://www.spell.org.br/documentos/ver/53039/interpretacoes-do-olhar-sindical-sobre-o-assedio-moral>. Acesso em: 22 jun. 2019.

MENDONÇA, J. M. B.; SANTOS, M. A. F.; PAULA, K. M. Assédio moral no trabalho: estado da arte e lacunas de estudos. **Gestão & Regionalidade**, v. 34, n. 100, p. 38-55, 2018. Disponível em: <http://www.spell.org.br/documentos/ver/48942/assedio-moral-no-trabalho--estado-da-arte-e-lacunas-de-estudos->. Acesso em: 22 jun. 2019.

OLETO, A. F. et al. Percepções de tutores sobre o assédio sexual sofrido por jovens trabalhadores nas organizações. **GESTÃO. Org: Revista Eletrônica de Gestão Organizacional**, v. 16, n. 1, p. 43-56, 2018. Disponível em: <http://www.spell.org.br/documentos/ver/52304/-percepcoes-de-tutores-sobre-o-assedio-sexual-sofrido-por-jovens-trabalhadores-nas-organizacoes->. Acesso em: 22 jun. 2019.

SILVA, L. P.; CASTRO, M. A. R.; DOS-SANTOS, M. G. Influência da cultura organizacional mediada pelo assédio moral na satisfação no trabalho. **Revista de Administração Contemporânea**, v. 22, n. 2, p. 249-270, 2018. Disponível em: <http://www.spell.org.br/documentos/ver/48972/influencia-da-cultura-organizacional-mediada-pelo-assedio-moral-na-satisfacao-no-trabalho->. Acesso em: 22 jun. 2019.

TEIXEIRA, J. C.; RAMPAZO, A. S. V. Assédio sexual no contexto acadêmico da administração: o que os lábios não dizem, o coração não sente?. **Farol: Revista de Estudos Organizacionais e Sociedade**, v. 4, n. 11, p. 1151-1235, 2017. Disponível em: <http://www.spell.org.br/documentos/ver/50151/assedio-sexual-no-contexto-academico-da-administracao--o-que-os-labios-nao-dizem o-coracao-nao-sente->. Acesso em: 22 jun. 2019.

Sobre a terceirização, os estudos indicados a seguir foram realizados em espaços diferenciados, sendo o primeiro um estudo bibliométrico, que traz a discussão da precarização no mesmo patamar.

CASSUNDÉ, F. R.; BARBOSA, M. A. C.; MENDONÇA, J. R. C. Terceirização e precarização do trabalho: levantamento bibliométrico sobre os caminhos críticos da produção acadêmica em Administração. **Teoria e Prática em Administração**, v. 6, n. 1, p. 176-197, 2016. Disponível em: <http://www.spell.org.br/documentos/ver/41610/terceirizacao-e-precarizacao-do-trabalho--levantamento-bibliometrico-sobre-os-caminhos-criticos-da-producao-academica-em-administracao->. Acesso em: 22 jun. 2019.

COSTA, F. J. L.; SANTO, I. H. do E. Terceirização de serviços públicos e reforma gerencial: o caso da Secretaria da Fazenda de Pernambuco. **Revista ADM.MADE**, v. 18, n. 2, p. 28-48, 2014. Disponível em: <http://www.spell.org.br/documentos/ver/33174/terceirizacao-de-servicos-publicos-e-reforma-gerencial-----o-caso-da-secretaria-da-fazenda-de-pernambuco>. Acesso em: 22 jun. 2019.

LEÃO, P. V. O. C. et al. Terceirização: implicações nas práticas de gestão de pessoas da empresa contratada. **Revista Eletrônica de Ciência Administrativa**, v. 13, n. 1, p. 21-38, 2014. Disponível em: <http://www.spell.org.br/documentos/ver/31137/terceirizacao--implicacoes-nas-praticas-de-gestao-de-pessoas-da-empresa-contratada>. Acesso em: 22 jun. 2019.

MARTINS, T. S. et al. Terceirização de serviços em hotéis: um estudo comparativo de caso. **PODIUM Sport, Leisure and Tourism Review**, v. 3, n. 1, p. 74-93, 2014. Disponível em: <http://www.spell.org.br/documentos/ver/39654/terceirizacao-de-servicos-em-hoteis--um-estudo-comparativo-de-caso>. Acesso em: 22 jun. 2019.

TADEU, J. C.; GUIMARÃES, E. H. R. O desafio dos gestores na superação dos riscos inerentes à gestão da terceirização: estudo de caso em uma instituição federal de ensino. **Reunir: Revista de Administração, Contabilidade e Sustentabilidade,** v. 7, n. 1, p. 49-64, 2017. Disponível em: <http://www.spell.org.br/documentos/ver/45612/o-desafio-dos-gestores-na-superacao-dos-riscos-inerentes-a-gestao-da-terceirizacao--estudo-de-caso-em-uma-instituicao-federal-de-ensino->. Acesso em: 22 jun. 2019.

SÍNTESE

Neste último capítulo, adentramos uma face da GRH pouco comum em livros dessa natureza. Estabelecemos um diálogo, com um aporte crítico, que considera e dá voz a um lado usualmente emudecido pelas demandas diárias das organizações, que trata da perspectiva das relações de trabalho, cujo foco são as relações sociopolíticas inerentes a qualquer estrutura produtiva. Aprofundamos nossa visão sobre os interesses diversos que perpassam tal estrutura, bem como os conflitos e as relações de poder que se interpenetram, tentando lançar luzes sobre pontos de tangência que vão delinear as estratégias de resistência e de defesa dos agentes ou atores sociais envolvidos. Finalizamos o capítulo com dois temas emergentes: (1) o assédio, tratado de modo a ir além das questões interpessoais pelas quais geralmente seu estudo e seu trato no âmbito das organizações é focado, sugerindo outras dimensões de análise que contribuem para sua ocorrência nos mais variados espaços, como a cultura (nacional), as demandas (econômicas) organizacionais e a falta de um aparato legal (insitucional) que o cerceie ou iniba; e (2) a terceirização, finda por trazer a precarização do trabalho à baila.

ESTUDO DE CASO

Para nos aprofundarmos nos temas tratados no livro, selecionamos um artigo publicado na *Revista Exame* há alguns anos. Seu autor, Nelson Blecher, redigiu com maestria uma síntese do cotidiano de um executivo do ramo da hotelaria: António Firmin, na época presidente do Grupo Accor no Brasil. Após a leitura dessa reportagem, é possível que você identifique diversos questionamentos tratados ao longo desta obra, de modo a entender como eles funcionam na prática, o que acreditamos ser útil na absorção dos conteúdos abordados.

CARISMÁTICO, ENERGÉTICO, OBSESSIVO. COM VOCÊS... O INCRÍVEL FIRMIN!

No final de 1999, Firmin António, presidente da filial brasileira da francesa Accor, participava de um fórum no Rio de Janeiro. A certa altura, pediu silêncio à platéia. Do palco, passou a aplaudir seu pessoal, mais de 500 vendedores e gerentes. O aplauso solitário prolongou-se por mais de um minuto. Foi assim que o presidente da Accor homenageou a turma pelos esforços num ano difícil. E para se certificar de que suas palmas não seriam devolvidas, emendou-as com o final do discurso. Engana-se quem imagina que tudo não passou de um arroubo improvisado do presidente. Firmin sabe o que gestos como esse produzem em doses de autoconfiança, um dos requisitos para o bom desempenho de um vendedor.

Firmin domina como poucos a dramaturgia corporativa. "Estão felizes por estar aqui?", perguntou, no estilo de um animador de auditório, em outro encontro de vendas promovido pelo grupo. "Acham que esta convenção vai ser um sucesso?" Em uníssono, a platéia respondia "Sim, sim". No mesmo evento ele fora visto com uma roupa de astronauta. Para explicar, numa reunião internacional de diretores do grupo Accor, a essência do Plano Collor, pediu as carteiras dos colegas e amontoou-as numa mesa. Feito isso, disse: "Elas serão devolvidas em 18 meses". Firmin jamais comparece a uma reunião sem ter refletido por dias, semanas até, sobre o que e como dizer. Meia hora antes de entrar em cena, como um ator, isola-se para um ensaio concentrado. Seus discursos, embora não tão longos como os de Fidel Castro, estão longe de ser sintéticos. É tamanho seu zelo com a autoimagem que manda eliminar as cenas em que apareça estático nos vídeos distribuídos aos funcionários. Quer sempre aparecer em movimento e projetar dinamismo.

Firmin António, de 53 anos, é uma figura personalíssima do Brasil corporativo. Um português naturalizado francês, ele desembarcou em São Paulo em março de 1976 com um cheque de 200.000 dólares. Nesses anos todos, ergueu um dos maiores e mais diversificados grupos de serviços. Em 1999, o volume de negócios da Accor atingiu 3,8 bilhões de reais. Você pode chamá-lo de inimigo número 1 da marmita. Foi Firmin quem disseminou, primeiro em Portugal, depois no Brasil, aqueles tíquetes subsidiados que valem como dinheiro vivo em restaurantes. Foram 500 milhões de papéis comercializados no ano passado pela Ticket, a maior entre as 17 operações da Accor.

Firmin é chefe de uma tribo heterogênea, que mistura executivos a cozinheiros e hoje soma cerca de 20.000 funcionários. São garçons que servem 140 milhões de refeições a cada ano em restaurantes de empresas ao pessoal da hotelaria, anfitriões de 1,5 milhão de pernoites em 1999. Há também agências de turismo e de marketing de incentivo. Um dos braços da Accor, a Infra 4, opera nos ermos da Amazônia. Contratada pela Mineração Rio do Norte, que explora em Porto Trombetas uma das maiores minas de bauxita do mundo, a Infra 4 alimenta mais de 1.000 funcionários e suas famílias. Também é responsável pela limpeza urbana, lavanderias e hotéis do projeto. Procedentes de Belém, os produtos são conduzidos por balsa numa viagem que leva uma semana.

"Seria incrível se tivéssemos dez Firmins no grupo", diz o francês Jean Marc Espalioux, CEO da Accor. Trata-se, segundo uma lista recente da revista Global Finance, da melhor rede mundial de hotelaria e turismo. Segundo Espalioux, o grupo agora vai expandir sua participação na América Latina, a começar por aqui. "O Brasil será a estrela do século", afirma. Hoje a Accor possui 85 hotéis no continente. Serão 200 dentro de três anos. "O plano nasceu da cabeça do Firmin e é ele quem vai tocar." Só no Brasil, serão investidos 820 milhões de reais para erguer 75 hotéis e flats.

"Estou num grande canteiro de obras", afirma Firmin, com seu carregado sotaque português. "Se um dia nossa filial perder o ímpeto de crescimento, não merecerei mais a condição de presidente." Firmin é um sujeito carismático que transpira a energia típica de vendedores e relações públicas. No fundo, ele é uma mistura dos dois. Só se veste com ternos de grife francesa. "É impossível vê-lo desalinhado", diz um amigo. "Ao final do expediente parece ter saído do banho." Firmin atribui isso ao hábito de ficar em pé. "Meu negócio não é escritório", afirma. "Quero estar perto de onde as coisas acontecem: no front do mercado, onde posso ajudar minhas equipes."

O que sobressai em seu escritório, na cobertura de um prédio da avenida Paulista, é uma coleção com os 15 troféus de Mérito Lojista que conquistou. Coloque um cliente à frente de Firmin e ele mencionará algum produto que queira vender. "Ele tem excelente percepção do mercado", avalia Rolim Amaro, o marketeiro da TAM. Na última corrida de Fórmula 1 realizada em Interlagos, a Accor gastou 500.000 reais num estande onde serviu um bufê luxuoso para convidados vips. Amaro pôde sentir a agressividade da turma de Firmin. "Saía uma equipe que vendia cartão, chegava o pessoal da hotelaria...", diz ele. "O que uma esquecia a outra lembrava." Ao final, Amaro fechou negócio com a turma dos tíquetes.

Firmin é igualmente rápido no gatilho quando vai às compras. De 1986 a 1999 a Accor adquiriu, em média, uma empresa por ano. Certa vez, Firmin fora procurado pelo publicitário Gilmar Caldeira. Então dono da Incentive House, uma agência de incentivo, Caldeira estava interessado em vender um de seus programas para o grupo. Firmin achou o negócio interessante. Foram juntos para Chicago, visitar uma feira especializada. No avião, fez uma oferta e levou a Incentive.

Toda a sua vida doméstica gira em torno dos desafios do trabalho. Em casa, sua conselheira-mor é a mulher, Anne-Marie, uma francesa com quem se casou em 1968. Tem dois filhos: Florence, de 21 anos, e Fabrice, de 28. Florence estuda arte em Nova York. Fabrice, diplomado em administração na França, faz sua carreira na Accor. "Era o sonho dele trabalhar na empresa", diz. Firmin deixa claro ter considerado a opção do filho um contratempo. Primeiro, diz ele, por seus rigores éticos. "Eu não sou o dono da empresa, nem esta é uma empresa familiar", diz. Segundo, pelas dificuldades que, teme, Fabrice deverá enfrentar. "Será sempre obrigado a demonstrar duas vezes mais do que o comum dos mortais que merece ter a confiança da empresa por seu talento, intelecto e capacidade de trabalho."

Uma varanda superior da casa, no Jardim Paulistano, em São Paulo, foi transformada em escritório por Anne-Marie. É nesse ambiente que Firmin se recolhe, nos fins de semana, para colocar em dia projetos e a correspondência. O que desperta a curiosidade na elegante sala de visitas do andar térreo são relógios com diferentes fusos internacionais pendurados na parede. Um deles marca a hora de Nova York, onde Florence vive. Os outros estão ajustados a Lisboa e Paris, onde residem os parentes de Firmin e de Anne-Marie.

Cuidado com a saúde é um item prioritário em sua agenda. Também o cobra dos subordinados diretos. Check-ups de diretores da Accor são acompanhados com lupa por Firmin. "Quem constrói uma empresa não pode ser um arquiteto com perna de pau", diz ele. Frituras e gorduras foram descartados do cardápio. Se está no escritório, seu almoço se resume a um sanduíche leve. O ascetismo não chega a ponto de impedi-lo de beber regularmente uma taça de vinho francês ao jantar e, por vezes, tragar um charuto cubano, sempre da marca Cohiba. Difícil é convencê-lo a comparecer a jantares sociais ou mesmo de negócios. "Normalmente durmo antes da meia-noite para sete horas de sono", diz. Duas ou três vezes por semana, Firmin recebe, pela manhã, a visita de Rodrigo Hernandes, seu personal trainer.

Segundo Hernandes, Firmin está em boa forma com seu 1,73 metro e 68 quilos. Entre um e outro exercício, Hernandes vai informando o cliente sobre as manchetes do dia que ouviu no rádio. Em seguida, percorrem juntos de 4 a 5 quilômetros. Dono de uma academia, ele diz que quase sempre tira proveito dessas conversas. "Outro dia ele falava da dificuldade das empresas para conseguir motivar seus funcionários", diz Hernandes.

Firmin tem afinidade com animais. Chegou a batizar 60 canários que criava num viveiro no quintal e, segundo diz, tratá-los pelo nome. Uma de suas práticas é classificar pessoas e situações com as características de animais. A força do leão, a excelência da águia, a lealdade do cão. Certa vez, presenteou um diretor com um touro de prata. "Você representa os músculos desta empresa", disse.

Um dos livros de que mais gostou foi *Revolução das Formigas*. Escrito pelo francês Bernard Werber, descreve a tentativa de um formigueiro de estabelecer um pacto de cooperação com os homens. Firmin diz que por vezes se inspira na ficção para aperfeiçoar ideias. Lendo a *Revolução das Formigas*, por exemplo, ele diz ter enriquecido um dos programas prioritários da Accor no Brasil. É o Projeto de Empresa, que pode ser resumido como uma tentativa de elevar o grau de integração e envolvimento dos 20.000 funcionários. "Nossas pesquisas indicaram dispersão geográfica e falta de identidade corporativa", diz a socióloga Célia Marcondes Ferraz, a quem Firmin confiou a tarefa de coordenar o programa. "Se eu conseguir elevar a força da nossa cultura, energizando mais e mais pessoas num processo de crescimento mútuo, estarei agindo como a princesa do formigueiro", diz Firmin. Um dos eixos do projeto é um programa de distribuição de resultados. Em meados do ano passado, cada funcionário recebeu uma moeda batizada de D'Accord. Seu valor foi fixado em 10 reais.

A cotação sobe à medida que os resultados se superam. (Nos últimos quatro anos, a empresa distribuíra, em média, 15% de seus lucros.)

A ideia do projeto – a atual obsessão de Firmin – começou a pipocar há mais de um ano, em conversas com Gabriel Bitran. "Ele é meu sparing", diz Firmin. Um egípcio de origem judaica que viveu em São Paulo até a adolescência, Bitran é o vice-reitor de pós-graduação do Sloan Management School, do MIT, uma das mais reputadas escolas de negócios dos Estados Unidos. Fora apresentado a Firmin por Luiz Edmundo Prestes Rosa, diretor de recursos humanos, e convidado a atuar como seu conselheiro. "Eu demorei para entender o Firmin", diz Bitran. "Não queria perder o meu tempo com um empresário que só ficasse no discurso." Por sugestão de Bitran, ambos voaram para a cidade americana de Memphis, onde se localiza a sede da Fedex. "Ali encontrei em movimento meu modelo de empresa", diz Firmin. Sob o comando de Fred Smith, seu fundador, a Federal Express tornou-se uma referência mundial em serviços. Criou um monitoramento de informações que permite localizar instantaneamente qualquer dos 3 milhões de pacotes e documentos entregues por seus 625 aviões a cada dia. Um sistema de premiações, baseado em indicadores de satisfação dos clientes, garante à Fedex o envolvimento de seus 140.000 funcionários.

Essa cultura focada no cliente espelha a filosofia de gestão de Smith, em que interagem pessoas, serviços e lucro. Um dos pontos-chave do projeto de Firmin é mudar a nomenclatura dos cargos – cada funcionário está sendo vinculado a uma dessas três áreas. Firmin está sempre escrevendo, esteja no carro ou no avião. Para mostrar à EXAME o esboço do novo organograma da empresa, ele tirou do bolso dois pequenos papéis meio amarrotados. "Desculpe, desenhei no banheiro."

Frases grandiloquentes, vindas de Firmin, soam com estranha naturalidade. "Nossa meta é não ser parte da corrente que ganha dinheiro com sangue, despedindo pessoas a torto e a direito", disse ele, por exemplo, durante um encontro com os 120 homens e mulheres-chave do grupo. Quem são eles? Todos executivos escolhidos a dedo por Firmin e por outros membros do chamado CDG, a cúpula de nove diretores da Accor. Sua missão: levar as mensagens e orientações para as bases. Ser escolhido homem e mulher-chave é sinal verde para a ascensão numa empresa em que as carreiras não são meteóricas. Na Accor, demissão rima com palavrão. Firmin vê nessa prática a pior demonstração de incompetência de um empresário. "A promessa de segurança no emprego é um item importante de sua cartilha", afirma um ex-consultor da Accor. "A empresa sempre teve baixa rotatividade."

Segundo ele, essa filosofia decorre de um estilo paternalista, típico de empresas europeias. Ao longo dos anos, Firmin se cercou de uma legião de funcionários leais. Ocorre que o grupo está num passo de transformação e as coisas começam a mudar. Sua Ticket é uma recém-chegada ao mundo da eletrônica. Já utiliza a Internet para receber pedidos. Até o final deste ano deverá ter emitido 1 milhão de cartões de alimentação, usados em supermercados. Com o tempo, vai substituir os 500 milhões de tíquetes-refeição por cartões. Também está testando um cartão de crédito para consumidores de baixa renda. "Como são processos sofisticados, trouxemos para cá talentos da IBM, Itaú e Credicard", diz Osvaldo Melantonio, diretor da Ticket. Seria quase inevitável que conflitos entre a cultura da lealdade e os valores competitivos se acirrassem. Um episódio extremo: um diretor veterano foi recentemente responsabilizado pelo descontrole financeiro em sua área. O que fazer? Firmin concordou que o diretor queria ser destituído, mas sugeriu remanejá-lo para outro setor. Teve de ser convencido de que mantê-lo na casa seria dar mau exemplo.

Duas outras lições da cartilha de Firmin. Primeira: pense grande, estabeleça metas além das possibilidades. É provável que, assim agindo, você ultrapasse as previsões. Segunda: seja ousado. "Firmin tem a coragem de assumir riscos", diz um ex-diretor, que trabalhou com ele por quase duas décadas. "Em momentos difíceis, quando qualquer empresa jogaria na defesa, ele sempre atacou." Entre um e outro plano econômico, se havia a necessidade de renegociar os preços, ele agia sem temer a perda de clientes. Detalhe: a Accor tem 60.000 clientes. Isso não significa que o processo decisório seja sempre veloz. Por vezes é lento, minucioso. "É um processo de autoconvencimento", diz outro diretor. "Ele nos chama para expor determinada ideia e, à medida que desfia os argumentos, vai ganhando confiança nelas." Uma vez convencido de que estão certas, é quase impossível demovê-lo.

"Firmin tem um estilo evangelista, à maneira de Jack Welch", diz o consultor. "Para ele, os resultados são decorrência do fator humano." Quando a empresa está meio parada ele cria uma campanha para sacudir o pessoal. Foi o que sucedeu no fim de 1993. Firmin lançara o projeto "5 revoluções" com cinco princípios: da modernização dos serviços ao uso mais intensivo da tecnologia. Sua meta: dobrar, em sete anos, o volume de negócios. (Isso foi conseguido dois anos antes do previsto, em parte em virtude das aquisições feitas pelo grupo.) Para propagar esses princípios, o timoneiro fez publicar uma espécie de cartilha, conhecida como "livro amarelo". Ai de quem, questionado por Firmin, gaguejasse. "Como ginasianos, alguns levavam colas em papeizinhos nas reuniões para não pisar na bola", diz um gerente.

No dia a dia, poucos se atrevem a enfrentar um despacho com Firmin sem dominar os detalhes do assunto em pauta. "Superficialidade, seja minha ou de outros, me irrita", diz ele. À EXAME, Firmin disse que a maioria dos quadros da Accor é de uma classe média de executivos. "Preciso colocá-los em desafios para que cresçam", afirma. "Elogios são bem raros", diz um gerente. "Firmin gosta de deixar os executivos inseguros e devedores", afirma outro. "Acredita que assim eles rendam mais." Firmin é tido como centralizador. Raramente parte para o confronto em público. "Mas já o vi moer um cara que fez uma pergunta um pouco desafiadora", diz.

A Accor é uma das empresas no Brasil que se notabilizam por investir em treinamento. Por vezes, em caráter de emergência. A exemplo das empresas de cartão e agências de publicidade, a receita da Ticket provém das comissões pagas pelos tíquetes emitidos aos clientes. Em 1999, o volume de negócios do grupo chegou a 3,8 bilhões de reais. Mas seu faturamento atingiu cerca de 650 milhões. Com o Plano Real, a Ticket perdera o lucro fácil da época inflacionária. Foi preciso reaprender a operar grandes volumes com baixas margens. O que fez Firmin? Foi com sua equipe de diretores para um programa estratégico na Universidade de Austin, no Texas. Em 1998, a filial gastou 1 milhão de dólares para que 350 pessoas das equipes comerciais conhecessem de perto os segredos da excelência da Disney World, em Orlando. Foram aplicados 10 milhões de reais em treinamento em 1999. Quase a metade consumida pela Academia Accor, uma universidade corporativa que o grupo mantém em Campinas. Seus cursos são frequentados por mais de 8.000 pessoas a cada ano. Empresas como a Coca-Cola e a 3M também encaminham funcionários para lá.

"Admiro muito o Firmin pelos esforços de profissionalização no setor de serviços", diz Greg Ryan, o executivo reconhecido por ter revolucionado o padrão do fast food no país. Foi ele quem deu a partida no McDonald's no mercado paulista. Ryan é hoje representante no Brasil da cadeia Choice de hotelaria, e, nessa condição, um concorrente de Firmin. Outros rivais são mais reticentes. "Eles são agressivos, têm grande know-how, mas como multinacional são vulneráveis no quesito atendimento de necessidades específicas dos clientes", diz Cláudio Szajman, sócio da VR (Vale Refeição). "A vulnerabilidade da Ticket é seu gigantismo", diz Antonino Cirrinconne, presidente da filial francesa Sodexo, dona do Cheque Cardápio. Firmin admite que a empresa vem perdendo usuários de seus serviços nos últimos anos. Atribui isso à onda de fusões, que faz encolher o número de empresas e de postos de trabalho. "O desemprego também conspira contra o setor", concorda Cirrinconne.

"Poucas filiais de multinacionais desfrutam de tanta autonomia", diz um ex-diretor do grupo. Tempos atrás, a Ticket incorporou uma concorrente por um valor acima de 20 milhões de dólares. "Enviamos duas páginas de fax para a matriz. Não veio nenhum francês conferir a compra." Segundo ele, Firmin mantém relações excelentes com a Brascan, o principal sócio da Accor no Brasil. Não é segredo, entre os executivos do grupo, que a autonomia conquistada por Firmin desperta ciúmes na matriz. O Brasil e a Itália são um caso à parte na operação mundial da Accor. Em outros países, cada braço do grupo tem um presidente. O francês John Du Monceau comanda 28 operações internacionais da Ticket. É sabido que o grande desejo de Monceau é anexar o Brasil. Por quê? É a principal operação de tíquetes no mundo, com uma participação de 45% no faturamento mundial. A Ticket responde por 65% do faturamento e dos lucros (70 milhões de reais em 1999) do grupo no Brasil.

A EXAME pediu a Firmin que analisasse a página do livro *A Linguagem Secreta dos Aniversários* referente à sua data de nascimento, 20 de março. É o Dia do Labirinto. "Os nascidos nesse dia, como têm talentos diversificados, podem ficar confusos por algum tempo enquanto pesquisam o caminho certo a ser seguido", escrevem Gary Goldschneider e Joost Elffers, autores do livro, baseado em astrologia. Os pontos fracos dos nativos: inseguros e fora da realidade. Os fortes: lógica, sensibilidade e versatilidade. E Firmin, o que acha disso? "Não descarto certa coerência sobre alguns aspectos de minha forma de pensar e de agir", disse. "No oposto, me perturba a ideia de que os nativos nesse dia devam canalizar suas energias para objetivos realistas — eu que não aceito ter trabalhado menos de 3.000 horas por ano nos últimos 20 anos." Firmin parece ter apreciado a obra: pediu que lhe enviássemos fac-símiles referentes a três outras datas.

O americano Noel Tichy, um dos mais respeitados estudiosos da liderança, recomenda buscar na história de cada executivo os episódios cruciais capazes de deslindar os fatores que explicam seu sucesso. Tichy conta como a experiência de exílio do cubano Roberto Goizueta, o ex-CEO da Coca-Cola, mostrou-lhe que é possível prosperar mesmo após ter perdido tudo. Fugindo do regime castrista, Goizueta chegou a Miami com 40 dólares e 100 ações da Coca-Cola. "Quando alguém está disposto a partir para o desconhecido, as possibilidades de criar oportunidades são muitas", diz Tichy. Com Firmin, sucedeu algo semelhante.

Seu pai, um oficial da corporação dos bombeiros, era um socialista que se insurgira contra os excessos da hierarquia militar. Ameaçado de prisão em plena era salazarista, ele se demitiu e, no dia seguinte, partia com a família para os arredores de Paris. Firmin, fluente em francês, foi trabalhar como frentista. "Ser frentista é ter 1 chance em 50 de que o freguês vai parar na frente da sua bomba", diz Firmin. "E eu queria ser o preferido dos clientes." Foi então que descobriu sua vocação para serviços. Pregou um sorriso no rosto (quando sorri, as sobrancelhas levantam) e passou a desdobrar-se em atenções com os clientes. "Com as gorjetas e comissões de vendas de acessórios que recebia, meu salário passou a ser triplicado", afirma. Foi por essa época, aos 17 anos, que desenvolveu a lábia de vendedor e uma sensibilidade afiada que até hoje o ajuda a enxergar e antecipar as necessidades do interlocutor.

Não faz muito tempo, Pedro Moreira Salles, presidente do conselho do Unibanco, negociou com Firmin um acordo de processamento de cartões. "Ele sempre busca entender os interesses de ambos os lados e verificar se há algum conflito", diz Moreira Salles. "Firmin pensa na parceria em longo prazo." Sua tenacidade aflora em situações adversas. Certa vez, foi informado de que outro grande banco apresentara uma carta de rescisão. O que fez? Primeiro, rasgou a carta. "Ele jamais se conforma com um negócio dado como perdido", diz Melantonio, o diretor da Ticket. (Há 18 anos na Accor, Melantonio, filho de um conhecido professor de oratória, é tido como o único executivo ao qual Firmin permite vencê-lo num confronto.) Como sempre ocorre nessas ocasiões, entrou em cena o lado cartesiano de Firmin. Ele puxou um de seus blocos amarelos e com sua caligrafia quase artística (é avesso a computadores) começou a rascunhar: o cliente está insatisfeito com a qualidade? Não, não estava. O problema era o preço. O banco havia recebido um orçamento mais barato de um concorrente.

Foi quando Firmin decidiu se valer de uma das ferramentas de fidelidade por ele engendrada: a reciprocidade. Como se trata de um grupo que consome volumes extraordinários de bens de diferentes categorias para seus hotéis, restaurantes e cestas de alimentos, a Accor tem selado acordos de vendas casadas com clientes como a Arisco, a Perdigão e a 3M, entre outros. Deles, compra molhos, embutidos e material de limpeza. Em troca, garante vendas de passagens e reservas nos hotéis da rede.

Outro ponto decisivo que ajuda a entender Firmin foi seu relacionamento com um empresário visionário, o francês Jacques Borel. Borel buscava caseiros para cuidar de sua mansão de dois andares em Vaucresson. Os pais de Firmin eram candidatos ao posto e ele foi ajudá-los a negociar a nova moradia e dinheiro pelos serviços prestados. "O homem era meio pão-duro, tivemos uma discussão acalorada", conta. Ao final, Borel lhe disse que aceitava seus termos e perguntou quanto ele ganhava.

Por essa época, Firmin tinha um emprego burocrático na filial de uma empresa americana em Paris. "Duzentos francos", respondeu. Borel então lhe ofertou um salário três vezes superior para trabalhar em vendas. Dono de restaurantes industriais e self-services, Borel se preparava para lançar um produto então revolucionário: o tíquete-refeição. Surgido na Inglaterra e distribuído a trabalhadores na fase do pós-guerra, jamais fora comercializado. Borel queria Firmin em suas equipes. Por quatro meses, Firmin cedeu à pressão da mãe e se manteve no antigo emprego. "Ela só queria isso porque lá tinha uma cantina", diz. Por fim, aconselhado pela namorada, Anne-Marie, Firmin decidiu topar a parada. Desde então Anne-Marie se tornou a influência decisiva. "Quando estou saindo do eixo, ela corrige", diz Firmin.

Ele se tornaria, um ano depois, o vendedor mais destacado da nova empresa. Era a Ticket. Quando ele conquistou um contrato de uma seguradora com mais de 1.000 funcionários, Borel mandou afixar nos escritórios da empresa um pôster com o retrato de Firmin. A legenda: "Wanted. Vendedor deste time capaz de atacar empresas de porte". Em 1974, Borel despachou Firmin para Portugal com a missão de lançar a novidade. "Quatro meses depois que ali cheguei, eclodiu a Revolução dos Cravos", diz Firmin, numa referência ao movimento que pôs fim a 49 anos de ditadura. "Toda a estratégia que eu havia desenhado foi por água abaixo." Firmin refez os planos. Atento à ascensão dos sindicatos, ele passou a percorrer as fábricas. Sua nova estratégia: convencer as comissões de trabalhadores de que o tal tíquete era uma opção vantajosa para as refeições do meio-dia. O tíquete, juntamente com segurança e saúde, passou a encabeçar a lista das reivindicações trabalhistas. Criada a necessidade, ficou fácil vender a solução para os empresários. No fim de 1975, Borel convocou Firmin: "Sabe qual a diferença de tamanho entre os mercados de Portugal e Brasil? Cem vezes. O que você está fazendo aqui? Vá arrumar as malas".

"A trajetória de Firmin António constitui um dos exemplos mais estrondosos de sucesso na história do grupo", afirma a jornalista francesa Virginie Luc em seu livro *Impossible N'Est Pas Français* (O Impossível Não É Francês). "Ele simboliza a dinâmica e o engajamento dos homens do grupo."

Fonte: Blecher, 2000.

PARA CONCLUIR...

Sabemos que os conhecimentos aqui apreendidos serão úteis na sua vida pessoal e profissional, pois, independentemente de área ou carreira, lidar com pessoas é algo inevitável ao ser humano.

Desse modo, esgotar o assunto é uma verdadeira missão impossível! Essa pretensão, nunca tivemos. Mesmo assim, começamos cada capítulo com conceitos mais amplos e fomos aprofundando-os, expandindo nossos olhares e, portanto, nossos horizontes de análise com intuito de municiar você, leitor, de ferramentas que o capacitem a ir além no que se refere à gestão de recursos humanos.

Nosso intuito também foi despertar sua curiosidade para buscar outros caminhos e manter-se aberto a possibilidades. Para além de processos técnicos, nosso foco são pessoas, com todas suas potencialidades e limitações; e, independentemente de onde você se posicionar no mercado de trabalho, de onde seus desejos, seus sonhos e suas dificuldades o levarem, desejo que você utilize os conhecimentos aqui apreendidos para uma gestão de recursos humanos mais humana, de fato.

Boa sorte!

REFERÊNCIAS

ADAMS, J. S. Toward and Understanding of Inequity. **Journal of Abnormal and Social Psychology**, v. 67, n. 5, p. 422-436, 1963. Disponível em: <https://psycnet.apa.org/fulltext/1964-04111-001.pdf>. Acesso em: 22 jun. 2019.

AGUIAR, C. V. N. **Interfaces entre o trabalho e a família e os vínculos organizacionais**: explorando a tríade família-trabalho-organização. 142 f. Tese (Doutorado em Psicologia) – Universidade Federal da Bahia, Salvador, 2016.

AKTOUF, O. Ensino de Administração: por uma pedagogia para mudança. **Organizações & Sociedade**, v. 12, n. 35, p. 151-159, 2005. Disponível em: <http://www.spell.org.br/documentos/ver/23131/ensino-de-administracao--por-uma-pedagogia-para-mudanca>. Acesso em: 22 jun. 2019.

ALKIMIN, M. A. **Assédio moral na relação de trabalho.** Curitiba: Juruá, 2013.

AMORIM, M. S.; CALDEIRA, M. G.; FERRAZ, D. L. S. Terceirização e o PLC 030: um olhar atento aos possíveis impactos na área de recursos humanos. In: ENGPR ANPAD, 5., 2015, Salvador. **Anais... Salvador**: Anpad, 2015.

ANTUNES, R. **Adeus ao trabalho?** São Paulo: Cortez, 2007.

ARAÚJO, L. C. G. **Gestão de pessoas.** São Paulo: Atlas, 2006.

ASSMAR, E. M. L.; FERREIRA, M. C.; SOUTO, S. O. Justiça organizacional: uma revisão crítica da literatura. **Psicologia: Reflexão e Crítica**, v. 18, n. 3, p. 443-453, 2005. Disponível em: <http://www.scielo.br/scielo.php?script=sci_arttext&pid=S0102-79722005000300019&lng=pt&nrm=iso>. Acesso em: 22 jun. 2019.

BAR-HAYIM, A.; BERMAN, G. S. The Dimensions of Organizational Commitment. **Journal of Organizational Behavior,** v. 13, n. 4, p. 379-387, 1992.

BARRETO, M.; HELOANI, R. A discussão do assédio moral em organizações públicas e sindicais: situando o debate. In: EMMENDOERFER, M. L.; TOLFO, S. R.; NUNES, T. S. **Assédio moral em organizações públicas e a (re)ação dos sindicatos**. Curitiba: CRV, 2015. p. 31-51.

BASTOS, A. V. B.; PINHO; A. P. M.; ROWE, D. E. O. Comprometimento, entrincheiramento e consentimento organizacionais: explorando seus determinantes e consequentes entre gestores. In: ENCONTRO DA ANPAD, 35., 2011, Rio de Janeiro. **Anais...** Rio de Janeiro: Anpad, 2011.

BASTOS, A. V. B. et al. Comprometimento organizacional. In: SIQUEIRA, M. M. M. (Org.). **Medidas do comportamento organizacional**: ferramentas de diagnóstico e de gestão. Porto Alegre: Artmed, 2008. p. 49-95.

BENEVIDES-PEREIRA, A. M. T. O processo de adoecer pelo trabalho. In: _____. (Org.). **Burnout**: quando o trabalho ameaça o bem-estar do trabalhador. São Paulo: Casa do Psicólogo, 2002. p. 21-91.

BERGER, P. L.; LUCKMANN, T. **A construção social da realidade**. Petrópolis: Vozes, 1985.

BITENCOURT, C. C.; BARBOSA, A. C. Q. A gestão de competências. In: BITENCOURT, C. C. (Org.). **Gestão contemporânea de pessoas.** Porto Alegre: Bookman, 2004. p. 238- 269.

BLAU, G.; HOLLADAY, E. B. Testing the Discriminant Validity of a Four-Dimensional Occupational Commitment Measure. **Journal of Occupational and Organizational Psychology,** v. 79, n. 4, p. 691-704, 2006.

BLECHER, N. Carismático, energético, obsessivo. Com vocês... O incrível Firmin! **Exame**, n. 706, 26 jan. 2000, p. 72-80.

BLUEDORN, A. C.; JAUSSI, K. S. Organizationally Relevant Dimensions of Time Across Levels of Analysis. In: DANSEREAU, F.; YAMMARINO, F. J. **Multi-Level Issues in Organizations and Time**. Oxford: Elsevier, 2007. p. 187-223. v. 6. (Research in Multi-Level Issues).

BORGES, A. As novas configurações do mercado de trabalho urbano no Brasil: notas para discussão. **Caderno CRH**, v. 23, n. 60, p. 619-632, 2010. Disponível em: <http://www.scielo.br/scielo.php?script=sci_arttext&pid=S0103-49792010000300012&lng=en&nrm=iso&tlng=pt>. Acesso em: 22 jun. 2019.

BOYATZIS, R. E. **The Competent Manager**. New York: Wiley, 1982.

BRASIL. Constituição (1988). **Diário Oficial da União**, Poder Legislativo, Brasília, DF, 5 out. 1988. Disponível em: <http://www.planalto.gov.br/ccivil_03/constituicao/constituicao.htm>. Acesso em: 26 jul. 2019.

_____. Decreto n. 19.433, de 26 de novembro de 1930. **Diário Oficial da União**, Poder Executivo, Brasília, DF, 2 dez. 1930. Disponível em: <http://legis.senado.leg.br/norma/437000/publicacao/15831182>. Acesso em: 26 jul. 2019.

_____. Decreto n. 19.770, de 19 de março de 1931. **Diário Oficial da União,** Poder Executivo, Brasília, DF, 29 mar. 1931. Disponível em: <https://www.planalto.gov.br/ccivil_03/decreto/antigos/d19770.htm>. Acesso em: 26 jul. 2019.

_____. Decreto-Lei n. 2.848, de 7 de dezembro de 1940. **Diário Oficial da União**, Poder Executivo, Brasília, DF, 31 dez. 1940. Disponível em: <https://www.planalto.gov.br/ccivil_03/decreto-lei/del2848.htm>. Acesso em: 22 jun. 2019.

_____. Decreto-Lei n. 5452, de 1º de maio de 1943. **Diário Oficial da União**, Poder Executivo, Brasília, DF, 9 ago. 1943. Disponível em: <https://www.planalto.gov.br/ccivil_03/decreto-lei/del5452.htm>. Acesso em: 26 jul. 2019.

_____. Lei n. 5.107, de 13 de setembro de 1966. **Diário Oficial da União**, Poder Legislativo, Brasília, DF, 14 setembro de 1966. Disponível em: <https://www.planalto.gov.br/ccivil_03/leis/l5107.htm>. Acesso em> 26 jul. 2019.

_____. Lei n. 10.224, de 15 de maio de 2001. **Diário Oficial da União**, Poder Legislativo, Brasília, DF, 16 maio 2001. Disponível em: <http://www.planalto.gov.br/ccivil_03/leis/LEIS_2001/L10224.htm>. Acesso em: 22 jun. 2019.

BRASIL. Lei n. 13.467, de 13 de julho de 2017. **Diário Oficial da União**, Poder Legislativo, Brasília, 14 jul. 2017. Disponível em: <http://www.planalto.gov.br/ccivil_03/_ato2015-2018/2017/lei/L13467.htm>. Acesso em: 22 jun. 2019.

BUTLER, R. Time in Organizations. **Organization Studies**, v. 16, n. 6, p. 925-950, 1995.

CARLOTTO, M. S.; CÂMARA, S. G. Propriedades psicométricas do Maslach Burnout Inventory em uma amostra multifuncional. **Estudos de Psicologia**, v. 24, n. 3, p. 325-332, 2007. Disponível em: <http://www.scielo.br/scielo.php?script=sci_arttext&pid=S0103-166X2007000300004&lng=en&nrm=iso&tlng=pt>. Acesso em: 22 jun. 2019.

CARSON, K. D.; BEDEIAN, A. G. Career Commitment: Construction of a Measure and Examination of its Psychometric Properties. **Journal of Vocational Behavior**, v. 44, n. 3, p. 237-262, 1994.

CARSON, K. D.; CARSON, P. P.; BEDEIAN, A. G. Development and Construct of a Career Entrenchment Measure. **Journal of Occupational and Organizational Psychology**, v. 68, n. 4, p. 301-320, 1995.

CHANLAT, J. Quais carreiras e para qual sociedade? **Revista de Administração de Empresas,** v. 35, n. 6, p. 67-75, 1995. Disponível em: <http://www.spell.org.br/documentos/ver/12597/quais-carreiras-e-para-qual-sociedade->. Acesso em: 22 jun. 2019.

CHEETHAM, G.; CHIVERS, G. **Professions, Competence and Informal Learning.** United Kingdom/Massachusets: Edward Elgar Chelteham, 2005.

CODO, W.; MENEZES, I. V. O que é burnout. In: CODO, W. (Coord.). **Educação:** carinho e trabalho. Petrópolis: Vozes, 2006. p. 237-254.

COLLINSON, D. Strategies of Resistance: Power, Knowledge and Subjectivity in the Workplace. In: JERMIER, J. M., KNIGHTS, D., NORD, W. R. (Ed.). **Resistance and Power in Organizations**. London: Routledge, 1994. p. 25-68.

COMUNICAR. In: **Dicionário etimológico**: etimologia e origem das palavras. Disponível em: <https://www.dicionario etimologico.com.br/comunicar/>. Acesso em: 6 ago. 2019.

COOPER, C. L.; SLOAN, S.; WILLIAM, S. **Occupational Stress Indicator**: Management Guide. London: Windsor, 1988.

CORRÊA, A. M. H.; CARRIERI, A. P. Percurso semântico do assédio moral na trajetória profissional de mulheres gerentes. **Revista de Administração de Empresas**, v. 47, n. 1, p. 22-32, 2007. Disponível em: <http://www.spell.org.br/documentos/ver/10735/percurso-semantico-do-assedio-moral-na-trajetoria-profissional-de-mulheres-gerentes>. Acesso em: 22 jun. 2019.

COSTA, M. S. Terceirização no Brasil: velhos dilemas e a necessidade de uma ordem mais includente. **Cadernos EBAPE.BR**, v. 15, n. 1, p. 115-131, 2017. Disponível em: <http://www.spell.org.br/documentos/ver/44705/terceirizacao-no-brasil--velhos-dilemas-e-a-necessidade-de-uma-ordem-mais-includente->. Acesso em: 22 jun. 2019.

COSTA, P. A. Novos horizontes para as relações de trabalho. In: FERRAZ, D. L. S.; OLTRAMARI, A. P.; PONCHIROLLI, O. (Org.). **Gestão de pessoas e relações de trabalho**. São Paulo: Atlas, 2011. p. 202-221.

DAHRENDORF, R. **As classes e seus conflitos na sociedade industrial**. Brasília: UnB, 1982.

_____. **O conflito social moderno**. Rio de Janeiro: J. Zahar, 1992.

_____. **Sociedade e liberdade**. Brasília: UnB, 1981.

DAVEL, E.; VERGARA, S. C. (Org.). **Gestão com pessoas e subjetividade**. São Paulo: Atlas, 2006.

DECENZO, D. A.; ROBBINS, S. P. **Administração de recursos humanos**. Rio de Janeiro: LTC, 2001.

DEJOURS, C. **A banalização da injustiça social**. São Paulo: Cortez, 1997.

_____. **A loucura do trabalho**: estudo de psicopatologia do trabalho. São Paulo: Cortez, 1998.

DIAS, H. C.; PAIVA, K. C. M. Competências do enfermeiro: estudo em um hospital privado. **Revista Brasileira de Enfermagem**, v. 64, n. 3, p. 511-520, 2011. Disponível em: <http://www.scielo.br/scielo.php?script=sci_arttext&pid=S0034-71672011000300015&lng=en&nrm=iso>. Acesso em: 22 jun. 2019.

DRUCK, G. Unrestrained Outsourcing in Brazil: more Precarization and Health Risks for Workers. **Cadernos de Saúde Pública**, v. 32, n. 6, p. 1-9, 2016. Disponível em: <http://www.scielo.br/scielo.php?script=sci_abstract&pid=S0102-311X2016000600502&lng=en&nrm=iso&tlng=pt>. Acesso em: 22 jun. 2019.

DRUCK, G.; BORGES, A. Terceirização: balanço de uma década. **Caderno CRH**, v. 15, n. 37, p. 111-139, 2002. Disponível em: <https://portalseer.ufba.br/index.php/crh/article/view/18604>. Acesso em: 22 jun. 2019.

DUNLOP, J. T. **Industrial Relations Systems**. New York: Holt, 1958.

DUTRA, J. S. **Competências**. São Paulo: Atlas, 2004.

ELIAS, N. **Sobre o tempo**. Rio de Janeiro: J. Zahar, 1998.

FERRAZ, D. L. S.; OLTRAMARI, A. P.; PONCHIROLLI, O. Gestão de pessoas e relações de trabalho: conceitos e questionamentos. In_____. (Org.). **Gestão de pessoas e relações de trabalho**. São Paulo: Atlas, 2011. p. 225-235.

FERRAZ, N. D.; EMMENDOERFER, M. L. Produção internacional sobre assédio moral em organizações públicas e em sindicatos. In: EMMENDOERFER, M. L.; TOLFO, S. R.; NUNES, T. S. **Assédio moral em organizações públicas e a (re)ação dos sindicatos**. Curitiba: CRV, 2015. p. 67-77.

FERREIRA, M. C.; ASSMAR, E. M. L. Fontes ambientais de estresse ocupacional e Burnout: tendências tradicionais e recentes investigações. In: TAMAYO, Á. (Org.). **Estresse e cultura organizacional**. São Paulo: Casa do Psicólogo, 2008. p. 21-105.

FLEURY, M. T. L.; FISCHER, R. M. Relações de trabalho e políticas de gestão: uma história das questões atuais. In: ENCONTRO ANPAD, 16., 1992, Canela. **Anais...** Canela: Anpad, 1992.

FLEURY, R. C. Prefácio. In: KREIN, G. D.; GIMENEZ, D.; SANTOS, A. **Dimensões críticas da Reforma Trabalhista no Brasil.** Campinas: Curt Nimuendajú, 2018. p. 11-14. Disponível em: <https://www.eco.unicamp.br/images/arquivos/LIVRODimensoes-Criticas-da-Reforma-Trabalhista-no-Brasil.pdf>. Acesso em: 22 jun. 2019.

FOUCAULT, M. **Microfísica do poder**. Rio de Janeiro: Graal, 1992.

FRANÇA, A. C. L. **Práticas de recursos humanos – PRH**. São Paulo: Atlas, 2008.

FREITAS, A. B. Traços brasileiros para uma análise organizacional. In: MOTTA, F. C. P.; CALDAS, M. P. (Org.). **Cultura organizacional e cultura brasileira**. São Paulo: Atlas, 1997. p. 38-54.

FREITAS, M. E. Quem paga a conta do assédio moral no trabalho? **RAE-eletrônica**, v. 6, n. 1, p. 1-7, 2007. Disponível em: <http://www.spell.org.br/documentos/ver/30054/quem-paga-a-conta-do-assedio-moral-no-trabalho->. Acesso em: 22 jun. 2019.

FRIEDMAN, M. D.; ROSENMAN, R. H. **Type a Behavior and Your Heart**. New York: Knopf, 1974.

GOMIDE JÚNIOR, S. **Antecedentes e consequentes das percepções de justiça no trabalho.** 140 f. Tese (Doutorado em Psicologia) – Universidade de Brasília, Brasília, 1999.

GOMIDE JÚNIOR, S.; SIQUEIRA M. M. M. Justiça no trabalho. In: SIQUEIRA, M. M. M. (Org.). **Medidas do comportamento organizacional**: ferramentas de diagnóstico e de gestão. Porto Alegre: Artmed, 2008. p. 189-198.

GREENE, R.; ELFFERS, J. **As 48 leis do poder**. Rio de Janeiro: Rocco, 2000.

GUIMARÃES, L. R. **Assédio moral com jovens trabalhadores**: um estudo com alunos de graduação em Administração na cidade de Belo Horizonte (MG). 183 f. Dissertação (Mestrado em Administração) – Universidade Federal de Minas Gerais, Belo Horizonte, 2018.

GURVITCH, G. **The Spectrum of Social Time**. Dordrecht: D. Reidel Publishing, 1964.

HARDY, C.; CLEGG, S. R. Alguns ousam chamá-lo poder. In: CLEGG, S. R.; HARDY, C.; NORD, W. N. **Handbook de estudos organizacionais**: reflexões e novas direções. São Paulo: Atlas, 2001. p. 260-289. v. 2.

HARVEY, D. **Condição pós-moderna**. São Paulo: Loyola, 2009.

HASSARD, J. Essai: Organizational Time; Modern, Symbolic and Postmodern Reflections. **Organization Studies**, v. 23, n. 6, p. 885-892, 2002.

_____. Imagens do tempo no trabalho e na organização. In: CLEGG, S. R.; HARDY, C.; NORD, W. N. **Handbook de estudos organizacionais**: reflexões e novas direções. São Paulo: Atlas, 2001. p. 190-216.

HELOANI, R. **Gestão e organização no capitalismo globalizado**: história da manipulação psicológica no mundo do trabalho. São Paulo: Atlas, 2003.

HELOANI, R.; BARRETO, M. Prefácio: Desvendando o assédio laboral – singularidades e desafios. In: EMMENDOERFER, M. L.; TOLFO, S. R.; NUNES, T. S. **Assédio moral em organizações públicas e a (re)ação dos sindicatos**. Curitiba: CRV, 2015. p. 11-16.

HILL, L. **Novos gerentes**: assumindo uma nova identidade gerencial. São Paulo: M. Books, 1993.

HIRIGOYEN, M. F. **Assédio moral**: a violência perversa no cotidiano. 5. ed. Rio de Janeiro: Bertrand, 2002.

_____. **Assédio moral**: a violência perversa no cotidiano. 15. ed. Rio de Janeiro: Bertrand Brasil, 2011.

_____. **Mal-estar no trabalho**: redefinindo o assédio moral. Rio de Janeiro: Bertrand Brasil, 2005.

IBGE – Instituto Brasileiro de Geografia e Estatística. **Conceitos e métodos**. Rio de Janeiro, jul. 2019. Disponível em: <https://ww2.ibge.gov.br/home/estatistica/indicadores/trabalhoerendimento/pnad_continua/primeiros_resultados/analise01.shtm>. Acesso em: 26 jul. 2019.

____. **Pesquisa mensal de emprego**. Rio de Janeiro, 2016. Disponível em: <https://ww2.ibge.gov.br/home/presidencia/noticias/imprensa/ppts/00000024954801102016481128904912.pdf>. Acesso em: 22 jun. 2019.

____. **Pesquisa nacional por amostra de domicílios**. Rio de Janeiro, 2015. Disponível em: <https://ww2.ibge.gov.br/home/estatistica/populacao/trabalhoerendimento/pnad2015/default.shtm>. Acesso em: 22 jun. 2019.

JERMIER, J. M.; KNIGHTS, D.; NORD, W. R. Introduction. In: ____. (Ed.). **Resistance and Power in Organizations**. New York: Routledge, 1994. p. 1-24.

JOHNSON, S. et al. A vivência do stress relacionado ao trabalho em diferentes ocupações. In: ROSSI, A. M.; PERREWÉ, P. L.; SAUTER, S. L. (Org.). **Stress e qualidade de vida no trabalho**. São Paulo: Atlas, 2009. p. 65-77.

KLEIN, E. **O tempo**. Lisboa: Instituto Piaget, 1995.

KOHN, A. **Punidos pelas recompensas**. São Paulo: Atlas, 1998.

KREIN, G. D. et al. Flexibilização das relações de trabalho: insegurança para os trabalhadores. In: KREIN, G. D.; GIMENEZ, D.; SANTOS, A. **Dimensões críticas da Reforma Trabalhista no Brasil**. Campinas: Curt Nimuendajú, 2018. p. 97-122. Disponível em: <https://www.eco.unicamp.br/images/arquivos/LIVRODimensoes-Criticas-da-Reforma-Trabalhista-no-Brasil.pdf>. Acesso em: 22 jun. 2019.

LAZARUS, R. S.; FOLKMAN, S. **Stress, Appraisal, and Coping**. New York: Springer, 1984.

LEYMANN, H. Mobbing and Psychological Terror at Workplaces. **Violence and Victims**, v. 5, n. 2, p. 119-126, 1990.

LIMA, M. E. A. **Os equívocos da excelência**: as novas formas de sedução na empresa. Petrópolis: Vozes, 1996.

MARCONDES, R. C. Desenvolvendo pessoas: do treinamento e desenvolvimento à universidade corporativa. In: HANASHIRO, D. M. M.; TEIXEIRA, M. L. M., ZACARELLI, L. M. (Org.). **Gestão do fator humano**: uma visão baseada nos stakeholders. São Paulo: Saraiva, 2008. p. 259-288.

MARRAS, J. P. **Administração de recursos humanos**. São Paulo: Futura, 2000.

MARTININGO FILHO, A.; SIQUEIRA, M. V. S. Assédio moral e gestão de pessoas: uma análise do assédio moral nas organizações e o papel da área de gestão de pessoas. **Revista de Administração Mackenzie**, v. 9, n. 5, p. 11-34, 2008. Disponível em: <http://www.spell.org.br/documentos/ver/4112/assedio-moral-e-gestao-de-pessoas--uma-analise-do-assedio-moral-nas-organizacoes-e-o-papel-da-area-de-gestao-de-pessoas>. Acesso em: 22 jun. 2019.

MASLACH, C. Entendendo o burnout. In: ROSSI, A. M.; PERREWÉ, P. L.; SAUTER, S. L. (Ed.). **Stress e qualidade de vida no trabalho**: perspectivas atuais da saúde ocupacional. São Paulo: Atlas, 2005. p. 122-148.

MASLACH, C.; JACKSON, S. E. The Measurement of Experienced Burnout. **Journal of Occupational Behavior**, v. 2, n. 2, p. 99-113, 1981.

MASLACH, C.; SCHAUFELI, W. B.; LEITER, M. P. Job Burnout. **Annual Review of Psychology**, v. 52, n. 1, p. 397-422, 2001.

MELO, M. C. O. L. **Estratégias do trabalhador informático nas relações de trabalho**. 411 f. Tese (Professor Titular) – Universidade Federal de Minas Gerais, Belo Horizonte, 1991.

MELO, M. C. O. L.; CARVALHO-NETO, A. M. **Negociação coletiva e relações de trabalho**: o debate atual. São Paulo: Abet, 1998.

MELO, N. D. Assédio moral: individual e coletivo. **Âmbito Jurídico**, v. 11, n. 54, 2008. Disponível em: <http://www.ambito-juridico.com.br/site/index.php?n_link=revista_artigos_leitura&artigo_id=2827&revista_caderno=25>. Acesso em: 22 jun. 2019.

MENDES, A. M. **Trabalho e saúde**: o sujeito entre emancipação e servidão. Curitiba: Juruá, 2008.

MENDES, A. M.; CRUZ, R. M. Trabalho e saúde no contexto organizacional: vicissitudes teóricas. In: TAMAYO, Á. (Org.). **Cultura e saúde nas organizações**. Porto Alegre: Artmed, 2004. p. 39-55.

MENDES, A. M.; FERREIRA, M. C. Inventário sobre Trabalho e Riscos de Adoecimento – (ITRA): instrumento auxiliar de diagnóstico de indicadores críticos no trabalho. In: MENDES, A. M. **Psicodinâmica do trabalho**: teoria, método e pesquisas. São Paulo: Casa do Psicólogo, 2007. p. 111-126.

MENDES, A. M.; MULLER, T. C. Prazer no trabalho. In: VIEIRA, F. O.; MENDES, A. M.; MERLO, A. R. C. (Org.). **Dicionário crítico de gestão e psicodinâmica do trabalho**. Curitiba: Juruá, 2013. p. 289-292.

MENDES, L.; FONTOURA, D. S. As teorias das organizações e suas implicações na gestão de pessoas. In: FERRAZ, D. L. S.; OLTRAMARI, A. P.; PONCHIROLLI, O. (Org.). **Gestão de pessoas e relações de trabalho**. São Paulo: Atlas, 2011. p. 7-36.

MENDONÇA, H. Atitudes retaliatórias. In: SIQUEIRA, M. M. M. (Org.) **Medidas do comportamento organizacional**: ferramentas de diagnóstico e de gestão. Porto Alegre: Artmed, 2008. p. 249-263.

MENDONÇA, H.; TAMAYO, Á. Percepção de justiça e atitudes retaliatórias nas organizações: análise empírica de um modelo atitudinal. **Revista de Administração Contemporânea**, v. 8, n. 2, p. 117-135, 2004. Disponível em: <http://www.spell.org.br/documentos/ver/17416/percepcao-de-justica-e-reacoes-retaliatorias-nas-organizacoes--analise-empirica-de-um-modelo-atitudinal>. Acesso em: 22 jun. 2019.

MEYER, J. P.; ALLEN, N. J. A Three-Component Conceptualization of Organizational Commitment. **Human Resource Management Review**, v. 1, n. 1, p. 61-89, 1991.

MICHALAK, R.; ASHKANASY, N. M. Emotions and Deviance. In: ELIAS, S. M. (Ed.). **Deviant and Criminal Behavior in the Workplace**. New York: New York University Press, 2018. p. 31-69.

MINTZBERG, H.; AHLSTRAND, B.; LAMPEL, J. **Safári de estratégia**. Porto Alegre: Bookman, 2000.

MORAES, L. F. R.; KILIMNIK, Z. M. Comprometimento organizacional, qualidade de vida no trabalho e stress no trabalho: uma abordagem de diagnóstico comparativo. **Relatório de pesquisa**. Departamento de Ciências Administrativas, Universidade Federal de Minas Gerais, Belo Horizonte, 1994.

MORGAN, G. **Imagens da organização**. São Paulo: Atlas, 1996.

MOSCON, D. C. B. **Teorias implícitas de trabalhador comprometido e estratégias cotidianas de gestão**: uma análise qualitativa. 135 f. Dissertação (Mestrado em Administração) – Escola de Administração, Universidade Federal da Bahia, Salvador, 2009.

MOTTA, P. R. **Gestão contemporânea**: a ciência e a arte de ser dirigente. Rio de Janeiro: Record, 2007.

MOURA JÚNIOR, P. J. Terceirização como estratégia de gestão do conhecimento. **Cadernos EBAPE.BR**, v. 15, n. 2, p. 229-255, 2017. Disponível em: <http://www.spell.org.br/documentos/ver/45689/terceirizacao-como-estrategia-de-gestao-do-conhecimento->. Acesso em: 22 jun. 2019.

MOWDAY, R.; STEERS, R.; PORTER, L. The Measurement of Organizational Commitment. **Journal of Vocational Behaviour**, v. 14, n. 2, p. 224-247, 1979.

NUNES, T. S.; TOLFO, S. R. Assédio moral em universidade: as possíveis consequências em comentar e/ou denunciar a violência. **Administração Pública e Gestão Social**, v. 5, n. 4, p. 148-155, 2013. Disponível em: <http://www.spell.org.br/documentos/ver/14055/assedio-moral-em-universidade--as-possiveis-consequencias-em-comentar-e-ou-denunciar-a-violencia>. Acesso em: 22 jun. 2019.

NUNES, T. S.; TOLFO, S. R.; ESPINOSA, L. M. C. A percepção de servidores universitários sobre as políticas, ações e discursos institucionais sobre o assédio moral no trabalho. **Revista Organizações em Contexto**, v. 15, n. 29, p. 191-222, 2019. Disponível em: <http://www.spell.org.br/documentos/ver/52102/a-percepcao-de-servidores-universitarios-sobre-as-politicas--acoes-e-discursos-institucionais-sobre-o-assedio-moral-no-trabalho->. Acesso em: 22 jun. 2019.

OLIVEIRA, A. F., TAMAYO, Á. Inventário de perfis de valores organizacionais. **Revista de Administração USP**, v. 39, n. 2, p. 129-140, 2004. Disponível em: <http://www.spell.org.br/documentos/ver/16788/inventario-de-perfis-de-valores-organizacionais--->. Acesso em: 22 jun. 2019.

OLIVEIRA, J. A. C. K. et al. Dificuldades na gestão de competências: uma análise longitudinal em grandes organizações brasileiras dos setores de telecomunicações e siderurgia. In: ENGPR ANPAD, 2., 2009, Curitiba. **Anais...** Curitiba: Anpad, 2009.

OMS – Organização Mundial da Saúde. **Constitución de la Organización Mundial de la Salud.** 2006. Disponível em: <http://www.who.int/governance/eb/who_constitution_sp.pdf>. Acesso em: 22 jun. 2019.

PAGÈS, M. et al. **O poder das organizações**. São Paulo: Atlas, 1987.

PAIVA, K. C. M. Das "competências profissionais" às "competências laborais": modelo de análise e agendas de pesquisa. In: PROCEEDINGS TMS ALGARVE 2012: HUMAN RESOURCES, BUSINESS ETHICS & GOVERNANCE, 2013, Faro. Disponível em: <http://www.tmstudies.net/index.php/ectms/article/view/441/1367>. Acesso em: 22 jun. 2019.

_____. **Gestão de competências e a profissão docente**: um estudo em universidades no Estado de Minas Gerais. 277 f. Tese (Doutorado em Administração) – Universidade Federal de Minas Gerais, Belo Horizonte, 2007. Disponível em: <http://www.bibliotecadigital.ufmg.br/dspace/handle/1843/EOSA-76BJ82>. Acesso em: 22 jun. 2019.

PAIVA, K. C. M.; COUTO, J. H. Qualidade de vida e estresse gerencial "pós-choque de gestão". **Revista de Administração Pública**, v. 42, n. 6, p. 1189-1211, 2008. Disponível em: <http://www.spell.org.br/documentos/ver/2309/qualidade-de-vida-e-estresse-gerencial----pos-choque-de-gestao-----o-caso-da-copasa-mg>. Acesso em: 22 jun. 2019.

PAIVA, K. C. M.; FERREIRA, L. D. S. Competências gerenciais na área de tecnologia de informação: um estudo com gestores de empresas localizadas no Triângulo Mineiro. **Revista Gestão & Tecnologia**, v. 13, n. 1, p. 205-229, 2013. Disponível em: <http://www.spell.org.br/documentos/ver/9866/competencias-gerenciais-na-area-de-tecnologia-de-informacao--um-estudo-com-gestores-de-empresas-localizadas-no-triangulo-mineiro>. Acesso em: 22 jun. 2019.

PAIVA, K. C. M.; FUJIHARA, R. K.; REIS, J. F. Valores organizacionais, valores do trabalho e atitudes retaliatórias: um estudo com jovens aprendizes em uma empresa pública. **Teoria e Prática em Administração**, v. 7, n. 1, p. 54-78, 2017. Disponível em: <http://www.spell.org.br/documentos/ver/46037/valores-organizacionais--valores-do-trabalho-e-atitudes-retaliatorias--um-estudo-com-jovens-aprendizes-em-uma-empresa-publica->. Acesso em: 22 jun. 2019.

PAIVA, K. C. M.; GOMES, M. A. N.; HELAL, D. H. Estresse ocupacional e síndrome de burnout: proposição de um modelo integrativo e perspectivas de pesquisa junto a docentes do ensino superior. **Revista Gestão & Planejamento**, v. 16, n. 3, p. 285-309, 2015. Disponível em: <http://www.spell.org.br/documentos/ver/38876/estresse-ocupacional-e-sindrome-de-burnout--proposicao-de-um-modelo-integrativo-e-perspectivas-de-pesquisa-junto-a-docentes-do-ensino-superior>. Acesso em: 22 jun. 2019.

PAIVA, K. C. M.; LEITE, N. E. Justiça no trabalho e atitudes retaliatórias: um estudo com servidores técnico-administrativos de uma instituição federal de ensino superior. **Revista Gestão & Tecnologia**, v. 11, n. 1, p. 1-11, 2011. Disponível em: <http://www.spell.org.br/documentos/ver/3413/justica-no-trabalho-e-atitudes-retaliatorias--um-estudo-com-servidores-tecnico-administrativos-de-uma-instituicao-federal-de-ensino-superior>. Acesso em: 22 jun. 2019.

PAIVA, K. C. M.; MAGESTE, G. S. Ação, devoção e desilusão: incluindo as categorias cultura e tempo na análise da função gerencial. In: ENCONTRO ANPAD, 32, 2008, Rio de Janeiro. **Anais...** Rio de Janeiro: Anpad, 2008.

PAIVA, K. C. M.; MELO, M. C. O. L. Competências, gestão de competências e profissões: perspectivas de pesquisas. **Revista de Administração Contemporânea**, v. 12, n. 2, p. 339-368, 2008. Disponível em: <http://www.spell.org.br/documentos/ver/658/competencias--gestao-de-competencias-e-profissoes--perspectivas-de-pesquisas>. Acesso em: 22 jun. 2019.

PAIVA, K. C. M.; SOUZA, C. M. O. Time Perception: a Study of Young Brazilian Workers. **Tourism & Management Studies**, v. 12, n. 1, p. 203-210, 2016. Disponível em: <http://www.tmstudies.net/index.php/ectms/article/view/781>. Acesso em: 22 jun. 2019.

PAIVA, K. C. M. et al. Prazer e sofrimento no trabalho: um estudo com jovens aprendizes de Curitiba (PR). In: ENCONTRO ANPAD, 42., 2018, Curitiba. **Anais...** Curitiba: Anpad, 2018.

_____. Quanto tempo o tempo tem? Um estudo sobre o(s) tempo(s) de gestores do varejo em Belo Horizonte (MG). **Organizações & Sociedade**, v. 18, n. 59, p. 661-679, 2011. Disponível em: <http://www.spell.org.br/documentos/ver/7266/quanto-tempo-o-tempo-tem--um-estudo-sobre-o-s--tempo-s--de-gestores-do-varejo-em-belo-horizonte--mg-->. Acesso em: 22 jun. 2019.

PARREIRA, A. **Assédio moral**: um manual de sobrevivência. Campinas: Russell, 2010.

PARRY, S. The Quest for Competencies. **Training**, v. 33, n. 7, p. 48-56, 1996.

PEREIRA, C. V. M.; VIEIRA, A. O sofrimento humano nas organizações: estratégias de enfrentamento adotadas em uma empresa de logística. In: ENCONTRO ANPAD, 35, 2011, Rio de Janeiro. **Anais...** Rio de Janeiro: Anpad, 2011.

PEREIRA, F. S. **Vínculos organizacionais**: um estudo comparativo entre professores de escolas pública e privada do ensino fundamental e médio no interior de Minas Gerais. 121 f. Dissertação (Mestrado em Administração) – Faculdade Novos Horizontes, Belo Horizonte, 2011.

PEREIRA, J. B. C. **A relação entre as dimensões de justiça organizacional e as atitudes dos indivíduos diante da diversidade**. 332 f. Tese (Doutorado em Administração) – Universidade Presbiteriana Mackenzie, São Paulo, 2008.

PEREIRA, M. C.; TAVARES, T. S. Reestruturação produtiva, movimento sindical e participação: um estudo sob a ótica das representações sociais. **Revista de Ciências da Administração,** v. 8, n. 15, p. 63-87, 2006. Disponível em: <http://www.spell.org.br/documentos/ver/24844/reestruturacao-produtiva--movimento-sindical-e-participacao--um-estudo-sob-a-otica-das-representacoes-sociais>. Acesso em: 22 jun. 2019.

PESSOA, F. L. **Vínculos organizacionais**: estudo comparativo entre coordenadores e professores da educação básica nas redes pública e particular. 168 f. Dissertação (Mestrado em Administração) – Faculdade Novos Horizontes, Belo Horizonte, 2008.

PETTIGREW, A. A cultura das organizações é administrável? In: FLEURY, M. T. L.; FISCHER, R. M. (Org.). **Cultura e poder nas organizações**. São Paulo: Atlas, 2007. p. 143-152.

PINHO, A. P. M.; BASTOS, A. V. B.; ROWE, D. E. O. Comprometimento, entrincheiramento e consentimento organizacionais: o conceito desses vínculos entre gestores que atuam em diferentes organizações. In: ENEO ANPAD, 6., 2010, Florianópolis. **Anais...** Florianópolis: Anpad, 2010.

PONTES, R. B. **Administração de cargos e salários**. São Paulo: LTr, 2015.

PORTO, J. B. Mensuração de valores no Brasil. In: TAMAYO, Á.; PORTO, J. B. (Org.). **Valores e comportamento nas organizações**. Petrópolis: Vozes, 2005. p. 96-119.

PORTO, J. B.; TAMAYO, Á. Escala de Valores Relativos ao Trabalho – EVT. **Psicologia: Teoria e Pesquisa**, Brasília, v. 19, n. 2, p. 145-152, 2003. Disponível em: <http://www.scielo.br/scielo.php?script=sci_arttext&pid=S0102-37722003000200006&lng=en&nrm=iso&tlng=pt>. Acesso em: 22 jun. 2019.

_____. Valores do trabalho. In: SIQUEIRA, M. M. M. (Org.). **Medidas do comportamento organizacional**: ferramentas de diagnóstico e de gestão. Porto Alegre: Artmed, 2008. p. 295-307.

QUINN, R. E. et al. **Competências gerenciais**. Rio de Janeiro: Campus, 2003.

RAMOS, A. C. P. P. Assédio moral no ambiente laboral. **Âmbito Jurídico**, v. 16, n. 112, 2013. Disponível em: <http://ambitojuridico.com.br/site/index.php?n_link=revista_artigos_leitura&artigo_id=13359&revista_caderno=25>. Acesso em: 22 jun. 2019.

RAMOS, M. N. **A pedagogia das competências**. São Paulo: Cortez, 2001.

RAWLS, J. **A Theory of Justice**. Cambridge: Harvard University Press, 1971.

REED, M. **Sociologia da gestão**. Oeiras: Celta, 1997.

REGO, A. Justiça nas organizações: na senda de uma nova vaga? In: RODRIGUES, S. B.; CUNHA, M. P. (Org.). **Estudos organizacionais**: novas perspectivas na administração de empresas – uma coletânea luso-brasileira. São Paulo: Iglu, 2000. p. 251-283.

REGO, A. et al. Justiça nas organizações: um modelo tetra-dimensional. **Revista Psicologia, Organizações e Trabalho**, v. 2, n. 2, p. 113-142, 2002. Disponível em: <http://pepsic.bvsalud.org/scielo.php?script=sci_arttext&pid=S1984-66572002000200006>. Acesso em: 22 jun. 2019.

ROBBINS, S. R. **Comportamental organizacional**. São Paulo: Prentice Hall, 2002.

ROBBINS, S. R.; JUDGE, T. D.; SOBRAL, F. **Comportamental organizacional**: teoria e prática no contexto brasileiro. São Paulo: Pearson Prentice Hall, 2010.

RODRIGUES, A. C. A. **Do comprometimento de continuação ao entrincheiramento organizacional**: o percurso de construção e avaliação psicométrica da escala. 212 f. Dissertação (Mestrado em Psicologia) – Instituto de Psicologia, Universidade Federal da Bahia, Salvador, 2009.

RODRIGUES, A. C. A.; BASTOS, A. V. B. Problemas conceituais e empíricos na pesquisa sobre comprometimento organizacional: uma análise crítica do modelo tridimensional de J. Meyer e N. Allen. In: ENCONTRO ANPAD, 33., 2009, São Paulo. **Anais...** São Paulo: Anpad, 2009.

_____. _____. **Revista Psicologia Organizações e Trabalho**, v. 10, n. 2, p. 129-144, dez. 2010. Disponível em <http://pepsic.bvsalud.org/scielo.php?script=sci_arttext&pid=S1984-66572010000200010>. Acesso em: 22 jun. 2019.

RODRIGUES, S. B.; COLLINSON, D. Having Fun? Humour as Resistance in Brazil. **Organization Studies**, v. 16, n. 5, p. 739-768, 1995.

RODRIGUES, M.; AALTONEN, A. A reação ao assédio moral no ambiente de trabalho. **RECAPE**, v. 3, n. 1, p. 76-86, 2013. Disponível em <https://revistas.pucsp.br/ReCaPe/article/viewFile/15440/11538>. Acesso em: 22 jun. 2019.

ROKEACH, M. J. **The Nature of Human Values**. New York: Free Press, 1973.

ROS, M.; SCHWARTZ, S. H.; SURKISS, S. Basic Individual Values, Work Values, and the Meaning of Work. **Applied Psychology: an International Review**, v. 48, n. 1, p. 49-71, 1999. Disponível em <https://www.researchgate.net/publication/228079327_Basic_Individual_Values_Work_Values_and_the_Meaning_of_Work>. Acesso em: 22 jun. 2019.

ROTTER, J. B. Generalised Expectations for Internal Versus External Control of Reinforcement. **Psychology Monograph**, v. 80, n. 1, p. 1-28, 1966.

SANTOS, A. M. Modelo comportamental da ansiedade. In: KERBAUY, R. R. (Org.). **Sobre comportamento e cognição**. Santo André: FET, 2000. p. 189-191. v. 5.

SARAIVA, L. A. S. Assédio moral: encarando o iceberg. In: GRZYBOVSKI, D.; MOZZATO, A. R.; PEREIRA, A. S. **Assédio moral no trabalho**: múltiplos olhares. Passo Fundo: Imed, 2010. p. 11-15.

SCHEIBLE, A. C. F.; BASTOS, A. V. B.; RODRIGUES, A. C. A. Comprometimento e entrincheiramento: integrar ou reconstruir? Uma exploração das relações entre estes construtos à luz do desempenho. In: ENCONTRO ANPAD, 31., 2007, Rio de Janeiro. **Anais...** Rio de Janeiro: Anpad, 2007.

SCHOEMAKER, P. J. H. Strategic Decisions in Organizations: Rational and Behavioural Views. **Journal of Management Studies**, v. 30, n. 1, p. 107-129, 1993.

SCHONFELD, I. S.; FARREL, E. Métodos qualitativos e quantitativos na pesquisa sobre stress ocupacional. In: ROSSI, A. M.; PERREWÉ, P. L.; SAUTER, S. L. (Org.) **Stress e qualidade de vida no trabalho.** São Paulo: Atlas, 2009. p. 202-224.

SCHWARTZ, S. H. Há aspectos universais na estrutura e no conteúdo dos valores humanos? In: TEIXEIRA, M. L. M. (Org.). **Valores humanos & gestão**. São Paulo: Senac, 2008. p. 55-85.

SCHWARTZ, S. H. Validade e aplicabilidade da Teoria de Valores. In: TAMAYO, Á.; PORTO, J. B. (Org.). **Valores e comportamento nas organizações**. Petrópolis: Vozes, 2005a. p. 56-95.

_____. Valores humanos básicos: seu contexto e estrutura intercultural. In: TAMAYO, Á.; PORTO, J. B. (Org.). **Valores e comportamento nas organizações**. Petrópolis: Vozes, 2005b. p. 21-55.

SCHWARTZ, S. H. et al. Refining the Theory of Basic Individual Values. **Journal of Personality and Social Psychology**, v. 103, n. 4, p. 663-688, 2012. Disponível em: <https://psycnet.apa.org/fulltext/2012-19404-001.html>. Acesso em: 22 jun. 2019.

SELYE, H. **Stress without Distress**. New York: New American Library, 1974.

SILVA, E. E. C. **Consentimento organizacional**: uma proposta de medida para o construto. 168 f. Dissertação (Mestrado em Psicologia) – Universidade Federal da Bahia, Salvador, 2009.

SILVA, E. E. C.; BASTOS, A. V. B. A escala de consentimento organizacional: construção e evidências de sua validade. **Revista Psicologia, Organizações e Trabalho**, v. 10, n. 1, p. 7-22, 2010. Disponível em: <https://periodicos.ufsc.br/index.php/rpot/article/view/17273/0>. Acesso em: 22 jun. 2019.

SIQUEIRA, M. M. M.; GOMIDE JÚNIOR, S. Vínculos do indivíduo com o trabalho e a organização. In: ZANELLI, J. C.; BORGES-ANDRADE, J. E.; BASTOS, A. V. B. (Org.). **Psicologia, organizações e trabalho no Brasil.** Porto Alegre: Artmed, 2004. p. 300-328.

SKARLICKI, D. P.; FOLGER, R. Retaliation in the Workplace: the Roles of Distributive, Procedural, and Interactional Justice. **Journal of Applied Psychology**, v. 82, n. 3, p. 434-443, 1997. Disponível em: <https://pdfs.semanticscholar.org/62ff/a0bd092ae755f05d7e7f4de41f81680baa7f.pdf>. Acesso em: 22 jun. 2019.

SKARLICKI, D. P.; FOLGER, R.; TESLUK, P. Personality as a Moderator in the Relationship between Fairness and Retaliation. **Academy of Management Journal**, v. 42, n. 1, p. 100-108, 1999.

SOLINGER, O. N.; OLFFEN, W.; ROE, R. A. Beyond the Three-Component Model of Organizational Commitment. **Journal of Applied Psychology**, v. 93, n. 1, p. 70-83, 2008.

SOUZA, F. A. S.; LEMOS, A. H. C. Terceirização e resistência no Brasil: o Projeto de Lei n. 4.330/04 e a ação dos atores coletivos. **Cadernos EBAPE.BR**, v. 14, n. 4, p. 1035-1053, 2016. Disponível em: <http://www.scielo.br/scielo.php?script=sci_arttext&pid=S1679-39512016000401035&lng=en&nrm=iso>. Acesso em: 22 jun. 2019.

SWAN, J. A.; MORAES, L. F. R.; COOPER, C. L. Developing the Occupational Stress Indicator (OSI) for Use in Brazil: a Report on the Reliability and Validity of the Translated OSI. **Stress Medicine**, v. 9, n. 4, p. 247-253, 1993.

TAMAYO, Á. **Estresse e cultura organizacional**. São Paulo: Casa do Psicólogo, 2008.

____. Impacto dos valores pessoais e organizacionais sobre o comportamento organizacional. In: TAMAYO, Á.; PORTO, J. B. **Valores e comportamento nas organizações**. Petrópolis: Vozes, 2005. p. 160-186.

TEIXEIRA, M. L. M. (Org.). **Valores humanos & gestão.** São Paulo: Senac, 2008. p. 197-211.

TEIXEIRA, M. L. M.; MONTEIRO, R. S. Valores pessoais no ambiente de negócios. In: TEIXEIRA, M. L. M. **Valores humanos & gestão**: novas perspectivas. São Paulo: Senac, 2008. p. 197-211.

TOLFO, S. R.; SILVA, N.; KRAWULSKI, E. Assédio moral no trabalho: interface com a cultura organizacional e a gestão de pessoas em organizações públicas. In: EMMENDOERFER, M. L.; TOLFO, S. R.; NUNES, T. S. **Assédio moral em organizações públicas e a (re)ação dos sindicatos**. Curitiba: CRV, 2015. p. 99-117.

TORRES, C. C.; ABRAHÃO, J. I. A atividade de teleatendimento: uma análise das fontes de prazer e sofrimento no trabalho. **Revista Brasileira de Saúde Ocupacional**, São Paulo, v. 31, n. 114, p. 113-124, 2006. Disponível em: <http://www.scielo.br/scielo.php?script=sci_arttext&pid=S0303-76572006000200010>. Acesso em: 22 jun. 2019.

TORRES, C. V.; SCHWARTZ, S. H.; NASCIMENTO, T. G. A teoria de valores refinada: associações com comportamento e evidências de validade discriminante e preditiva. **Psicologia USP**, v. 27, n. 2, p. 341-356, 2016. Disponível em: <http://www.scielo.br/scielo.php?script=sci_arttext&pid=S0103-65642016000200341&lng=en&nrm=iso&tlng=pt>. Acesso em: 22 jun. 2019.

TRAVERS, C. J.; COOPER, C. L. **Teachers under Preassure**. London: Routledge, 1996.

VASILE, C. Time Perception, Cognitive Correlates, Age and Emotions. **Procedia – Social and Behavioral Sciences**, v. 187, n. 5, p. 695-699, 2015. Disponível em: <https://www.sciencedirect.com/science/article/pii/S1877042815019229>. Acesso em: 22 jun. 2019.

VIRILIO, P. **Velocidade e política**. São Paulo: Estação Liberdade, 1996.

WOOD JUNIOR, T. **Mudança organizacional**. São Paulo: Atlas, 1995.

ZANELLI, J. C. **Estresse nas organizações de trabalho**. Porto Alegre: Artmed, 2010.

Os papéis utilizados neste livro, certificados por instituições ambientais competentes, são recicláveis, provenientes de fontes renováveis e, portanto, um meio responsável e natural de informação e conhecimento.

FSC
www.fsc.org
MISTO
Papel produzido
a partir de
fontes responsáveis
FSC® C103535

Impressão: Reproset
Fevereiro/2023